四库全书精华

国学经典

竭宝峰／主编

辽海出版社

中华传统文化最丰富最完备的集成之作

【第二卷】

# 《四库全书精华》编委会

# 前　言

　　《四库全书精华》一书，汇集了《四库全书》中上起先秦，下迄清末两千多年来的文化典籍之精华。编者力图使它成为一部简括实用的文选本，目的是便于中等文化程度以上的读者，了解中国历代的治乱兴替、典章文物、学术思想、道德伦理以及治国治民之道。如何从古老文化传统中敞开一个新世界，这是一件非常需要做的而且很有意义的工作。

　　为读书和藏书的方便，古人把书籍分为经、史、子、集四大门类。其中，经部包括儒家经典著述，如"十三经"，即《周易》《尚书》《诗经》《周礼》《仪礼》《礼记》《左传》《公羊传》《谷梁传》《论语》《孝经》《尔雅》《孟子》。史部包括各种体裁的历史著作，其中，尤以《史记》和《资治通鉴》为代表。此外，野史、法典、地志、职官、政书、时令等，凡记事书籍均归入史部。子部包括哲学、名学、法学、医学、算学、兵学、天文学、农学等，后人视其仅次于经书，故称之为子书。此外，道教、宋明理学、清代的考据学亦归于子部。集部包括历代作家的散文、骈文、诗、词、曲等作品和文学评论著述。

　　面对这浩如烟海之典籍，人们不免有望洋兴叹之慨！如何既节省时间，又能获得深入四库堂奥之锁钥？编者几经运筹，从中精选近百部代表著作进行爬梳剔抉，删繁就简，编成《四库全书精华》，仍遵循四部分类法，辑为四部，共分六册。《四库全书》不仅卷帙浩繁，而且古文字的障碍更令当代读者望而却步。有鉴于此，编选时全部参照社会广为流传，较有定评的现代名家选本；力避干燥枯涩，繁冗杂芜，以便于诵读为宗旨；其文不仅经世致用，而且能笔触豪迈，博综古今，阐幽表微，为学渊广，是值得一读再读的好文章。短者数字，长者万言，但都照顾到整体，其脉络清晰，篇章连贯分明。学人倘寻此路径反复熟读，则对于各种艺文必然，皆有所得，继而精进，不难收弘扬传统文化之宏功。

今经有关专家学者细加校勘、标点，篇前加有简明扼要之著录，以说明该书每部著作著者生平、主要内容、思想价值及版本流传情况等，并对专用术语和疑难生词加以注释。

参加本书选编、校点、注释的有魏琳、吴志樵、张林、周桂芬、于慈云、毛明华、任素琴等同志。

尽管如此，编者亦觉力所不逮，选本能否受读家重视，智者见智，仁者见仁，只有实践去检验了。敬希方家批评指正。

前言

# 目 录

# 史 部

# 释 宫 第五

宫谓之室，室谓之宫①。

## 【注释】

①宫：房屋，住宅。室：房屋。在先秦时，宫和室同义。《诗经》"作于楚宫"与"作于楚室"义同。韦昭注："室，宫也。"先秦时，宫为房屋的通称，人不论贵贱，所住的房屋都可称宫。《墨子·号令》云："父母妻子，皆同其宫。"秦汉以后，宫专指帝王的住所，与室意义不相同。

牖户之间谓之扆，①其内谓之家②。东西墙谓之序③。

## 【注释】

①牖：窗。扆：或作依，古代宫殿窗和门之间的地方。《论衡·书虚》云："户牖之间曰扆，南面之坐位也。负扆南向坐，扆在后也。"

②其内：指牖户以内，内室。家，住人的地方。

③序：指正堂的东西墙。《大戴礼记·主言》云："曾子惧，退负序而立。"

西南隅谓之奥①，西北隅谓之屋漏②，东北隅谓之宧③，东南隅谓之窔④。

## 【注释】

①隅：角，角落。这里指室内的角落。奥，隐蔽的地方，又指室中的西南角。古代室的门开在南方靠近东边的地方，室中的西南角是最隐蔽的地方，所以称奥。室内的奥是祭神的方位，也是尊长所居之处。

②屋漏：室中的西北角。古人设床在室的北窗旁，西北角开有天窗，日光可由天窗照射入室，所以称室中西北角为屋漏。《诗经·大雅·抑》云："相在尔室，尚不愧于屋漏。"

③宧：养，又指室中的东北角。古代庖厨食阁都在房屋的东北角，所以称室的东北角为宧。

④窔：幽深，又指室中的东南角。室中东南角靠近门户，为门户所掩遮，

光线较弱，所以称窔。

**柣谓之阈[①]。枨谓之楔[②]。楣谓之梁[③]。枢谓之椳[④]。枢达北方谓之落时[⑤]，落时谓之戺。**

**【注释】**

①柣：门槛。又名阈。《左传》僖公二十二年云："妇人送迎不出门，见兄弟不逾阈。"

②枨：门两旁所竖立的木柱，其作用为防止车过触门。又名楔。《礼记·玉藻》云："士介拂枨。"

③楣：门楣，门框上的横梁。又称梁。屈原《九歌·湘夫人》云："桂栋兮兰橑，辛夷楣兮药房。"

④枢：门上的转轴或承轴的门臼。这里指承托门轴的门臼。椳：承托门轴的门臼。《说文·木部》云："椳，门枢谓之椳。"

⑤达：达到。北方，指房屋靠北方的房梁。落时，门上承托门轴用的一直达到北面房梁的长木。



**垝谓之坫[①]。墙谓之墉[②]。**

**【注释】**

①垝：室内放置物品的土台。坫：筑在室内靠近厨房放食物的土台。《礼记·内则》云："大夫于阁三，士于坫一。"

②墉：墙垣。《诗经·召南·行露》云："谁谓鼠无牙，何以穿我墉？"

**阇谓之台[①]，有木者谓之榭[②]。**

**【注释】**

①阇：城门上的台。

②榭：建筑在高台上的木屋，多用于游观。《左传》襄公三十一年云："宫室卑庳，无观台榭。"

植谓之传，传谓之突<sup>①</sup>。

**【注释】**

①植：门从外关闭后插在门中用以加锁的直木。又称传或突。《淮南子·本经》云："夏屋宫驾，县联房植。"

宗庿<sup>①</sup>谓之梁，其上楹谓之棁<sup>②</sup>。闶谓之槉<sup>③</sup>。栭谓之楶<sup>④</sup>。栋谓之桴<sup>⑤</sup>。桷谓之榱<sup>⑥</sup>。桷直而遂谓之阅<sup>⑦</sup>，直不受檐谓之交<sup>⑧</sup>。檐谓之樀<sup>⑨</sup>。

**【注释】**

①宗庿：屋的大梁。也称梁。

②楹：柱子。指梁上的短柱。棁：梁上的短柱。

③槉：柱上枓木。

④楶：柱上承托栋梁的小方木，又名糯。

⑤栋：房屋的正梁。桴：房屋的二梁，引申泛指栋梁。《说文·木部》云："桴，栋名。"

⑥桷：方形的椽子。又名榱。《谷梁传》庄公二十四年云："刻桓宫桷。"陆德明释文："桷，榱也。方曰桷，圆曰椽。"

⑦遂：通达。阅：指长而能达到屋檐的方形椽子。

⑧不受：指不能达到。交：指短而不能直达屋檐的方椽。

⑨樀：屋檐的别名。

容谓之防<sup>①</sup>。

**【注释】**

①容：古代射礼唱获者用以防箭的蔽障物。又指室内间隔内外的小屏风。这里指后者。《荀子·正论》云："居则设张容，负依而坐。"防：容的别名。

连谓之簃<sup>①</sup>。

**【注释】**

①连：连接。这里指堂楼阁边的小屋。簃：或作移。楼阁旁边的小屋。

屋上薄谓之筄①。

**【注释】**

①薄：帘子。筄：铺在椽上瓦下的苇席或竹席。

两阶间谓之乡①。中庭之左右谓之位②。门屏之间谓之宁③。屏谓之树④。

**【注释】**

①两阶：指堂前的东西两阶。乡：面向，朝着。引申指殿堂前两阶之间（君王南向接受群臣朝见的地方）。

②庭：通作廷，堂前之地。中庭：堂前君王布施政令、接受朝见的地方。位：朝廷中群臣的位列，朝见君王的地方。《孟子·离娄下》云："礼，朝廷不历位而相与言，不逾阶而相揖也。"

③屏：屏风。宁：宫殿门和屏风之间，这是君王接受朝见时所站立的地方。《礼记·曲礼下》云："天子当宁而立，诸公东面，诸侯西面，曰朝。"

④树：门屏，影壁。《礼记·郊特牲》云："台门而旅树。"郑玄注："旅，道也。屏谓之树。树，所以蔽行道。"

宫中之门谓之闱①，其小者谓之闺②。小闺谓之阁③。巷门谓之闳④。

**【注释】**

①闱：王宫内的侧门。《左传》哀公十四年云："子我归，属徒攻闱与大门。"

②闺：上圆下方的小门，也指宫中的小门。《公羊传》宣公六年云："赵盾已朝而出，与诸大夫立于朝，有人荷畚自闺而出者。"

③阁：侧门旁的小门。含字后与阁通用。《墨子·杂守》云："阁通守舍。"

④闳：巷门。《左传》成公十七年云："与妇人蒙衣乘辇而入于闳。"

门侧之堂谓之塾[1]。

**【注释】**

①塾：位于门内外两侧的房屋。《尚书·顾命》云："先辂在左塾之前，次辂在右塾之前。"

橛谓之阒[1]。阖谓之扉[2]。所以止扉谓之阁[3]。

**【注释】**

①橛：短木桩。这里指竖立在门中央作为限隔的短木。这种位置和作用的短木也称阒。《仪礼·士冠礼》云："布席于门中阒西阈外。"

②阖：门扇。又名扉。《左传》襄公二十八年云："子尾抽桷击扉三。"

③止：阻止。阁：古代设置在门两旁防止已开的门扇自动闭合的长木。《左传》襄公三十一年云："高其闬阁，厚其墙垣，以无忧客使。"

室中谓之时，堂前谓之行，堂下谓之步，门外谓之趋，中庭谓之走，大路谓之奔[1]。

**【注释】**

①本条不是解释时、行、步等词的意义，而是说明人的行走动作由于所处的场所不同而快慢有别。随着处所由内至外，行走的动作也就由缓到急。室：内室，房间。这里意思是缓步行走。行：行走。步：行走。《战国策·赵策四》云："乃自强步。"趋：快走。《左传》成公十六年云："见楚子必下，免胄而趋风。"走：疾趋，即跑。《韩非子·五蠹》云："兔走触株，折颈而死"。奔：跑，快跑。《庄子·田子方》云："夫子奔逸绝尘。"本条说明由于具体环境不同，人行走的步伐快慢不同，实际上"行"和"步"并无缓急的差别，而且在古籍中使用时"行""趋""走"等词也没有限制仅使用于某处。

室有东西厢曰庙[1]，无东西厢有室曰寝[2]，无室曰榭[3]。四方而高曰台。陕而修曲曰楼[4]。

【注释】

①室：庙中的大室（太室），前有殿堂，堂的两侧有夹室，左右有厢。厢：或作箱。殿堂两侧夹室之前的小堂。王延寿《鲁灵光殿赋》云："西厢踟蹰以开宴，东序重深而奥秘。"庙：结构完整的成套大屋，多指供祭祀先祖神主的屋舍。和寝相对时，指宗庙的正堂、前殿。

②寝：宗庙后殿藏放祖先衣冠的地方。《礼记·月令》云："寝庙毕备。"郑玄注："凡庙，前曰庙，后曰寝。"

③榭：指无室的厅堂。多用作讲军习武或藏器物的处所。

④陕：同狭。狭窄，不宽广。《墨子·备穴》云："连版以穴高下，广陕为度。"

# 释　　器　第六

彝①、卣②、罍③，器也。小罍谓之坎④。

【注释】

①彝：古代青铜器的通称，多指宗庙祭祀用的礼器。《左传》昭公十五年云："能荐彝器于王。"

②卣：青铜制的中型盛酒器。一般为椭圆形，大腹，小口，圈足，有盖和提梁。

③罍：酒器，形似壶，小口，广肩，深腹，圈足，有盖。《诗经·周南·卷耳》云："我姑酌彼金罍，维以不永怀。"坎：一种形似壶而小的盛酒器。

康谓之蛊①。

【注释】

①康：糠，谷壳。蛊：米谷中的蛀虫。本条意思是说，米糠中的蛀虫叫蛊。

鼎绝大谓之鼐①，圜弇上谓之鼒②，附耳外谓之釴③，款足者谓之鬲④。

**【注释】**

①鼎：古代一种烹饪用器。用青铜制成，多为圆形，三足两耳，也有方形四足的。绝：极，最。鼐：大鼎。

②圜：圆。䔮：狭小。圜䔮上，指圆形小口大腹的鼎。䔮：小口的鼎。

③鼒：附耳在唇外的方鼎。

④款足：空心曲足。鬲：古代一种鼎类烹饪用器。有陶制与金属制两种，圆口，三足，足中空而曲。《周礼·考工记·陶人》云："鬲实五觳，厚半寸，唇寸。"

甑谓之鬵。鬵，鉹也①。

**【注释】**

①鬵：本或作甗，一种蒸食物用的炊器，底部有许多透气的小孔，类似现代的蒸笼。

木谓之虡①。

**【注释】**

①虡：悬挂编钟编磬的木架的立柱。

旄谓之藣。①

**【注释】**

①旄：旄牛尾，古代舞者所持，用作舞具。又称藣。《周礼·春官·旄人》云："旄人。"郑玄注："旄，旄牛尾，舞者所持以指麾。"

象谓之鹄①，角谓之觿②，犀谓之鶤③，木谓之剧④。玉⑤谓之雕。

**【注释】**

①象：指加工象牙。鹄：本或作鉴，治理象牙。

②角：指加工兽角。键：或作锴，加工兽角，使成器具。

③犀：指加工犀牛角。键：同错，琢磨，雕刻。

④木：指加工木材。劚：通作度，裁割，加工木材。郭璞注引《左传》云："山有木，工则劚之。"今本《左传》隐公十一年作"工则度之"。

⑤玉：指加工玉石。

金谓之镂，木谓之刻，骨谓之切，象谓之磋，玉谓之琢，石谓之磨①。

**【注释】**

①金：意思是雕刻金属以制作器物。下文的木、骨、象（象牙）、玉、石等词与此相似，也都是以其为原材加工以制作器物的意思。镂：雕刻。《荀子·劝学》云："锲而不舍，金石可镂。"镂、刻、切、磋、琢、磨六词是同义词，有时通用。

璆①、琳②，玉也。

**【注释】**

①璆：同球，美玉名，可制磬。

②琳：美玉名。

不律谓之笔①。

**【注释】**

①不律：笔的别名。郑樵注："缓声为不律，急声为笔。"《说文·聿部》云："秦谓之笔。""楚谓之聿，吴谓之不律，燕谓之弗。"

灭谓之点①。

**【注释】**

①灭：消除。点：指涂抹改易文字。《后汉书·文苑列传下》云："衡

揽笔而作，文无加点，辞采甚丽。"

绝泽谓之铣[1]。

## 【注释】

[1]绝：极，最。泽：光泽。绝泽：最有光泽的（金属）。铣：最有光泽的金属。《国语·晋语一》云："纡之以金铣者，寒之甚矣。"

金镞翦羽谓之鍭[1]。骨镞不翦羽谓之志[2]。

## 【注释】

[1]金：金属。镞：箭头。翦：同剪，剪齐。鍭：箭名。鍭的箭头用金属制作，用作箭身的鸟羽剪齐，前重后轻，用于射距离近的敌人或鸟兽。

[2]志：箭名。志的箭头用骨制作，用作箭身的鸟羽不剪齐，前后轻重相等，用于礼射和习射。

弓有缘者[1]谓之弓，无缘者谓之弭[2]。以金者谓之铣[3]，以蜃者谓之珧[4]，以玉者谓之珪[5]。

## 【注释】

[1]缘：弓用生丝缠绕然后用漆涂饰。有缘者：指用生丝缠绕后加漆饰的。

[2]弭：角弓，末端以骨、角镶嵌的弓。《仪礼·既夕礼》云："有弭饰焉。"

[3]铣：两端用金装饰的弓。

[4]蜃：一种海蚌，甲壳可饰物。珧：两端用蜃的甲壳装饰的弓。屈原《天问》云："冯珧利决，封豨是射。"

[5]珪：两端用玉装饰的弓。

珪大尺二寸谓之玠[1]。璋大八寸谓之琰[2]。璧大六寸谓之宣[3]。肉倍好谓之璧[4]，好倍肉谓之瑗[5]，肉好若一谓之环[6]。

## 【注释】

①珪：同圭，玉器名。长条形玉版，上圆或尖，下方。古代帝王、贵族祭祀、朝聘、丧葬时手执，作为礼器或凭证。玠：或作介，长一尺二寸的大珪。《诗经·大雅·嵩高》云："锡尔介圭，以作尔宝。"郑玄笺："圭长尺二寸谓之介。非诸侯之圭，故以为宝。诸侯之瑞圭，自九寸而下。"

②璋：瑞玉名，古代朝聘、祭祀、丧葬、发兵时用作礼品或凭证。《周礼·考工记·玉人》云："琬圭璋八寸，璧琮八寸，以緻聘。"腴：八寸长的璋。

③璧：玉器名。平圆形，中心有孔。古代贵族用作祭祀、朝聘、丧葬时的礼器，也用作装饰品。宣：通牒，本或作牒，六寸的大璧，用于祭天。《史记·孝武本纪》云："有司奉牒玉。"

④肉：指平圆形中央有孔的玉器或钱币的孔外到边缘部分，好：平圆形中央有孔的玉器或钱币的中空部分。肉倍好，由孔外到边缘长度为孔长的一倍。《汉书·律历志上》云："圜而环之，令之肉倍好者，周旋无端，终而复始，无穷已也。"璧：玉器名。边宽为内孔直径的一倍。

⑤瑗：一种内孔直径为边宽一倍、孔大边小的璧。

⑥若一，指内孔的直径和边宽相等。环：一种边宽与内孔直径相等的璧。古代月作符信或装饰品。《荀子·大略》云："绝人以纤，反绝以环。"

竿谓之箷①。

## 【注释】

①箷：或作锶，衣架，晾衣竿。《礼记·曲礼上》云："男女不杂坐，不同锶枷。"

簀谓之笫①。

## 【注释】

①簀：竹席，竹编的床垫。也称笫。《方言》五："床，齐、鲁之间谓之簀，陈、楚之间或谓之笫。"

卣<sup>①</sup>，中尊<sup>②</sup>也。

**【注释】**

①卣：古代一种盛酒器。一般是椭圆形，大腹，小口，圈足，有盖和提梁。

②尊：古代盛酒礼器。盛行于商代与西周。用于祭祀或宴享宾客之礼。中尊：中型的酒尊。

# 释　乐　第七

宫谓之重<sup>①</sup>，商谓之敏<sup>②</sup>，角谓之经<sup>③</sup>，徵谓之迭<sup>④</sup>，羽谓之柳<sup>⑤</sup>。

**【注释】**

①宫：我国古代五声音阶的第一音级，相当于现代音乐简谱上的"1"。又名重。

②商：我国古代五声音阶的第二音级，相当于现代音乐简谱上的"2"。又名敏。

③角：我国古代五声音阶的第三音级，相当于现代音乐简谱上的"3"。又名经。

④徵：我国古代五声音阶的第四音级，相当于现代音乐简谱上的"5"。又名迭。

⑤羽：我国古代五声音阶的第五音级，相当于现代音乐简谱上的"6"。又名柳。

大瑟谓之洒。<sup>①</sup>

**【注释】**

①瑟：古代一种弹拨乐器，形似琴，通常有二十五根弦。洒：大瑟名。

大琴谓之离<sup>①</sup>。

【注释】

①琴：一种弹拨乐器，通常有七根弦，又称七弦琴。离：大琴名。

大鼓谓之鼖①，小者谓之应②。

【注释】

①鼓：一种打击乐器，以木为框，蒙以兽皮。鼖：或作贲，古代军中使用的大鼓。

②应：应鼓，一种和大鼓相应的小鼓。

大磬谓之𬭚。①

【注释】

①磬：古代用石或玉制成的一种打击乐器。𬭚：大磬名。

大笙谓之巢，①小者谓之和②。

【注释】

①笙：一种吹奏乐器，由簧片、簧管和斗子三部分组成。簧片由竹制（后改用响铜）；簧管为长短不一的竹管，自十三至十九根不等；斗子用匏（瓠）制成（后或用木、铜制）。巢：大笙名。有十九根簧管。

②和：小笙名。有十三根簧管。《仪礼·乡射礼》云："三笙一和而成声。"郑玄注："三人吹笙，一人吹和。"

大篪谓之沂①。

【注释】

①篪：古代一种吹奏乐器。竹制，单管，横吹。春秋战国时广泛使用。沂：大篪名。

大埙谓之嘂①。

**【注释】**

①埙：或作壎，古代一种吹奏乐器，陶制，有球形、椭圆形等数种，音孔有一至六孔不等。嘂：或作叫，大埙名。《诗经·小雅·何人斯》云："伯氏吹壎，仲氏吹篪。"

大钟谓之镛①，其中谓之剽②，小者谓之栈③。

**【注释】**

①钟：一种打击乐器。铜制，先秦时呈椭圆形，秦代以后多呈圆形，悬吊，敲击发声。镛：大钟名。《诗经·大雅·灵台》云："贲鼓维镛。"
②中：指中等大小的钟。剽：中等大小的钟名。
③栈：小钟名。

大箫谓之言①，小者谓之筊②。

**【注释】**

①箫：一种吹奏乐器。古代的箫由若干个竹管编排而成，这种箫后称排箫。言：大箫名。有二十三管。
②筊：小箫名。有十六管。

大管谓之簥①，其中谓之篞②，小者谓之篎③。

**【注释】**

①管：古代一种吹奏乐器，形似篪。簥：大管名。
②中：指中等大小的管。篞：中等大小的管名。
③篎：小管名。

大筛谓之产①，其中谓之仲②，小者谓之箹③。

**【注释】**

①筛：古代一种吹奏乐器。竹制。有两种：吹筛，似笛，较短小，有三孔；舞筛，较长，可吹奏，也可手持作舞具。产，大筛名。

②中：指中等大小的筛。仲：中等大小的筛名。

③䈁：小筛名。

# 释　天　第八

穹苍①，苍天也。春为苍天，夏为昊天，秋为旻天，冬为上天②。

**【注释】**

①穹：中间隆起的样子。苍：深蓝色。穹苍：天的别名，也称苍天。古人认为天是圆的，中央隆起，深蓝色，因而称之为苍天、穹苍或苍穹。

②昊天：夏季的天。旻天：秋季的天。上天：冬季的天。本条说明四季的天各有专名。在古籍中有时是如此使用的，《诗经·小雅·信南山》云："上天同云，雨雪雰雰。"但更多的情况是苍天、昊天、旻天和上天都可泛称天，在使用时没有明显的季节界限。如《诗经·王风·黍离》云："悠悠苍天，此何人哉？"《小雅·小明》云："明明上天，照临下土。"《尚书·尧典》云："钦若昊天。"

四时

**【注释】**

时：季节。四时：四季。在这里是说明上面解释的是四季的天名。

春为青阳①，夏为朱明②，秋为白藏③，冬为玄英④。四气和谓之玉烛⑤。

**【注释】**

①青阳：春季的别名。

②朱明：夏季的别名。

③白藏：秋季的别名。

④玄英：冬季的别名。

⑤四气：四季之气。和：和畅。玉烛：形容太平盛世人君德美如玉，圣明若烛。四季之气和畅。《尸子·仁意》云："春为春阳，夏为朱明，秋为白藏，冬为玄英。四气和，正光照，此之谓玉烛。"

春为发生①，夏为长赢②，秋为收成，冬为安宁。四时和为通正③，谓之景风④。

**【注释】**

①发生：万物萌发生长。

②赢：通盈，充满，增长。长赢：增长。

③四气和：四季之气和畅。通正：通畅，平正。

④景风：祥和之风，太平之风。《尸子·仁意》云："祥风，瑞风也。一名景风，一名惠风。"

甘雨时降①，万物以嘉②，谓之醴泉③。

**【注释】**

①甘雨，及时雨。时：按时。

②嘉：美，好。

③醴泉：甘美的泉水，又指及时雨。这里是后一种意思。《尸子·仁意》云："甘雨时降，万物以嘉。高者不少，下者不多，此之谓醴泉。"

祥

**【注释】**

祥：吉祥的征兆。在这里是说明上述四气和、景风出、甘雨降等现象都是吉祥的征兆。

谷不熟为饥。蔬不熟为馑。果不熟为荒<sup>①</sup>。仍饥为荐<sup>②</sup>。

**【注释】**

①谷：粮食作物的统称。熟：成熟。蔬：蔬菜。饥、馑、荒是表示歉收、灾年意义的同义词。对饥、馑两词的意义有些古书解释与此有所不同。《墨子·七患》云："一谷不收谓之馑……五谷不收谓之饥。"

②仍：重复，连年。荐：连年歉收。《左传》僖公三年云："冬，晋荐饥。"

灾

**【注释】**

灾：自然灾害。此处说明上面解释的都是表示因自然灾害而收成不好意义的词。

大岁在甲曰阏逢，在乙曰旃蒙，在丙曰柔兆，在丁曰强圉，在戊曰著雍，在巳曰屠维，在庚曰上章，在辛曰重光，在壬曰玄黓，在癸曰昭阳<sup>①</sup>。

**【注释】**

①大岁：本或作太岁，古人假想的一个天体。太岁与岁星（木星）背道而驰，自东向西十二年运行一周天。"巳"当作"己"。甲、乙、丙、丁、戊、己、庚、辛、壬、癸，十天干名，在这里用于表示位置次序。古代用太岁每年所在的位置和十天干依次相配来纪年，于是出现了阏逢、旃蒙、柔兆、强圉、著雍、屠维、上章、重光、玄黓和昭阳一套年的专名。这套年名系统地出现在《淮南子·天文训》《史记·历书》中，后代古籍中很少使用。

岁阳

**【注释】**

我国很早就测得岁星（木星）约十二年运行一周天，于是把岁星运行的轨道等分为十二个区域，称为十二次，或十二星次。岁星由西向东运行，每行经一个星次就是一年。岁星运行到某个星次，就用"岁在××"来纪年，称"岁星纪年法"。岁星运行的方向与人们所熟悉的十二辰（沿天赤道从东向西将周天划分为十二等分，配以子丑寅卯等十二地支）相反，为了和十二辰一致，古人便假想出"太岁"这个假岁星，与真岁星背道而驰，而与十二辰的方向顺序一致，自东向西每年行经一个星次，用太岁年所在的辰来纪年，这就是"太岁纪年法"。这种太岁纪年的方法，古人称之为"岁阴""太阴"。大约在西汉时，历法家又用太岁每年所在的位置与十天干依次相配来纪年，称为"岁阳"，以和岁阴相对。"岁阳"在这里是说明以上所说的都是岁阳年名。

大岁在寅曰摄提格，在卯曰单阏，在辰曰执徐，在巳曰大荒落，在午曰敦牂，在未曰协洽，在申曰涒滩，在酉曰作噩，在戌曰阉茂，在亥曰大渊献，在子曰困敦，在丑曰赤奋若[1]。

## 【注释】

[1]大岁：本或作太岁，古代天文学中假设的星名，与岁星相应。寅、卯、辰、巳、午、未、申、酉、戌、亥、子、丑，十二地支，这里用以表示位置次序。摄提格、单阏、执徐、大荒落、敦牂、协洽、涒滩、作噩、阉茂、大渊献、困敦、赤奋若，太岁年名。这一套太岁年名在《淮南子·天文》《史记·历书》《天官书》和《汉书·天文志》中系统地出现。其间有的太岁年名用字有所不同。在后代的古籍中，很少使用这套年名。又有说在"在丑曰赤奋若"之后当有"岁阴"二字。

载，岁也。夏曰岁，商曰祀，周曰年，唐虞曰载[1]。

## 【注释】

[1]载：年的别名。岁：本义是收获庄稼。古代谷物每年一熟，一年收割一次，引申为表示时间单位的年。祀：古人祭祀鬼神，每年不同季节有不同的祭祀内容，各种祭祀都进行完毕，说明过了一年，有时使用祀来称年。《尚书·洪范》云："惟十有三祀，王访于箕子。"年：本义是禾熟。谷物每年成熟一次，

引申为表示时间单位的年。载、岁、祀、年这四个表示时间单位的年的意义的词，除"祀"外，在古籍中都常见，且通用，并非像本条所说分别使用于不同的时代。

岁名

【注释】

岁名：时间单位的年的名称。在这里是说明上面解释的都是表示时间单位的年的名称。

月在甲曰毕，在乙曰桔，在丙曰修，在丁曰圉，在戊曰厉，在己曰则，在庚曰窒，在辛曰塞，在壬曰终，在癸曰极[①]。

【注释】

①甲、乙、丙、丁、戊、己、庚、辛、壬、癸，十天干名。毕、桔、修、圉、厉、则、窒、塞、终、极，古代以十天干纪月的别名。这套月名，见于《史记·历书》。

月阳

【注释】

月阳：古代以十天干纪月的别名。在这里意思是说明上面解释的是以十天干纪月的别名。天属阳，所以称月阳。

正月为陬，二月为如，三月为寎，四月为余，五月为皋，六月为且，七月为相，八月为壮，九月为玄，十月为阳，十一月为辜，十二月为涂[①]。

【注释】

①陬：旧历正月的别名。屈原《离骚》云："摄提贞于孟陬兮。"

南风谓之凯风[①]，东风谓之谷风[②]，北风谓之凉风[③]，西风谓之泰风[④]。

**【注释】**

①凯风：和风，南风的别名。《诗经·邶风·凯风》云："凯风自南，吹彼棘心。"

②谷风：东风的别名。《诗经·邶风·谷风》云："习习谷风，以阴以雨。"

③凉风：寒冷之风，北风的别名。或指初秋的风。《礼记·月令》云："〔孟秋之月〕凉风至，白露降。"或指西南风。《淮南子·地形》云："西南曰凉风。"

④泰风：或作大风，西风的别名。《诗经·大雅·桑柔》云："大风有隧，有空大谷。"


焚轮谓之颓[①]，扶摇谓之猋[②]。风与火为庉[③]。回风为飘[④]。

**【注释】**

①焚轮：从上而下的暴风。《诗经·小雅·谷风》云："习习谷风，维风及颓。"

②扶摇：盘旋而上的暴风。猋：旋风，暴风，为"扶摇"二字的合音。后写作飙。《庄子·逍遥游》云："抟扶摇而上者九万里。"

③庉：本或作炖，火炽盛的样子。

④回风：旋风。又称飘。《诗经·桧风·匪风》云："匪风飘兮，匪车嘌兮。"


日出而风为暴[①]，风而雨土为霾[②]，阴而风为曀[③]。

**【注释】**

①暴：指天晴而有疾猛的大风。《诗经·邶风·终风》云："终风且暴，顾我则笑。"

②雨：从空中散落。霾：大风夹着飞扬的尘土。《诗经·邶风·终风》云："终风且霾，惠然肯来。"

③曀：天色阴沉而多风。

寿星，角、亢也①。天根，氐也②。

**【注释】**

①我国古代天文学家沿天球黄、赤道带从西向东将周天等分为十二个区域，称十二次。

②氐：二十八宿之一，东方苍龙七宿的第三宿。有星四颗。又名天根。《史记·天官书》云："氐为天根，主疫。"

天驷，房也①。大辰，房、心、尾也。大火谓之大辰②。

**【注释】**

①房：二十八宿之一，东方苍龙七宿的第四宿。四星并列，又名天驷。《国语·周语下》云："昔武王伐殷，岁在鹑火，月在天驷。"

②大火：十二次之一，房、心、尾三宿在其中。大辰：大火次的别名。《春秋》昭公十七年云："冬，有星孛于大辰。"心：二十八宿之一，东方苍龙七宿的第五宿。有星三颗。又名商星。在大火次房、心、尾三宿中，心宿居中，且最明亮，所以或称心宿为大火、大辰。尾：二十八宿之一，东方苍龙七宿的第六宿。有心九颗，像苍龙的尾部。

析木之津①，箕、斗之间，汉津也②。

**【注释】**

①析木之津：本或作"析木谓之津"，其中"谓"为衍文。十二次中析木次的别名，尾、箕二宿在其中。

②箕：二十八宿之一，东方苍龙七宿的第七宿。由四颗星组成，形似舂箕。斗：二十八宿之一，北方玄武七宿的第一宿。由六颗星组成，形如斗，又名南斗。《诗经·小雅·大东》云："维南有箕，不可以簸扬；维北有斗，不可以挹酒浆。"汉：银河。又称天汉、银汉、河汉、天河等。在箕、斗之间。津：渡口。《左传》昭公八年云："〔岁〕今在析木之津，犹将复由？"孔颖达疏："〔刘炫谓〕天河在箕斗二星之间，箕在东方木位，斗在北方水位，分析水木以箕星为隔，

隔河须津梁以渡，故谓此次为析木之津也。"

星纪①，斗、牵牛②也。

## 【注释】

①星纪：十二次之一，斗、牛二宿在其中。《左传》襄公二十八年云："岁在星纪。"

②牵牛：星名，一般指河鼓星。有时也称二十八宿中北方玄武七宿的第二宿牛宿为牵牛，这里指牛宿。牛宿有星六颗。《史记·天官书》云："牵牛为牺牲，其北河鼓。"

玄枵①，虚②也。颛顼之虚③，虚也。北陆④，虚也。

## 【注释】

①玄枵：十二次之一，女、虚、危三宿在其中。

②虚：二十八宿之一，北方玄武七宿的第四宿。有星两颗。虚宿是玄枵次的中星，标志星，所以有时也称虚宿为玄枵。《左传》襄公二十八年云："玄枵，虚中也。"

③颛顼之虚：虚宿的别名。《左传》昭公十年云："今兹岁在颛顼之虚。"孔颖达疏："北方三次以玄枵为中。玄枵次有三宿，又虚在其中。以水位在北，颛顼居之，故谓玄枵虚星为颛顼之虚。"

④北陆：虚宿的别名。《左传》昭公四年云："古者日在北陆而藏冰。"孔颖达疏："孙炎云：'陆，中也。北方之宿虚为中也。'"

北极谓之北辰①。

## 【注释】

①北极：北极星。是距离北天极最近的亮星，在地球北半球的任何地点都可利用它来寻找北方。北辰：北极星的别名。《论语·为政》云："为政以德，譬如北辰，居其所而众星共之。"

何鼓谓之牵牛[1]。

**【注释】**

[1]何：当作"河"。河鼓：星名。由三颗星组成。又名天鼓、牵牛，俗称牛郎星、扁担星。《史记·天官书》云："河鼓大星，上将；左右，左右将。"张守节正义："自昔传牵牛织女七月七日相见，此星也。"

明星谓之启明[1]。

**【注释】**

[1]明星：太阳系九大行星之一金星的别名。金星是仅次于日、月全天最亮的星，所以又称明星。早晨出现在天空东方时，我国古代称之为启明；黄昏出现在天空西方时，我国古代称之为太白或长庚。《诗经·小雅·大东》云：'东有启明，西有长庚。"毛亨传："日旦出，谓明星为启明；日既入，谓明星为长庚。"

彗星为欃枪[1]。

**【注释】**

[1]彗星：太阳系环绕太阳运行的一种云雾状小天体。接近太阳时，彗尾形如扫帚。在我国古代，彗星有孛星、拂星、欃枪等别名。俗称扫帚星。

奔星为彴约[1]。

**【注释】**

[1]奔星：流星。古代又称彴约。

星名

**【注释】**

星名，在这里是说明以上所解释的都是星名。

春祭日祠，夏祭日禴，秋祭日尝，冬祭日烝①。

【注释】

①烝：本条解释周代四时宗庙祭祀名称。

祭天日燔柴①，祭地日瘗薶②，祭山日庋县③，祭川日浮沉④，祭星日布⑤，祭风日磔⑥。

【注释】

①燔柴：将祭品放在柴堆上焚烧以祭天的一种祭祀。《礼记·祭法》云："燔柴于泰坛，祭天也。"

②瘗薶：或写作瘗埋，埋葬。这里指将祭品埋到土里以祭地的一种祭祀。

③庋：同庪，放置，收藏，引申为埋葬。县：悬挂。后写作悬。

④浮沉，将祭品沉入水中以祭河川的一种祭祀。因祭品投入水后或浮或沉而得名。

⑤布：将祭品散布于地以祭星的一种祭祀。

⑥磔：割裂牺牲肢体以祭风的一种祭祀。《公羊传》僖公三十一年云："山川有能润于百里者，天子秩而祭之。"孔颖达疏引李巡曰："祭风以牲头蹄及皮破之以祭，故曰磔。"

# 释　　地　第九

两河间日冀州①。

【注释】

①两河：战国到秦汉时期，黄河自今河南省武陟以下向东北流，经山东省西北隅折北至河北省沧州东北入海，略呈南北流向的一段称为东河；黄河上游今山西、陕西间北南流向的一段称为西河。当时东河、西河合称为两河。冀州：古九州之一。据《尔雅》，冀州所包括的范围，大致为今河北省中南部、山西省西南部和河南省黄河以北及山东省西北地区。

河南曰豫州[1]。

**【注释】**

[1]河:黄河。豫州:古代九州之一。《尚书·禹贡》云:"荆、河惟豫州。"荆即荆山,位于今湖北省南漳县西。豫州所包括的范围,大致为今河南省和湖北北部地区。

河西曰蠭州[1]。

**【注释】**

[1]蠭州:或作雍州,古代九州之一。《尚书·禹贡》云:"黑水西河惟雍州。"黑水,河流名,所指河流有今甘肃省张掖河、党河及青海省大通河等不同说法。两河,指黄河上游今山西、陕西之间北南流向的一段。蠭州所包括的范围,大致为今陕西北部及甘肃、青海等地。

汉南曰荆州[1]。

**【注释】**

[1]汉:汉水。荆州:古代九州之一。《尚书·禹贡》云:"荆及衡阳惟荆州。"荆即荆山,位于今湖北省南漳县西。及,到。衡阳,今湖南省衡山以南。荆州所包括的范围,大致为今江西西部和湖北、湖南两省境。

江南曰扬州[1]。

**【注释】**

[1]江:长江。扬州:或作杨州,古代九州之一。《尚书·禹贡》云:"淮、海惟扬州。"这里淮指淮水;海指今黄海。扬州所包括的范围,大致为今江苏、安徽两省南部和江西东部地区。

济、河间曰兖州[1]。

## 【注释】

①济：古济水。自今河南省荥阳北流，至今山东省利津县南入海。河：古黄河。此指自今河南省武陟县东北流至今河北省沧州市东北入海的这一段。兖州：古代九州之一。《尚书·禹贡》云："济河惟兖州。"兖州所包括的范围，大致为今河北省南部和山东省北部中部地区。

济东曰徐州①。

## 【注释】

①济：古济水。徐州：古代九州之一。《尚书·禹贡》云："海、岱及淮惟徐州。"这里海指黄海；岱即泰山；及，到；淮，淮水。徐州所包括的范围，大致为今江苏、安徽北部、山东南部。

燕曰幽州①。

## 【注释】

①燕：地区名。位于今河北北部及辽宁一带，战国时为燕国地，后沿称这一地区为燕。幽州，古九州之一。幽州所包括的范围，大致为今河北省北部和辽宁省一带。

齐曰营州①。

## 【注释】

①齐：地区名。位于今山东省泰山以北黄河下游及胶东半岛地区，战国时为齐国地，后沿称这一地区为齐。营州：古代九州之一。在《尚书·禹贡》中称青州。营州所包括的范围，大致在今山东省泰山以北及山东半岛这一地区。

九州

**【注释】**

九州，传说中我国中原地区在上古时期的行政区划。此处说明以上解释的是九州的名称及其地理位置。九州州名，《尚书·禹贡》《周礼·夏官·职方氏》《吕氏春秋·有始览》《汉书·地理志》和《尔雅·释地》各书说法有所不同，且各州境界多有出入。

鲁有大野①。

**【注释】**

①鲁：地区名。位于今山东省泰山以南的汶、泗、沂、沐水流域，在春秋战国时为鲁国地，后沿称这一地区为鲁。大野：古泽名。又称巨野、钜野。故地位于今山东省巨野县北。后其南涸为平地，北部成为梁山泊的一部分。

晋有大陆①。

**【注释】**

①晋：地区名。位于今山西省大部、河北省西南部、河南省北部和陕西省关中东南一角，春秋时为晋国地，后沿称这一地区为晋。大陆：古泽名。又称巨鹿、广阿。故地在今河北省隆尧、巨鹿、任县三县之间。

秦有杨陓①。

**【注释】**

①秦：地区名。位于今陕西、甘肃一带，春秋战国时为秦国地，后沿称这一地区为秦。杨陓：古泽名。又称杨纡、阳纡、阳华。旧说都认为杨陓在今陕西省，但具体所在，有在陇县、华阴西、凤翔和泾阳等几种不同说法。确址难以肯定。

宋有孟诸①。

**【注释】**

①宋：地区名。西周时期宋国有今河南省东部和山东、江苏、安徽之间地，后沿称这一地区为宋。孟诸：古泽名。又称孟猪、望猪、明都、盟诸等。故地位于今河南省商丘市东北、虞城西北。

楚有云梦①。

**【注释】**

①楚：地区名。位于今湖北、湖南一带，春秋战国时为楚国地，后沿称这一地区为楚。云梦：古泽名。位于今湖北省江陵以东，长江、汉水之间监利、潜江等县一带。又，古籍中的"云梦"，常用于泛指春秋战国时楚王的游猎区，地跨今湖北省安陆、云梦、钟祥、荆门、枝江、松滋、监利、洪湖等县。

吴、越之间有具区①。

**【注释】**

①吴：地区名。位于今江苏省、上海市大部和安徽、浙江省的一部分，春秋时为吴国地，后沿称这一地区为吴。越：地区名。位于今江苏省北部运河以东、江苏省南部、安徽省南部、江西省东部和浙江省北部地区，春秋末年为越国地，后沿称这一地区为越。具区：古泽名。又称震泽。即今江苏省太湖。

齐有海隅①。

**【注释】**

①齐：地区名。海隅：海滨，沿海的地区。或说在这里指今山东省蓬莱、莱州市以西到沾化、无棣以北的沿海地区。海隅是沿海地区的通名，其间虽有泽薮，但"海隅"并非具体泽薮名。

燕有昭余祁①。

**【注释】**

①燕：地区名。昭余祁：古泽名。又称大昭、昭余。故地位于今山西省祁县、平遥以西，文水东南和介休以北一带，这一地区战国时曾为燕国也。

郑有圃田①。

**【注释】**

①郑：地区名。位于今河南省中部黄河以南地区，春秋时为郑国地，后沿称这一地区为郑。圃田：古泽名。春秋时又名原圃，战国时又名圃中。故地位于今河南省中牟县西。

周有焦护①。

**【注释】**

①周：地区名。周部落在灭商以前居住在今陕西省岐山一带，武王灭商以后，建都镐京（今陕西省西安市西），后沿称岐山、镐京这一地区为周。焦护：古泽名。位于今陕西省泾阳西北。

十薮

**【注释】**

薮：湖泽的通称。十薮，此处是说明上面解释的是十大水泽的名称及其所在地。据《国语·周语下》《周礼·夏官·职方氏》《吕氏春秋·有始览》《淮南子·地形》等书记载，上古时只有九薮。本书十薮中的"周有焦护"是汉人所增。九薮名称与所在地，古书中说法不尽相同。

东方之美者，有医无闾之珣玗琪焉①。

**【注释】**

①医无闾：山名。或作医巫闾、医毋闾。位于今辽宁省中部，大凌河以东，

以产玉石著名。珣玗琪：美玉名。

东南之美者，有会稽之竹箭焉①。

## 【注释】

①会稽：山名。位于浙江省中部绍兴、嵊州市、东阳、诸暨之间。竹箭：一种可以用来做箭杆的小竹。又称箭竹。《周礼·夏官·职方氏》云："东南曰扬州，其山镇曰会稽……其利金锡竹箭。"

南方之美者，有梁山之犀象焉①。

## 【注释】

①梁山：山名，指湖南省的衡山。犀：指犀牛皮角。象：指象牙。

西南之美者，有华山之金石焉①。

## 【注释】

①华山：山名。位于今陕西省华阴市南。金：黄金。石：玉石。美玉实出于蓝田山（陕西省蓝田县东），因华山距离蓝田山不远且更为著名，所以这里称"华山之金石"。

西方之美者，有霍山之多珠玉焉①。

## 【注释】

①霍山：山名。又名太岳山、霍太山。位于今山西省霍县东南。"多"为衍文。《淮南子·地形》云："西方之美者，有霍山之珠玉焉。"高诱注："出夜光之珠，五色之玉也。"

西北之美者，有昆仑虚之璆琳琅玕焉①。

**【注释】**

①昆仑虚：即昆仑山。位于今新疆、西藏之间，西接帕米尔高原，东延入青海省境内。璆，或作球。璆、琳：美玉名。琅玕：形状像珠的美玉或美石。

北方之美者，有幽都之筋角焉①。

**【注释】**

①幽都：山名。位于雁门山以北。筋：指牛麋等兽筋。角：指牛角。《淮南子·地形》云："北方之美者，有幽都之筋角焉。"高诱注："古之幽都在雁门北，其畜宜牛羊马，出好筋角，可以为弓弩。"

东北之美者，有斥山之文皮焉①。

**【注释】**

①斥山：古时山名。据《隋书·地理志》和《太平寰宇记》说位于今山东省荣成市南。文：纹。文皮：有花纹的兽皮，指虎豹之类的皮。

中有岱岳，与其五谷鱼盐生焉①。

**【注释】**

①中：中央。岱岳：即泰山，位于今山东省泰安市北。与：助词，无实义。《淮南子·地形》云："中央之美者，有岱岳以生五谷桑麻，鱼盐出焉。"五谷鱼盐并非泰山地区的特产，这里以泰山为代表，说明和八方相对的中央地区的物产。

邑①外谓之郊，郊外谓之牧②，牧外谓之野，野外谓之林，林外谓之坰③。

**【注释】**

①邑：国都。

②"郊外谓之牧"一句，据王引之《经义述闻》二十七说，是后代学者添加的。《尔雅》古本中并没有。牧：指城邑的远郊。

③坰：远野。

下湿曰隰<sup>①</sup>。大野<sup>②</sup>曰平，广平曰原，高平曰陆<sup>③</sup>，大陆曰阜<sup>④</sup>，大阜曰陵<sup>⑤</sup>，大陵曰阿<sup>⑥</sup>。

**【注释】**

①下湿：低洼潮湿的地方。隰：低湿的地方。《诗经·邶风·简兮》云："山有榛，隰有苓。"

②大野：广大的原野。

③陆：高而平的地方，陆地。《周易·渐卦》云："鸿渐于陆。"

④阜：土山，丘陵。

⑤陵：大土山。《诗经·小雅·天保》云："如山如阜，如冈如陵。"

⑥阿：大丘陵。《诗经·小雅·菁菁者莪》云："菁菁者莪，在彼中阿。"

可食者<sup>①</sup>曰原。陂者曰阪<sup>②</sup>。下者曰隰<sup>③</sup>。

**【注释】**

①可食者：指宽广平坦能够耕种的地方。

②陂者：指可以进行耕种的山坡，斜坡。阪：斜坡。

③下者：指地势低下而平坦可以进行耕种的地方。隰：低湿而平的地方。《公羊传》昭公元年云："上平曰原，下平曰隰。"

东至于泰远<sup>①</sup>，西至于邠国<sup>②</sup>，南至于濮铅，北至于祝栗<sup>③</sup>，谓之四极<sup>④</sup>。

**【注释】**

①泰远：或作大远，意为极远。古时称传说中东方极远处国家为泰远。

②邠：或作豳。邠国：古国名，周的远祖公刘所建。故地位于今陕西省彬县。这里借指西方极远处国家。

③祝栗：古时称传说中北方极远处国家为祝栗。

④四极：四方极远之地。

觚竹①、北户②、西王母③、日下④，谓之四荒⑤。

**【注释】**

①觚竹：或作孤竹。商、周时有孤竹国，在今河北省卢龙县南。这里借指北方边远地区。

②北户：上古时期国名，在极远的南方，以"开北户以向日"而得名。这里借指南方边远地区。

③西王母：神话传说中的西方女神。这里借指西方边远地区。

④日下：传说中的古国名。

⑤荒：边远的地区。四荒：四方边远地区。

九夷①、八狄②、七戎③、六蛮④，谓之四海⑤。

**【注释】**

①夷：我国古时对东方各族的泛称。又称东夷、九夷。

②狄：我国古时对北方各族的泛称。又称北狄、八狄或五狄、六狄。

③戎：我国古时对西方各族的泛称。又称七戎、六戎或五戎。

④蛮：我国古时对南方各族的泛称。又称六蛮或八蛮。《礼记·明堂位》："九夷之国，东门之外，西面北上；八蛮之国，南门之外，北面东上；六戎之国，两门之外，东面南上；五狄之国，北门之外，南面东上。"

⑤四海：泛指中国九州以外四周的海疆（古人误认为中国四周都是海）。这里指四海之内四邻各族居住的地方。本条"九夷""八狄""七戎""六蛮"中的九、八、七、六是表示多数的，并非确数。

岠齐州以南，戴日为丹穴①。北戴斗极为空桐②。东至日所出为大平③，西至日所入为大蒙④。

**【注释】**

①岠：通距，距离。齐州：中州，即中土、中原。戴：值，当，正对。下同。戴日：正对着太阳。丹穴：南方极远处地名。

②斗：北斗星。极：北极星。戴斗极：正对着北斗星、北极星。空桐：或作空同，北方极远处山名。《庄子·在宥》云："闻广成子在于空同之上，故往见之。"陆德明释文："司马云：'当北斗下山也。'"。

③大平：或作太平，古时神话传说中太阳升起处，指东方极远之地。

④大蒙：或作太蒙，又称蒙汜，古代神话传说中太阳止息处，指西方极远的地方。《淮南子·氾论》云："丹穴、太蒙、反踵、空同……之民是非各异，习俗相反。"高诱注："丹穴，南方当日下之地。太蒙，西方日所入处也。"

大平之人仁，丹穴之人智，大蒙之人信，空桐之人武①。

【注释】

①上古时期有些哲学家用阴阳五行说来解释人的道德属性，本条把四方之人说成分别具有仁、智、信、武等品质，是受阴阳五行说的影响所致。大平在东方，东方木德仁，所以说"大平之人仁"；丹穴在南方，南方火德明，所以说"丹穴之人智"；大蒙在西方，西方金德实，所以说"大蒙之人信"；空桐在北方，北方水德怒，所以说"空桐之人武"。

# 释　山　第十一

河南华①，河西岳②，河东岱③，河北恒④，江南衡⑤。

【注释】

①河：黄河。华：华山。位于今陕西省华阴市南。是《周礼·夏官·职方氏》所说九州中处于河南豫州的主山。

②岳：岳山。又称吴山。位于今陕西省陇县西南。是《周礼·夏官·职方氏》所说九州处于正西的雍州的主山。

③岱：即泰山。位于今山东省泰安市北。是《周礼·夏官·职方氏》所说九州中处于河东的兖州的主山。

④恒：恒山。位于今河北省曲阳县西北与山西接壤处。是《周礼·夏官·职

方氏》所说九州中处于正北的并州（在《尔雅·释地》中所说的冀州之北）的主山。

⑤江：长江。衡：衡山。位于今湖南省衡山县西。是《周礼·夏官·职方氏》所说九州之一的荆州的主山。古代称一方的主山为镇，九州有九镇，这里说明了五镇的名称。

山三袭，陟①；再成②，英；一成，坯③。

**【注释】**

①袭：重，重叠。陟：重峦叠嶂。

②再成：两重。

③坯：一重之山。

山大而高，崧①；山小而高，岑②；锐而高，峤③；卑而大，扈④；小而众，岿⑤。

**【注释】**

①崧：同嵩，或作嵩，山高而大。《诗经·大雅·崧高》云："崧高维岳，骏极于天。"也指大而高的山。

②岑：山小而高，也指小而高的山。

③峤：尖而高的山。

④扈：山广大的样子。

⑤岿：小山丛聚罗列。

小山岌大山，峘①。

**【注释】**

①岌：高耸，高于。峘：和大山挨着并高过大山的小山。

属者，峄①；独者，蜀②。

**【注释】**

①属：连接，连续。峄：山相连接，连绵不断的山。

②蜀：独。不相连的山。

上正，章①；宛中，隆②。

**【注释】**

①上正：山顶平正。章：山形上部平正。

②宛：凹入，低洼。隆：高，指山顶四周比中央高。

山脊①，冈。未及上，翠微②。

**【注释】**

①山脊：山梁。

②未及上：未到山顶。翠微：轻淡青葱的山色，又用于称山腰。这里指后者。

山顶，冢①。崒者，厜㕒②。

**【注释】**

①冢：山顶。

②厜㕒：山峰险峻。

山如堂者，密①；如防者，盛②。

**【注释】**

①堂：人工筑成的方形土台。密：四方而高，形状像堂的山。郭璞注："《尸子》曰：'松柏之鼠不知堂密之有美枞。'"

②防：堤防。盛：狭长上平，形似堤防的山。《汉书·郊祀志》云："盛山斗入海，最居齐东北阳。"

峦，山铘[1]。

**【注释】**

①峦：狭而长的山。铘：山形狭长。《诗经·周颂·般》云："铘山乔岳，允犹翕河。"

左右有岸，厒[1]。

**【注释】**

①岸：台岸。厒：两侧滨水，左右有陡壁形如台岸的山。

大山宫小山，霍[1]；小山别大山，鲜[2]。

**【注释】**

①宫：围绕。霍：大山围绕小山的山形。

②别：分离。鲜：通簉，和大山不相连的小山。《诗经·大雅·皇矣》云："度其鲜原，居岐之阳。"

山绝，陉[1]。

**【注释】**

①绝：断。陉：山脉中断的地方。《史记·赵世家》云："赵与之陉。"

# 释　水　第十二

泉一见一否为瀸[1]。

**【注释】**

①见：出现。否：闭塞。意为不出现。瀸：泉水时有时无。

井一有水一无水为灛汋①。

**【注释】**

①灛汋：井水时有时无。

滥泉，正出①。正出，涌出也。沃泉，县出②。县出，下出也。氿泉，穴出。穴出，仄出也③。

**【注释】**

①滥泉：或作槛泉，喷涌而出的泉水。

②沃泉：从上往下流的泉水。县出，从上往下流。《释名·释水》云："悬出曰沃泉。水从上下，有所灌沃也。"

③氿泉：从侧面流出的泉水。

归异，出同流，肥①。

**【注释】**

①归异：流向不同。肥：水同源而异流。《诗经·邶风·泉水》云："我思肥泉，兹之永叹。"毛亨传："所出同，所归异，为肥泉。"

濆，大出尾下①。

**【注释】**

①濆：泉水自地下深处喷涌而出。尾：底。指地下深处。

水醮曰铢①。

**【注释】**

①醮：竭，尽。铢：干涸。

水自河出为灉①，济为泲②，汶为涞③，洛为波④，汉为潜⑤，淮为浒⑥，江为沱⑦，过为洵⑧，颍为沙⑨，汝为溃⑩。

## 【注释】

①河：黄河。灉：或作雍、蝬，古水名。

②"济为泲"是"水自济出为泲"的省略说法。以下八句情况相似。济：水名，指古济水。发源于河南省，流经山东省入渤海。泲：古水名。济水的支流，位于今山东省定陶县一带。一说"济"当作"荥"，荥泽。位于今河南省郑州市西北荥镇北。

③汶：水名，又称大汶河。位于今山东省境内。涞，或作阐，古水名。汶水的支流，位于今山东省宁阳县东北。

④洛：水名，发源于陕西省，流入河南省。波：古水名。《尚书·禹贡》："荥、波既猪。"（猪，通潴，水停聚）。《水经注》认为古波水即洛水的支流门水。

⑤汉：长江最大的支流。发源于陕西省宁强县，流经陕西省西南部、湖北省西北部和中部，在武汉市入长江。潜：古水名，汉水的支流。《尚书·禹贡》云："九江孔殷，沱、潜既道。"

⑥淮：水名。发源于河南省桐柏山，东流经安徽省入江苏省，本东流入海，后因黄河改道，淮河入海之道被夺，遂流入洪泽湖。《尚书·禹贡》；"淮、沂其乂。"浒：古水名。淮河的支流。

⑦江：长江。沱：古水名，长江的支流。古沱水的地理位置说法不一。在《尚书·禹贡》中，荆州和梁州都有沱水。梁州的沱水，指四川省郫县的古湔水，约为今之柏条河。荆州的沱水，指湖北省枝江市百里洲北今长江正流的一段；或以为即古夏水。

⑧过：同涡，即今涡河。源出河南省开封市西，流至安徽省西北部，至怀远县入淮河，为淮河支流之一。洵，古水名。错水的支流。

⑨颍：水名。淮河最大的支流。发源于河南省登封市嵩山西南，东南流至安徽省寿县西北正阳关入淮河。沙：古颍水支流，又称濮水。古颍水在流经河南省周口市境时分流为沙水，经淮阳流至安徽省，注入淮河。

⑩汝：水名。古汝水上游即今河南省北汝河。《左传》成公十七年云："楚公子申救郑，师于汝上。"

水决之泽为线①，决复入为汜②。

**【注释】**

①决：打开缺口，导引水流。之：到……去。泽：聚水的洼地，沼泽。线：打开缺口，使停积的水流到沼泽中去。

②汜：由主流分岔流出后又流回主流的河流。《诗经·召南·江有汜》云："江有汜。之子归，不我以。"

"河水清且澜漪"，大波为澜，小波为沦，直波为径①。

**【注释】**

①"河水清且澜漪"：《诗经·魏风·伐檀》文。澜，大波。"澜"《诗经》作"涟"。涟，风吹水面所形成的波纹。澜、涟义近。漪通猗，或作猗，句末语气词，相当于现代的"啊"。沦：水面的小波纹。《诗经·魏风·伐檀》云："河水清且沦猗。"径：当作"泾"，直流的水波。《释名·释水》云："水直波曰泾。泾，径也。言如道锰（径）也。"

江有沱，河有灉，汝有溃①。

**【注释】**

①江：长江。河：黄河。

浒，水厓①。

**【注释】**

①浒：水边地。在《释丘》中有"岸上，浒"条，是从释丘的角度说明浒为水边岸上之地，和水面相比，比水面要高。本条再次解释"浒"，是从释水的角度说明浒是水边之地。

水草交为湄①。

**【注释】**

①湄：岸边，水和草交接的地方。《诗经·秦风·蒹葭》云："所谓伊人，在水之湄。"

"济有深涉，深则厉，浅则揭①。"揭者，揭衣也。以衣涉②水为厉。繇③膝以下为揭，繇膝以上为涉，繇带④以上为厉。

**【注释】**

①"济有深涉，深则厉，浅则揭"：《诗经·邶风·匏有苦叶》文。济：渡口。涉：过河的地方。厉：连衣涉水。揭：撩起衣服，步行涉水。

②涉：步行渡水。

③繇：通由，从，自。

④带：衣带。

潜行为泳①。

**【注释】**

①潜：隐藏在水下面。泳：游泳。和"游"相对时，游指浮游，泳指潜游。《诗经·邶风·谷风》云："就其浅矣，泳之游之。"

"肯肯杨舟，绋缡维之①。"绋，䌛也②。缡，绠也③。

**【注释】**

①"肯肯杨舟，绋缡维之"：《诗经·小雅·采菽》文。肯肯，漂流的样子。杨舟，杨木船。维，系结。

②绋：大绳。

③缡：绳索。《诗经》作缤，缤也是绳索的意思。绠：船缆。

水注川曰谿①，注谿曰谷②，注谿曰沟，注沟曰浍③，注浍曰渎④。

**【注释】**

①注：灌注，流入。川：河流。

②谿：同溪，山间小河沟，也泛指小河沟。谷：两山间的流水道。

③浍：田间的水沟。

④渎：小沟渠。在古籍中，谿和谷，沟和浍、渎相对而言有时有大小之别，如《荀子·解蔽》云："醉者越百步之沟，以为跬步之浍也。"但常常是作为同义词而通用的，如《周礼·秋官·雍氏》云："雍氏掌沟渎浍池之禁。"郑玄注："沟、渎、浍，田间通水者也。"

逆流而上曰溯洄，顺流而下曰溯游①。

**【注释】**

①本条是解释《诗经·秦风·蒹葭》"溯洄从之"和"溯游从之"中的"溯洄""溯游"的。

江、河、淮、济为四渎①。四渎者，发源注海者也。

**【注释】**

①江：长江。河：黄河。淮：指古淮水。济：指古济水。渎：大川。四渎，古代对四条由发源地独流入海的大河的总称。郑樵注："中原之地，诸水所流皆归此四渎，惟此四渎得专达大海，故为渎祠焉。"

水中可居者曰洲①。小洲曰陼②，小陼曰沚③，小沚曰坻④。人所为为潏⑤。

**【注释】**

①洲：河流中由沙石、泥土淤积而成较大的陆地。《诗经·周南·关雎》："关关雎鸠，在河之洲。"

②陼：或作渚，水中小块陆地。《诗经·召南·江有汜》云："江有渚。之子归，不我与。"

③沚：小录，水中小块陆地。

④坻：水中小沙洲或高地。《诗经·秦风·蒹葭》云："溯游从之，宛在水中坻。"

⑤所为，所建造的。"所为为网。"

水中

【注释】

水中：此处是说明以上所解释的是水中之地的名称。

河出昆仑虚，色白①。所渠并千七百，一川色黄②。百里一小曲，千里一曲一直③。

【注释】

①河：黄河。昆仑虚：昆仑山基部。色白：指黄河上游河水流经高原峡谷，这一段水色比较清白。

②所渠：指所容纳的河流。并：共计。色黄：指黄河中游河水穿行黄土高原，河水中含泥沙量较大，水色浑黄。

③曲：曲折。千里一曲一直：意为黄河千里一大曲折。《公羊传》文公十二年云："河曲疏矣，河千里而一曲也。"黄河自孟津以上河道多曲折，"百里一小曲，千里一曲一直"是概括性的说法。

徒骇、太史、马颊、覆鬴、胡苏、简、絜、钩盘、鬲津①。

【注释】

①徒骇，太史，马颊，覆鬴，胡苏，简，絜，钩盘，鬲津：古黄河流到华北平原中部以后所分的九条支流名称。统称之为九河。上述九条河流河道久已湮废，具体流经何地，已不能确指，当在今华北平原东部近海地带。

九河

**【注释】**

九河：此处是说明以上所述为九河名称。近人多认为"九河"非确指，而是古代黄河下游许多支流的总称。

栲，山樗①。

**【注释】**

①栲：落叶灌木或小乔木。又称山樗。叶似樗，皮厚本坚。木材可制器具，根、干果及花入药。樗：一种落叶乔木，俗称臭椿。树皮灰色，皮叶有臭气。木材粗硬，不耐水湿，供建筑用；根皮供药用；叶可养樗蚕。

柏，椈①。

**【注释】**

①椈：柏树的别名。质坚硬，有芳香，可供建筑及制作器物之用。《礼记·杂记上》云："畅臼以椈，杵以梧。"

椵，柂①。

**【注释】**

①椵：一种落叶乔木。有赤椵、白椵等不同种类。木质优良，供建筑、制作家具等用。柂：白椵。树皮白。木材轻而耐湿，可用作棺木。

梅，枏①。

**【注释】**

①枏：同楠，一种常绿乔木，又称梅。生于南方，木材纹理细密，质地坚硬，有芳香，是建筑及制造器物的良材。

栯，杼①。

**【注释】**

①栩：一种落叶乔木。又称杼、栎、柞栎、麻栎。花、叶似栗树。壳斗杯形，坚果卵圆形，称橡子（皂斗）。壳斗可作黑色染料，幼叶可饲蚕。《诗经·唐风·鸨羽》云："肃肃鸨羽，集于苞栩。"毛亨传："栩，杼也。"

味，荎著①。

**【注释】**

①味：本或作䒷，即药草五味子。五味子是木质藤本植物，常缠绕在树木上，因而又入《释木》篇。

杭①，檕梅。杭者聊②。

**【注释】**

①杭：山楂树。现代俗称红果、山里红。树状似梅。果实红色，有淡褐色斑点，味酸甜，可供食用和药用。

②檕：树枝向下屈曲。聊：一种树枝向下弯曲的树。

梫，木桂①。

**【注释】**

①梫：一种厚皮的桂树。又称木桂、牡桂、肉桂。叶似枇杷叶而大，开白花，不结实，枝叶冬夏常青。皮和嫩枝入药。

柽，河柳①。旄，泽柳②。杨，蒲柳③。

**【注释】**

①柽：一种柳树。又称河柳、柽柳、西河柳等。生长在平原、沙地及盐碱地。枝条纤弱下垂，赤茎；叶小，鳞片状。枝干可编筐篮，嫩枝叶入药。

②泽柳：一种生长在水泽旁的柳树。又称旄，叶细如垂丝。

③杨：落叶乔木。枝条上挺，叶较宽阔，种子有毛。种类很多。蒲柳：即红皮柳，一种生长在水边的树。又称水杨、蒲杨。叶圆阔，枝条短硬，可制箭杆。

诸虑，山櫐<sup>①</sup>。

**【注释】**

①櫐：或作蔂。山蔂，一种木质藤本植物。又称诸虑、山葡萄。有卷须。果实黑色，多汁味甜，可生食及酿酒。

欇<sup>①</sup>，虎櫐。

**【注释】**

①欇：一种高大木质藤本植物。花青紫色，成穗状下垂，荚果密生绒毛。可供观赏，果实入药。

杞，枸檵<sup>①</sup>。

**【注释】**

①杞：即枸杞。落叶小灌木，花淡紫色，浆果卵圆形，红色。果实（枸杞子）和根皮（地骨皮）均可入药。《诗经·小雅·四月》云："山有蕨薇，隰有杞桋。"

枫，欇欇<sup>①</sup>。

**【注释】**

①欇欇：一种枫树的古代别名。树高大。叶有三角，有脂而香，秋天变红，因而又称丹枫、红枫，可供观赏。根、叶、果均入药。木材轻软，不耐朽，可制箱板。

无姑，其实夷<sup>①</sup>。

**【注释】**

①无姑：一种榆类树木。又称芜荑、无夷、姑榆。叶圆而厚。皮、果实可入药。夷：无姑果实名。

栜，其实梂①。

**【注释】**

①栜：即前"栩，杼"条中的栩、杼。

樲，萝①。

**【注释】**

①樲：山梨树。又称萝、赤罗。果实似梨而小，可食。

楔，荆桃①。

**【注释】**

①楔：樱桃树的古名。又称荆桃、含桃。果实小，球形，鲜红色，味甜，可食。核入药。花可供观赏。

旄，冬桃①。榹桃，山桃②。

**【注释】**

①冬桃：一种桃树。旧历十月果实成熟，味美可食。又称旄。

②山桃：一种野生桃树。果实小而多毛，味酸苦，可用作栽培桃树的砧木。果仁可供药用。

枣：壶枣①，边要枣②。栺，白枣③。樲，酸枣④。杨彻，齐枣⑤。遵，羊枣⑥。洗，大枣⑦。煮，填枣⑧。蹶泄，苦枣⑨。晢，无实枣⑩。还味，稔枣⑪。

## 【注释】

①壶枣：一种枣树。果实上小下大，形似瓠瓜。

②边要枣：一种枣树。果实两头大，中间小。又称鹿卢（辘轳）枣。

③桥：一种枣树。果实成熟时色白。

④樲：酸枣树。枝有刺，木心赤色，果实味酸。果仁入药。

⑤杨彻：一种齐地生长的枣树。

⑥羊枣：一种枣树。又称遵。果实小而圆，紫黑色，味美。《孟子·尽心下》
云："曾皙嗜羊枣，而曾子不忍食羊枣。"

⑦洗：一种果实大的枣树。

⑧煮：即煮枣，一种枣树。果实煮熟后加以镇压，可榨枣油。填：通镇。
填枣，即镇枣，煮枣的别名。

⑨蹶泄：一种枣树。果实味苦，又称苦枣。

⑩皙：一种不结果实的枣树。

⑪还：短少，淡薄。

檴，槐大叶而黑①。守宫槐，叶昼聂宵炕②。

## 【注释】

①檴：一种槐树。又称山槐。叶大，黑色，荚果扁平。木材坚硬，可供建筑、
雕刻及制作器具之用。

②守宫槐：一种槐树。叶昼合夜开。聂：合拢。炕：张开，舒展。

槐小叶曰榎①。大而皵②，楸；小③而皵，榎。

## 【注释】

①槐：当作"楸"。楸，一种落叶乔木。树干端直，木材可供建筑、制
作家具等之用。

②大：指树龄老。皵：树皮粗皱裂坼。

③小：指树龄幼小。

椅①，梓②。

**【注释】**

①椅：一种落叶乔木。又称椅桐、山梧桐。树皮平滑，灰白色；叶有疏锯齿。木材可制小家具。

②梓：一种落叶乔木。叶对生，花紫色。嫩叶可食用；木材供建筑及制作家具等之用；皮供药用，称梓白皮。椅为大风子科乔木，梓为紫葳科乔木，两者不同类，因外形有相似之处，古人认为两者同类，因而以梓释椅。

栈，赤栈。白者栋①。

**【注释】**

①栈：常绿乔木。

灌木①，丛木。

**【注释】**

①灌木：无明显主干的木本植物。植株一般比较矮小，近地面处枝干丛生。《诗经·周南·葛覃》云："黄鸟于飞，集于灌木。"

枹遒木①，魁瘣②。

**【注释】**

①枹：丛生的树木。这里是丛生的意思。遒：聚集。

②魁瘣：树木根节盘结。

梨，山檎①。

**【注释】**

①本条当作"檎，山梨。"檎：野生的梨树。

桑辨有葚，栀①。女桑，锳桑②。

**【注释】**

①辨：半。葚：桑树的果实。栀：一种桑树。果实稀少，半有葚，半无葚。

②女桑：柔嫩的小桑树。又称锳桑。《诗经·豳风·七月》云："猗彼女桑。"

榆，白枌①。

**【注释】**

①本条当作"枌，白榆"。枌：一种白皮的榆树。

唐棣，栘①。常棣，棣②。

**【注释】**

①栘：落叶小灌木。开红花，果实似李而小，味甜，可食。另一种叫常棣或棣。开白花，果实似樱桃，可食。

檟，苦荼①。

**【注释】**

①檟：即茶树，嫩叶加工后就是茶叶，可作饮料。荼：古茶字，唐以后字省作茶。

荣，桐木①。

**【注释】**

①桐木：梧桐树。这里指梧桐树的一种，即白桐。白桐又称荣。皮白，二月开黄紫色花。木材密致不弯曲，可制乐器。

栈木，干木①。

**【注释】**

　　①栈木：树木名。又称干木、锃木。木材质地坚硬，可用于制造车轮等。

　　蛪桑，山桑①。

**【注释】**

　　①蛪桑：一种桑类树木。又称山桑。叶小于桑而多缺刻，成熟早，可用于饲蚕。木质坚硬，可制弓及车辕等。《周礼·考工记·弓人》云："凡取干之道七：柘为上，橘次之，蛪桑次之。"

　　木相磨，槸①。梢，梢擢②。

**【注释】**

　　①槸：树枝因摇动而相磨擦。

　　②梢：树尖或树枝的末端。也称梢擢。

　　枞①，松叶柏身。桧②，柏叶松身。

**【注释】**

　　①枞：即冷杉。叶线形，密生如松，干似柏。木材轻软，供建筑、造纸之用。《汉书·霍光传》云："枞木外臧椁十五具。"

　　②桧：即桧柏，又称圆柏。叶刺状或鳞形，干似松而无鳞。木材坚实有芳香，可供建筑及制作家具之用。

　　槐棘丑乔①，桑柳丑条②，椒莍丑条③，桃李丑核④。

**【注释】**

　　①棘：酸枣树。丑：类。乔：枝条向上翘竦。

　　②条：枝条细长，下垂。

　　③椒：花椒树。

④核：果实内保护种子的硬壳。

# 释　　畜　第十九

駒駼马①。

## 【注释】

①駒駼马：一种北方出产的良马。

野马①。

## 【注释】

①野马：一种北方出产的良马。形体较小。

驳①如，倨牙②，食虎豹。

## 【注释】

①驳：传说中的一种猛兽。形如马，白身黑尾，一角，牙如锯齿，食虎豹。

②倨：通锯。倨牙，牙如锯齿。

騝蹄趼①，善升巘②。

## 【注释】

①騝蹄：一种良马。或称骏。蹄平正，善于登高。趼：同研，兽蹄平正。

②升：登。巘：上大下小的山。

騝駼枝蹄趼①，善升巘②。

## 【注释】

①騝駼：一种良马。马身牛蹄，善于登高。枝蹄趼：蹄平正而有小趾歧出。

②巇：上大下小的山。

小领①，盗骊②。

**【注释】**

①领：颈。

②盗骊：一种良马。颈细小，毛浅黑色。《穆天子传》云："天子之骏，赤骥、盗骊……。"

绝有力駥①。

**【注释】**

①绝：极。駥：身高八尺，极强壮有力的马。

膝上皆白，惟馵①。四骹皆白，驓②。四蹢皆白，前③。前足皆白，騱④。后足皆白，翑⑤。前右足白，启⑥。左白，踦⑦。后右足白，驤⑧。左白，馵。

**【注释】**

①惟：是，为。馵：膝上全白的马。

②骹：小腿。驓：小腿部分全白的马。

③前：蹄。前，四蹄全白的马。俗称踏雪马。

④騱：前脚全白的马。

⑤翑：后脚全白的马。

⑥启：前右脚白的马。

⑦踦：前左脚白的马。

⑧驤：后右脚白的马。也泛指马。

骊马白腹，騵①。骊马白跨，驈②。白州，驠③。尾本白，騴④。尾白，駺⑤。馰颡，白颠⑥。白达，素县⑦。面颡皆白，惟駹⑧。

**【注释】**

①騏：同騮，赤身黑鬣黑尾的马。

②骊：黑色的马。这里指黑色。跨：通胯，两大腿之间。

③州：通尻，臀部。

④本：根，基部。

⑤骏：尾白的马。

⑥颡：额。

⑦白达：鼻茎白的马。又称素县。

⑧惟：是，为。

摩牛①。

**【注释】**

①摩牛：即单峰驼。一说指一种领肉隆起的野牛。

犝牛①。

**【注释】**

①犝牛：或作童牛，无角牛。《周易·大畜》云："童牛之牿，元吉。"

黑唇，犉①。黑耻，牰②。黑耳，犋③。黑腹，牧。黑脚，犈④。

**【注释】**

①犉：黑嘴唇的牛。

②耻：眼眶。牰：黑眼眶的牛。

③犋：黑耳朵的牛。

④犈：黑脚的牛。

羊①：牡羒②，牝牂③。

**【注释】**

　　①羊：这里指白羊。也称吴羊。

　　②羒：白色的公羊。

　　③牂：白色的母羊。


　　夏羊①：牡羭，牝羖。

**【注释】**

　　①夏羊：黑羊。

# 《春秋繁露》精华

## 【著录】

《春秋繁露》是西汉经学大师董仲舒的一部政治哲学著作。董仲舒（前179～前104）西汉政治思想家、儒学宗师，河北广川（今河北景县）人。景帝时为博士，为人廉直，儒雅博通，治学专精一思，被称作汉代孔子。深得武帝赏识。他的罢黜百家、独尊儒术的主张对儒学及中国思想文化的发展产生了深远而复杂的影响。

《春秋繁露》是以儒家思想为核心，将阴阳五行学说作框架，综合先秦道、法、墨诸家思想，根据西汉社会的实际情况，演释《公羊春秋》，替封建统治阶级的长远利益和整体利益筹谋的典型著作。他主张天人感应的自然社会一体论、阳德阴刑的政治论、三纲五常的道德论、性分三品的人性论、三统三正的历史循环论。

该书对天人感应思想的集中论证，从理论上确立了儒家天人合一思想的地位和作用，但也导致了东汉谶纬神学的泛滥；对诸子理论的吸纳、拓展了儒家思想的包容功能和凝聚作用；对大一统理想的描绘和维护，有助于中华一体的国家民族观念的形成；它的出现，代表了儒家思想发展的新阶段，是汉代新儒学形成和成熟的标志，对于中国古代文化基本形态的形成有理论上的建构作用，在后世产生了深广的影响。

该书是后人辑录董仲舒著作而成，出现的确切年代已无从稽考，一般认为唐宋以来已经流行。全书共十七卷，八十二篇，缺第三十九、第四十、第五十四等三篇。书名"繁露"含义，《史记》认为是缀玉而下垂的一种冠冕上的装饰。是对《春秋》的引申和发挥。宋代程大昌谓："连贯物象以达己意"的文体。当代学者有的论为在春秋基础上，繁衍而出，足以润露国家、社会和人生的学说。

　　《春秋繁露》流行的版本有四部丛刊本和四部备要本。注释本有清苏舆的《春秋繁露义证》，当代的注译本有台湾商务印书馆版赖炎元《春秋繁露今注今译》。中国现存最早的《春秋繁露》是南宋嘉定四年（1211）本，现藏北京图书馆。

## 楚庄王　第一

　　楚庄王杀陈夏征舒，《春秋》贬其文，不予专讨也①。灵王杀齐庆封，而直称楚子②。何也？曰：庄王之行贤，而征舒之罪重，以贤君讨重罪，其于人心善。若不贬，孰知其非正经？《春秋》常于其嫌得者，见其不得也。是故齐桓不予专地而封③，晋文不予致王而朝④，楚庄弗予专杀而讨。三者不得，则诸侯之得，殆贬矣。此楚灵之所以称子而讨也。《春秋》之辞，多所况，是文约而法明也。

### 【注释】

　　①"楚庄"句：陈灵公与夏姬淫乱，被夏姬的儿子夏征舒所杀。鲁宣公十一年（前598），楚庄王领兵伐陈，杀夏征舒。《春秋》在记述这件事时说："楚人杀陈夏征舒。"称"楚人"，不称"楚子"，是贬低楚庄王，并为他隐讳。他虽然做得对，但是没有奉周天子的命令而擅自讨伐。

　　②"灵王"句：齐国庆封有罪，逃到吴国。昭公四年（前538）楚灵王伐吴，杀庆封。

　　③"齐桓"句：《春秋》僖公二年记叙齐桓公在楚丘筑城，只用了"城楚丘"三字。《公羊传》解释说："然则孰城之？桓公城之。曷为不言桓公城之？不与诸侯专封也。"

　　④"晋文"句：僖公二十八年（前632），晋文公在践土会盟诸侯，周天子也去了。《春秋》记载说："公朝于王所。"避开晋文公召唤天子前去的情节。《公羊传》解释说："曷为不言公如京师？天子在是也。天子在是，

则曷为不言天子在是？不与致天子也。”

问者曰："不予诸侯之专封，复见于陈、蔡之灭①。不予诸侯之专讨，独不复见庆封之杀，何也？"曰：《春秋》之用辞，已明者去之，未明者著之。今诸侯之不得专讨，固已明矣，而庆封之罪未有所见也，故称楚子以伯讨之，著其罪之宜死，以为天下大禁。曰：人臣之行，贬主之位，乱国之臣，虽不篡杀，其罪皆宜死，比于此其云尔也。

## 【注释】

①陈、蔡之灭：楚国灭了陈国、蔡国，到鲁昭公十三年（前529）又恢复两国。《春秋》记载说："蔡侯庐归于蔡，陈侯吴归于陈。"《公羊传》解释说："此皆灭国也。其言归，何？不予诸侯专封也。"

《春秋》曰："晋伐鲜虞①。"奚恶乎晋而同夷狄也？曰：春秋尊礼而重信。信重于地，礼尊于身，何以知其然也？宋伯姬②恐不礼而死于火，齐桓公③疑信而亏其地，春秋贤而举之，以为天下法。曰：礼而信。礼无不答，施无不报，天之数也。今我君臣同姓，适女④，女无良心，礼以不答，有恐畏我，何其不夷狄也？公子庆父⑤之乱，鲁危殆亡，而齐桓安之。于彼无亲，尚来忧我。如何与同姓而残贼遇我？《诗》云⑥："宛彼鸣鸠，翰飞戾天。我心忧伤，念彼先人。明发不寐，有怀二人。"人皆有此心也。今晋不以同姓忧我，而强大厌我，我心望焉。故言之不好谓之晋而已，是婉辞也。

## 【注释】

①晋伐鲜虞：鲁昭公十二年（前530），晋军攻打鲜虞国（姬姓国，位于今河北省正定县）。公羊家批评晋国不能解除楚国对中原各国（包括鲁国）的威胁，反而讨伐同姓的鲜虞来立威行霸。所以他们把晋国的举动看成是夷狄的行为。

②宋伯姬：鲁宣公之女，宋共公夫人。襄公三十年（前543），宋国发生大火灾，她为守礼而不逃出殿堂，被焚死。

③齐桓公：春秋五霸之首。庄公十三年（前681），鲁庄公与齐桓公在柯地会盟，鲁国曹沫持剑胁迫齐桓公订盟，归还鲁国的失地。事后，齐桓公始终信守诺言，从而取得了天下诸侯的信任。

④女：同"汝"，你，指晋国，我，指鲁国。

⑤庆父：鲁庄公的弟弟。庄公死后，他先后杀死国君子般与闵公。齐国大夫说："不去庆父，鲁难未已。"庆父后来畏罪自杀。

⑥引诗见《诗经·小雅·小宛》。


问者曰："晋恶而不可亲，公往而不敢至，乃人情耳。君子何耻而称公有疾①也？"曰：恶无故自来，君子不耻；内省不疚，何忧何惧？是已矣。今《春秋》耻之者，昭公有以取之也。臣陵其君始于文，而甚于昭公。受乱陵夷，而无惧惕之心。嚣嚣然轻诈妄讨，犯大礼而取②同姓，接不义而重自轻也。人之言曰："国家治，则四邻贺。国家乱，则四邻散。"是故季孙专其位，而大国莫之正。出走八年，死乃得归。身亡子危，困之至也。君子不耻其困，而耻其所以穷。昭公虽逢此时，苟不取同姓，讵至于是？虽取同姓，能用孔子自辅，亦不至如是。时难而治简，行枉而无救，是其所以穷也。

**【注释】**

①公有疾：昭公二十三年（前519），鲁昭公去晋国，因为害怕而中途称病返回。《春秋》记载说："公如晋，至河，有疾，乃复。"

②取：通"娶"。鲁昭公娶吴孟子。鲁与吴皆姬姓国，同姓通婚是违反周礼的。


《春秋》分十二世①以为三等：有见，有闻，有传闻；有见三世，有闻四世，有传闻五世。故哀、定、昭，君子之所见也；襄、成、文、宣，君子之所闻也；僖、闵、庄、桓、隐，君子之所传闻也。所见六十一年，所闻八十五年，所传闻九十六年。于所见微其辞，于所闻痛其祸，于传闻杀其恩，与情俱也。是故逐季氏而言又雩②，微其辞也。子赤③杀，弗忍言曰，痛其祸也。子般④杀而书乙未，杀其恩也。屈伸之志，详略之文皆应之。

吾见其近近而远远，亲亲而疏疏也，亦知其贵贵而贱贱，重重而轻轻也；有知其厚厚而薄薄，善善而恶恶也；知其阳阳而阴阴，白白而黑黑也。百物皆有合偶。偶之合之，仇之匹之，善矣。《诗》云⑤："威仪抑抑，德音秩秩。无怨无恶，率由仇匹。"此之谓也。

## 【注释】

①十二世：《春秋》是记载鲁国十二代国君的编年史，即隐公、桓公、庄公、闵公、僖公、文公、宣公、成公、襄公、昭公、定公、哀公。

②又雩：《春秋》昭公二十五年："上辛大雩，季辛又雩。"《公羊传》解释说："又雩者何？又雩者，非雩也，聚众以逐季氏也。"

③子赤：鲁文公太子，又名"子恶"。文公十八年，子赤被杀，《春秋》只用"子卒"两字记述，不忍心讲他被杀。

④子般：庄公嗣子，庄公刚死就被庆父所杀。《春秋公羊》庄公三十二年记叙说："冬十月乙未，子般卒。"

⑤引诗见《诗经·大雅·假乐》。

然则《春秋》义之大者也。得一端而博达之，观其是非可以得其正法，视其温辞可以知其塞怨。是故于外道而不显，于内讳而不隐。于尊亦然，于贤亦然。此其别内外、差贤不肖而等尊卑也。义不訕上，智不危身。故远者以义讳，近者以智畏。畏与义兼，则世逾近而言逾谨矣。此定、哀之所以微其辞。以故用则天下平，不用则安其身，《春秋》之道也。

《春秋》之道，奉天而法古。是故虽有巧手，弗修规矩，不能正方圆；虽有察耳，不吹六律，不能定五音；虽有知心，不览先王，不能平天下。然则先王之遗道，亦天下之规矩六律已。故圣者法天，贤者法圣，此其大数也。得大数而治，失大数而乱，此治乱之分也。所闻天下无二道，故圣人异治同理也。古今通达，故先贤传其法于后世也。《春秋》之于世事也，善复古，讥易常，欲其法先王也。然而介以一言曰："王者必改制。"自僻者得此以为辞，曰："古苟可循，先王之道何莫相因？"世迷是闻，以疑正道而信邪言，甚可患也。答之曰："人有闻诸侯之君射狸首之乐①者，于是自断狸首，县而射之，曰：'安在于乐也？'此闻其名而不知其实者也。"

## 【注释】

①狸首之乐：见《仪礼·大射》。

今所谓新王必改制者，非改其道，非变其理，受命于天，易姓更王，非继前王而王也。若一因前制，修故业，而无有所改，是与继前王而王者无以别。受命之君，天之所大显也。事父者承意，事君者仪志，事天亦然。今天大显己物，袭所代而率与同，则不显不明，非天志。故必徙居处、更称号、改正朔、易服色①者，无他焉，不敢不顺天志而明自显也。若夫大纲、人伦、道理、政治、教化、习俗、文义尽如故，亦何改哉？故王者有改制之名，无易道之实。孔子曰："无为而治者，其舜乎！"言其主尧之道而已。此非不易之效与？

## 【注释】

①改正朔：即更改历法。如夏历以寅月为正月，殷历以丑月为正月，周历以子月为正月。易服色：变换服饰颜色，如夏尚黑，殷尚白，周尚赤。

问者曰："物改而天授显矣，其必更作乐，何也？"曰：乐异乎是。制为应天改之，乐为应人作之。彼之所受命者，必民之所同乐也。是故大改制于初，所以明天命也；更作乐于终，所以见天功也。缘天下之所新乐而为之文曲，且以和政，且以兴德。天下未遍合和，王者不虚作乐。乐者盈于内而动发于外者也。应其治时，制礼作乐以成之。成者，本末质文皆以具矣。是故作乐者，必反天下之所始乐于己以为本。舜时，民乐其昭尧之业也，故《韶》。韶者，昭也。禹之时，民乐其三圣相继，故《夏》。夏者，大也。汤之时，民乐其救之于患害也，故《韶》①。韶者，救也。文王之时，民乐其兴师征伐也，故《武》。武者，伐也。四者，天下同乐之一也，其所同乐之端不可一也。作乐之法，必反本之所乐。所乐不同事，乐安得不世异？是故舜作《韶》而禹作《夏》，汤作《濩》而文王作《武》。四乐殊名，则各顺其民始乐于己也，吾见其效矣。《诗》云②："文王受命，有此武功。既伐于崇，作邑于丰。"乐之风也。又曰："王赫斯怒，爰整其旅。"当是时，纣为无道，诸侯大乱，民乐文王之怒而咏歌之也。

周人德已洽天下，反本以为乐。谓之《大武》，言民所始乐者武也云尔。故凡乐者作之于终，而名之以始，重本之义也。由此观之，正朔服色之改，受命应天；制礼作乐之异，人心之动也。二者离而复合，所为一也。

## 【注释】

①韶：商汤的乐曲名。

②引诗见《诗经·大雅·文王有声》和《大雅·皇矣》。

# 玉 杯 第二

《春秋》讥文公以丧取①。难者曰："丧之法，不过三年。三年之丧，二十五月。今按经，文公乃四十一月方取。取时无丧，出其法也久矣。何以谓之丧取？"曰：《春秋》之论事，莫重乎志。今取必纳币，纳币之月在丧分，故谓之丧取也。且文公以秋袷祭，以冬纳币，皆失于太蚤②。《春秋》不讥其前，而顾讥其后。必以三年之丧，肌肤之情也。虽从俗而不能终，犹宜未平于心。今全无悼远之志，反思念取事，是《春秋》之所甚疾也。故讥不出三年于首，而已讥以丧取也。不别先后，贱其无人心也。

## 【注释】

①取：通"娶"。鲁僖公于前 627 年冬天去世，其子文公即位。鲁文公二年（前 625）秋天，将僖公神主纳入太庙，举行大祭。当年冬天，即向齐国纳聘礼求妇。文公四年夏天迎娶。公羊家认为纳聘礼的月份正当僖公逝世的月份，又在大祭之后不久纳礼，故称为"丧取"。

②袷：古代祭祀名，集中远近祖先神主于太庙合祭。蚤：通"早"。

缘此以论礼，礼之所重者在其志。志敬而节具，则君子予之"知礼"；志和而音雅，则君子予之"知乐"；志哀而居约，则君子予之"知丧"。故曰："非虚加之，重志之谓也。"志为质，物为文。文著于质，质不居文，文安施质。质文两备，然后其礼成；文质偏行，不得有我尔之名；俱不能备而偏行之，宁有质而无文。虽弗予能礼，尚少善之，介葛庐来①是也。

有文无质，非直不予，乃少恶之，谓州公实来②是也。

## 【注释】

①介葛庐来：见《春秋》僖公二十九年。介：东夷国名，位于鲁国的南面。葛庐：介国的君主名。

②州公实来：见《春秋》桓公六年。州，国名，姜姓，位于今山东安丘市。州君来到鲁国，写作"实来"，具有轻慢之意。

然则《春秋》之序道也，先质而后文，右①志而左物。故曰："礼云礼云，玉帛云乎哉？"推而前之，亦宜曰："朝云朝云，辞令云乎哉？乐云乐云，钟鼓云乎哉？"引而后之，亦宜曰："丧云丧云，衣服云乎哉？"是故孔子立新王之道，明其贵志以反和②，见其好诚以灭伪。其有继周之弊，故若此也。

## 【注释】

①右：推崇，重视。古代以右为上。

②新王：《春秋公羊传》隐公元年何休注说："王者、诸侯都称君，所以通其义于王者。惟王者然后改元建号。《春秋》托新王受命于鲁，故因以录即位。明王者当继天奉元，养成万物。"反：通"返"。

《春秋》之法，以人随君，以君随天。曰：缘臣民之心，不可一日无君。一日不可无君，而犹三年称子者，为君心之未当立也。此非以人随君耶？孝子之心，三年不当。三年不当而逾年即位者，与天数俱终始也。此非以君随天耶？故屈民而伸君，屈君而伸天，《春秋》之大义也。

《春秋》论十二世之事，人道浃而王道备，法布二百四十二年之中①，相为左右，以成文采。其居参错，非袭古也。是故论《春秋》者，合而通之，缘而求之，五其比，偶其类，览其绪，屠其赘，是以人道浃而王法立。以为不然？今夫天子逾年即位，诸侯于封内三年称子，皆不在经也，而操之与在经无以异。非无其辨也，有所见而经安受其赘也？故能以比贯类、以辨付赘者，大得之矣。

## 【注释】

①十二世：即《春秋》所记鲁国十二代君主，共二百四十二年。浃：周到。

人受命于天，有善善恶恶之性，可养而不可改，可豫而不可去，若形体之可肥臞①，而不可得革也。是故虽有至贤，能为君亲含容其恶，不能为君亲令无恶。《书》曰："厥辟不辟②，去厥只。"事亲亦然。皆忠孝之极也。非至贤安能如是？父不父则子不子，君不君则臣不臣耳。

## 【注释】

①臞：消瘦。

②引文见《尚书·太甲上》。辟：指君主。意即做君主应该敬慎尽职，君主若不像个君主，就会辱没祖先。

文公不能服丧，不时奉祭，倒序①以不三年，又以丧取，取于大夫以卑②宗庙，乱其群祖以逆③先公。小善无一，而大恶四五，故诸侯弗予盟④，命大夫弗为使⑤，是恶恶之征、不臣之效也。出侮于外，入夺于内，无位之君也。孔子曰："政逮于大夫四世⑥矣。"盖自文公以来之谓也。

## 【注释】

①倒序：一本无此二字，作"不以三年"。

②卑：降低。指鲁文公所迎娶的是齐国大夫的女儿，而不是齐国国君的女儿。

③逆：扰乱顺序。鲁庄公死后，庆父立鲁闵公；闵公即位仅两年便死去，僖公即位。鲁文公是僖公的儿子，就把僖公的地位置于闵公之上。公羊家认为，僖公本为闵公之臣，放在闵公之上是扰乱了顺序。

④弗予盟：《春秋》文公七年说，"公会诸侯、晋大夫盟于扈。"《公羊传》解释说："诸侯何以不序？大夫何以不名？公失序也。公失序奈何？诸侯不可使与公盟，眣晋大夫使与公盟也。"

⑤弗为使：《春秋》文公八年说，"公孙敖，如京师，不至而复，丙戌奔莒。"

⑥四世：指季氏把持鲁国政权经历了文子、武子、平子、桓子四代，鲁君大权旁落。

君子知在位者之不能以恶服人也，是故简六艺以赡养之。诗、书序其志，礼、乐纯其养，易、春秋明其知。六学皆大，而各有所长。诗道志，故长于质；礼制节，故长于文；乐咏德，故长于风；书著功，故长于事；易本天地，故长于数；春秋正是非，故长于治人。能兼得其所长而不能遍举其详也，故人主大节则知暗，大博①则业厌。二者异失同贬，其伤必至，不可不察也。是故善为师者，既美其道，有②慎其行，齐时早晚，任多少，适疾徐，造而勿趋，稽而勿苦③，省其所为，而成其所湛，故力不劳而身大成。此之谓圣化，吾取之。

## 【注释】

①大节、大博："大"皆通"太"，过分。
②有：通"又"。
③齐：通"剂"，调节，调和。趋：通"促"。苦：涩滞，不通顺，不知变通。

《春秋》之好微与？其贵志也。《春秋》修本末之义，达变故之应，通生死之志，遂人道之极者也。是故君杀贼讨，则善而书其诛。若莫之讨，则君不书葬，而贼不复见矣。不书葬，以为无臣子也；贼不复见，以其宜灭绝也。今赵盾弑君①，四年之后，别牍复见，非《春秋》之常辞也。古今之学者异而问之曰："是弑君何以复见？"犹曰："贼未讨何以书葬？"何以书葬者，不宜书葬也而书葬。何以复见者，亦不宜复见也而复见。二者同贯，不得不相若也。盾之复见，直以赴问而辨，不亲弑非不当诛也。则亦不得不谓悼公②之书葬，直以赴问而辨不故弑，非不当罪也。若是则《春秋》之说乱矣，岂可法哉？故贯比而论是非，虽难悉得，其义一也。今诛盾无传，弗诛无传，不交无传，以比言之法论也。无比而处之，诬辞也。今视其比，皆不当死，何以诛之？《春秋》赴问数百，应问数千，同留经中。蚑援比类，以发其端，卒无妄言而得应于传者。今使外贼不可诛，故皆复见，而问曰此复见何也，言莫妄于是，何以得应乎？故吾以其得应，知其问之不妄。以其问之不妄，知盾之狱不可不察也。夫名为弑父而实免罪者，已有之矣；亦有名为弑君，而罪不诛者。逆而罪之，不若徐而味之。且吾语盾有本。《诗》云③："他人有心，予忖度之。"此言物莫无邻，察视其外，可以见其内也。今按盾事而观其心，愿而不刑，合而信之，非篡弑之邻也。按盾辞号乎天，苟内不诚，安能如是？故训其终始无弑之志。挂恶谋者，过在不遂去，罪在不讨贼而已。臣之宜为君讨贼也，犹子之宜为父尝药也。子不尝药④，故加之弑父。臣不讨贼，故加之弑君。其义一也。所以示天下废臣子之节，其恶之大若此也。故盾之不讨贼，为弑君也。与止之不尝药为弑父，无以异。盾不宜诛，以此参之。

## 【注释】

①赵盾弑君：鲁宣公二年（前607），赵穿杀死了无道的晋灵公。史官认为执政大臣赵盾应对此事负责，写道："赵盾弑其君。"宣公六年，《春秋》中又写了赵盾的名字。《公羊传》解释说："此其复见何？弑君者赵穿也。"

②悼公：许悼公。事见《春秋》昭公十九年。

③引诗见《诗经·小雅·巧言》。

④子不尝药：昭公十九年（前523），许悼公生疟疾，太子止献药，饮药而死，太子吓得逃奔到晋国。《春秋》写道："许世子止弑其君买。"


问者曰："夫谓之弑而有不诛，其论难知，非众之所能见也；故赦止之罪，以传明之。盾不诛，无传，何也？"曰：世乱义废，背上不臣，篡弑覆君者多，而有明大恶之诛，谁言其诛？故晋赵盾、楚公子比皆不诛之文①，而弗为传，弗欲明之心也。

## 【注释】

①公子比：公元前529年，楚公子弃疾，胁迫公子比为楚王，逼迫楚灵王自杀；不久，弃疾又杀死公子比。《春秋》写道："楚公子比自晋归于楚，弑其君虔于乾溪。""楚公子弃疾杀公子比。"

问者曰："人弑其君，重卿在而不能讨者，非一国也。灵公弑，赵盾不在。不在之与在，恶有薄厚？《春秋》责在而不讨贼者，弗系臣子尔也。责不在而不讨贼者，乃加弑焉。何其厚恶之薄、薄恶之厚也？"曰："《春秋》之道，视人所惑，为立说以大明之。今赵盾贤而不遂于理。皆见其善，莫知其罪，故因其所贤而加之大恶，系之重责，使人湛思而自省悟以反道曰：'吁，君臣之大义，父子之道，乃至乎此！'此所由恶薄而责之厚也。他国不讨贼者，诸斗筲之民，何足数哉？弗系人数而已；此所由恶厚而责薄也。传曰：'轻为重，重为轻。'非是之谓乎？故公子比嫌可以立，赵盾嫌无臣责，许止嫌无子罪。《春秋》为人不知恶，而恬行①不备也。是故重累责之，以矫枉世而直之。矫②者不过其正，弗能直。知此而义毕矣。"

**【注释】**

①恬行：心安处事，不作防备。

②矫：正直弯曲的东西。《孟子》："矫枉者过其正。"

# 竹　林　第三

《春秋》之常辞也，不予夷狄而予中国为礼。至邲①之战，偏然反之。何也？曰：《春秋》无通辞，从变而移。今晋变而为夷狄，楚变而为君子，故移其辞以从其事。夫庄王之舍郑，有可贵之美。晋人不知善而欲击之。所救已解，如②挑与之战，此无善善之心，而轻救民之意也，是以贱之，而不使得与贤者为礼。秦穆③侮蹇叔而大败，郑文④轻众而丧师，《春秋》之敬贤重民如是。是故战攻侵伐虽数百起，必一二书，伤其害所重也。

**【注释】**

①邲：郑国地名，位于今郑州西北。公元前597年，楚庄王率兵围郑，郑君求和，楚兵同意；晋国派兵救郑，在邲地开战，晋师大败。《春秋》宣公十二年记载说："晋荀林父帅师及楚子战于邲。"《公羊传》说："大夫不敌君，此其称名氏以敌楚子何？不与晋而与楚子为礼也。"注："不与晋而反与楚子为君臣之礼者，以恶晋也。"

②如：通"而"，连词。

③秦穆：秦穆公，春秋五霸之一。他不听蹇叔劝告而偷袭郑国，在崤被晋军打败。见《春秋》僖公三十三年。

④郑文：郑文公。他派高克率兵在黄河防守狄族。因为不喜欢高克而长期不调回军队，致使全军溃败。《春秋》闵公二年说："郑弃其师。"


问者曰："其书战伐甚谨，其恶战伐无辞，何也？"曰：会同之事，大者主小；战伐之事，后者主先。苟不恶，何为使起之者居下，是其恶战伐之辞已。且《春秋》之法，凶年不修旧①，意在无苦民尔。苦民尚恶之，况伤民乎？伤民尚痛之，况杀民乎？故曰，凶年修旧则讥，造邑②则讳。是害民之小者，恶之小也；害民之大者，恶之大也。今战伐之于民，其为害几何！考意而观指，则《春秋》之所恶者，不任德而任力，驱民而残贼之；其所好者，设而勿用，仁义以服之也。《诗》云③："弛其文德，洽此四国。"此《春秋》之所善也。夫德不足以亲近，而文不足以来远，而断断以战伐为之者，此固《春秋》之所甚疾已，皆非义也。

## 【注释】

①修旧：指修理过去的建筑设施。

②造邑：修筑城市。

③引文见《诗经·大雅·江汉》。"弛"今本作"矢"，布施。


难者曰："《春秋》之书战伐也，有恶有善也。恶诈击而善偏战①，耻伐丧而荣复雠。奈何以春秋为无义战而尽恶之也？"曰：凡《春秋》之记灾异也，虽亩有数茎，犹谓之无麦苗也。今天下之大，三百年之久，战攻侵伐不可胜数，而复雠者有二②焉，是何以异于无麦苗之有数茎哉？不足以难之，故谓之无义战也。以无义战为不可，则无麦苗亦不可也；以无麦苗为可，则无义战亦可矣。若《春秋》之于偏战也，善其偏不善其战，有以效其然也。《春秋》爱人而战者杀人，君子奚说善杀其所爱哉？故《春秋》之于偏战也，犹其于诸夏也。引之鲁，则谓之外；引之夷狄，则谓之内。比之诈战，则谓之义；比之不战，则谓之不义。故盟不如不盟，然而有所谓善盟；战不如不战，然而有所谓善战。不义之中有义，义之中有不义。辞不能及，皆在于指，非精心达思者，其孰能知之？《诗》云③："棠棣之华，偏其反而。岂不尔思？室是远而。"子曰："未之思也，夫何远之有？"由是观之，见其指者，不任其辞。不任其辞，然后可与适道矣。

## 【注释】

①偏战：各据一方面，约定时间地点，鸣鼓开战，不使用诈术。

②二：指只有两次复仇战争。一是庄公四年，齐襄公为复仇而灭纪；二是庄公九年，鲁军为复仇而跟齐军在乾时交战。

③引文不见于今本《诗经》，乃《论语·子罕》所引。

司马子反①为其君使，废君命，与敌情，从其所请与宋平。是内专政而外擅名也。专政则轻君，擅名则不臣，而《春秋》大之，何由哉？曰：为其有惨怛之恩，不忍饿一国之民，使之相食，推恩者远之而大，为仁者自然而美。今子反出己之心，矜宋之民，无计其间，故大之也。

难者曰："《春秋》之法，卿不忧诸侯，政不在大夫。子反为楚臣而恤宋民，是忧诸侯也；不复其君而与敌平，是政在大夫也。溴梁②之盟，信在大夫，而《春秋》刺之，为其夺君尊也。平在大夫，亦夺君尊，而《春秋》大之，此所间也。且《春秋》之义，臣有恶，君名美。故忠臣不显谏，欲其由君出也。《书》曰③：'尔有嘉谋嘉猷，入告尔君于内，尔乃顺之于外，曰：此谋此猷，惟我君之德。'此为人臣之法也。古之良大夫，其事君皆若是。今子反去君近而不复，庄王可见而不告，皆以其解二国之难为不得已也，奈其夺君名美何？此所惑也。"曰：《春秋》之道，固有常有变。变用于变，常用于常，各止其科，非相妨也。今诸子所称，皆天下之常，雷同之义也。子反之行，一曲之变，术④修之义也。夫目惊而体失其容，心惊而事有所忘，人之情也。通于惊之情者，取其一美，不尽其失。《诗》云⑤："采葑采菲，无以下体。"此之谓也。今子反往视宋，闻人相食，大惊而哀之，不意之至于此也，是以心骇目动而违常礼。礼者，庶于仁；文，质而成体者也。今使人相食，大失其仁，安著其礼？方救其质，奚恤其文？故曰当仁不让，此之谓也。《春秋》之辞，有所谓贱者，有贱乎贱者。夫有贱乎贱者，则亦有贵乎贵者矣。今让者，《春秋》之所贵。虽然，见人相食，惊人相爨，救之忘其让，君子之道有贵于让者也。故说《春秋》者，无以平定之常义，疑变故之大义，则几可谕矣。

## 【注释】

①司马子反：楚庄王的大臣。公元前594年，庄王与他率军围攻宋国。宋城中"易子而食，析骨而炊"，司马子反很同情，告诉宋国守军说："楚军也只剩七天粮食了，七天内攻不下就会撤走。"楚王责备他，想迅速攻下宋城，司马子反又坚持要撤军。

②渭梁：渭水的大堤，位于今河南济源、孟州市一带。《春秋》襄公十六年记载诸侯在此结盟。《公羊传》批评此次结盟为"信在大夫"。

③引文出自《尚书·君陈》。

④术：旧注云"疑作独"。

⑤引文出自《诗经·邶风·谷风》。

《春秋》记天下之得失，而见所以然之故。甚幽而明，无传而著，不可不察也。夫泰山之为大，弗察弗见，而况微渺者乎？故按《春秋》而适往事，穷其端而视其故，得志之君子，有喜之人，不可不慎也。

齐顷公亲齐桓公之孙①，国固广大而地势便利矣，又得霸主之余尊，而志加于诸侯。以此之故，难使会同，而易使骄奢。即位九年，未尝肯一与会同之事。有怒鲁、卫之志，而不从诸侯于清丘、断道。春往伐鲁，入其北效；顾返伐卫，败之新筑②。当是时也，方乘胜而志广。大国往聘，慢而弗敬其使者。晋、鲁俱怒。内悉其众，外得党与卫、曹，四国相辅，大困之鞍，获齐顷公，斩逢丑父③。深本顷公之所以大辱身，几亡国，为天下笑，其端乃从慑鲁胜卫起。伐鲁，鲁不敢出，击卫，大败之，因其气而无敌国以兴患也。故曰："得志、有喜，不可不戒。"此其效也。

## 【注释】

①亲齐桓公之孙：即齐桓公之亲孙。汉代人多此种句法。

②清丘：地名。鲁宣公十二年，晋、卫、宋、曹在此结盟。断道：地名。

鲁宣公十七年，晋、鲁、卫、曹、邾在此结盟。新筑：卫地。鲁成公二年，齐军伐鲁，又在新筑打败卫军。

③鞌：地名，位于今山东济南市西。公元前589年，晋、鲁、卫、曹四国军队在此大败齐军，齐顷公几乎被活捉。幸亏车右逢丑父假冒齐顷公，顷公才得以逃脱。靳：斩。《公羊传》成公二年说晋军杀了逢丑父，《左传》说赦免了逢丑父。

自是后，顷公恐惧，不听声乐，不饮酒食肉，内爱百姓，问疾吊丧，外敬诸侯，从会与盟，卒终其身，家国安宁。是福之本生于忧，而祸起于喜也。物之所由然，其于人切近，可不省耶？

逢丑父杀其身以生其君，何以不得为知权？丑父欺晋，祭仲①许宋，俱枉正以存其君。然而丑父之所为，难于祭仲，祭仲见贤而丑父犹见非，何也？曰：是非难别者在此。此其嫌疑相似而不同理者，不可不察。夫去位而避兄弟者，君子之所甚贵；获虏逃遁者，君子之所甚贱。祭仲措其君于人所甚贵以生其君，故《春秋》以为知权而贤之；丑父措其君于人所甚贱以生其君，《春秋》以为不知权而简之。其俱枉正以存君，相似也；其使君荣之与使君辱，不同理。故凡人之有为也，前枉而后义者，谓之中权，虽不能成，《春秋》善之，鲁隐公、郑祭仲是也。前正而后有枉者，谓之邪道，虽能成之，《春秋》不爱，齐顷公、逢丑父是也。

## 【注释】

①祭仲：郑庄公大臣。庄公死以后，他立太子忽为昭公。庄公的另一个儿子叫突，母亲是宋国人。宋人设计抓住祭仲，逼他订盟立公子突。祭仲为了避免郑乱，答应立公子突，便是郑厉公，昭公暂时逃亡到卫。后来，祭仲又迎立昭公复位，厉公逃奔到栎。

夫冒大辱以生，其情无乐，故贤人不为也，而众人疑焉。《春秋》以为人之不知义而疑也，故示之以义，曰"国灭君死之正也"①。正也者，正于天之为人性命也。天之为人性命，使行仁义而羞可耻，非若鸟兽然，苟为生、苟为利而已。是故《春秋》推天施而顺人理，以至尊为不可以生于至辱大羞，故获者绝之；以至辱为不可以加于至尊大位，故虽失位弗君也已，反国复在位矣，而《春秋》犹有不君之辞，况其澴然方获而虏耶！其于义也，非君定矣。若非君，则丑父何权矣？故欺三军为大辱于晋，其免顷公为辱宗庙于齐，是以虽难而《春秋》不爱。丑父大义，宜言于顷公曰："君慢侮而怒诸侯，是失礼大矣。今被大辱而弗能死，是无耻也而获重罪。请俱死，无辱宗庙，无羞社稷。"如此，虽陷其身，尚有廉名。当此之时，死贤于生。故君子生以辱，不如死以荣，正是之谓也。由法论之，则丑父欺而不中权，忠而不中义。以为不然？复察《春秋》。《春秋》之序辞也，置王于春正之间，非曰[2]上奉天施而下正人，然后可以为王也云尔？今善善恶恶，好荣憎辱，非人能自生，此天施之在人者也。君子以天施之在人者听之，则丑父弗忠也。天施之在人者，使人有廉耻者不生于大辱。大辱莫甚于去南面之位而束获为虏也。曾子曰："辱若可避，避之而已；及其不可避，君子视死如归。"谓如顷公者也。

**【注释】**

①《春秋》襄公六年："齐侯灭莱。"《公羊传》："曷为不言莱君出奔？国灭君死之，正也"。

②非曰：旧注云"犹言岂非"。

《春秋》曰："郑伐许。"[1]奚恶于郑而夷狄之也？曰：卫侯速卒，郑师侵之，是伐丧也。郑与诸侯盟于蜀，以盟而归，诸侯于是伐许，是叛盟也。伐丧无义，叛盟无信；无信无义，故大恶之。

**【注释】**

①郑伐许：见成公三年。

问者曰："是君[1]死，其子未逾年，有称伯不子，法辞其罪何？"曰：先王之制，有大丧者，三年不呼其门，顺其志之不在事也。《诗》[2]云："高宗谅暗，三年不言。"居丧之义也。今纵不能如是，奈何其父卒未逾年即以丧举兵也。《春秋》以薄恩且施，失其子心，故不复得称子，谓之郑伯，以辱之也。且其先君襄公伐丧叛盟，得罪诸侯，怒之未解，恶之未已。继其业者，宜务善以覆之，今又重以无故，居丧以伐人。父伐人丧，子以丧伐人，父加不义于人，子施失恩于亲，以犯中国，是父负故恶于前，己起大恶于后。诸侯果怒而憎之，卒而俱至，谋共击之。郑乃恐惧，去楚而成虫牢③之盟是也。楚与中国挟而击之，郑罢④敝危亡，终身愁辜。吾本其端，无义而败，由轻心然。孔子曰："道千乘之国，敬事而信。"知其为得失之大也，故敬而慎之。今郑伯既无子恩，又不熟计一举兵不当，被患不穷，自取之也。是以生不得称子，去其义也；死不得书葬，见其罪也。曰：有国者视此。行身不放义，兴事不审时，其何如此尔！

### 【注释】

①是君：指侵卫伐许的郑襄公。《春秋》成公四年："郑伯伐许。"当时郑襄公刚死，其子郑悼公便征伐许国。

②《诗》：当作《书》。引文出自《礼记》丧服四制。

③虫牢：郑地。《春秋》成公五年，郑伯与晋、齐、鲁、卫、宋、曹等在此订盟。

④挟：或作"侠"。罢：通"疲"。

# 玉　英① 第四

谓一元者，大始②也。知元年志者，大人之所重，小人之所轻。是故治国之端在正名③。名之正，兴五世，五传之外，美恶乃行，可谓得其真矣，非子路之所能见。非其位而即之，虽受之先君，《春秋》危之，宋缪公④是也。非其位，不受之先君，而自即之，《春秋》危之，吴王僚⑤是也。虽然，苟能行善得众，《春秋》弗危，卫侯晋⑥以正书葬是也。俱不宜立，而宋缪公受之先君而危，卫宣弗受先君而不危，以此见得众心之为大安也。故齐桓非直弗受之先君也，乃率弗宜为君者而立，罪亦重矣。然而知恐惧，故举贤人而以自覆盖，知不背要盟以自湔浣⑦也，遂为贤君，而霸诸侯。使齐桓被恶而无此美，得免杀灭乃幸已，何霸之有！鲁桓忘其忧而祸逮其身，齐桓忧其忧而立功名。推而散之，凡人有忧而不知忧者凶，有忧而深忧之者吉。《易》曰[8]："复自道，何其咎？"此之谓也。匹夫之反道以除咎尚难，人主之反道以除咎甚易。《诗》云："德輶如毛。"言其易也。

## 【注释】

①玉英：一种宝玉。作为篇名，是强调帝王们应该珍惜篇中意见。《尸子》："龙渊生玉英。"《尚书帝命验》："有人雄起戴玉英。"《楚辞·涉江》："登昆仑兮食玉英。"

②元：始。一是数的开始。《春秋元命包》："孔子曰：某作《春秋》始于元，终于麟，王道成也。"

③正名：确定名分。《论语·子路》："子路曰：'卫君待子而为政，子将奚先？'孔子曰：'必也，正名乎！'"

④宋缪公：春秋时宋国国君，前728～前720年在位。宋宣公临死，本该立太子与夷，宣公却把爵位传给弟弟和。和即位以后便是宋缪（穆）公。宋穆公临死，传位给夷，不传给自己的儿子冯。与夷即宋殇公，终于被华督杀死，冯即位为庄公。

⑤吴王僚：春秋时吴国国君，前526～前515年在位。吴王寿梦有四子，长子诸樊，次子徐祭，三子徐眛，幼子季札。寿梦死，传位诸樊，再传徐祭，再传徐眛。但徐眛死后，季札逃离不肯即位，徐眛的儿子僚继承了王位。诸樊的长子公子光不服，便叫勇士专诸刺杀了王僚。公子光即位后便是著名的吴王阖闾。

⑥卫侯晋：即卫宣公，前718～前700年在位。卫桓公被弟弟州吁所杀，卫国大臣杀死州吁，立桓公的另一个弟弟公子晋为国君，即卫宣公。《春秋》桓公十三年："三月葬卫宣公。"

⑦齐桓：即齐桓公，春秋五霸之首，前685～前643年在位。齐襄公死后，他和哥哥公子纠争位，逼鲁国杀死公子纠，自己即位。即位后重用管仲，遵守与诸侯的盟约，拥戴周王室，抵抗外族侵扰，成就霸业。要盟：指曹沫胁迫齐桓公与鲁国订的盟约。湔浣：洗刷。

⑧引文见《易·小畜》。


"公观鱼于棠。"①何？恶也。凡人之性，莫不善义。然而不能义者，利败之也。故君子终日言不及利，欲以勿言愧之而已，愧之以塞其源也。夫处位动风化②者，徒言利之名尔，犹恶之，况求利乎？故天王使人求赙③、求金，皆为大恶而书。今直使人也，亲自求之，是为甚恶。讥何故言观鱼？犹言观社④也，皆讳大恶之辞也。

## 【注释】

①公观鱼于棠：《春秋》隐公五年经文。"观"或作"矢"。这是批评鲁隐公行止失礼，远离京城观鱼不符合礼制规定。棠，地名，位于今山东鱼台县东北一带。

②风化：指处在高位的人，德行影响下级和平民。

③天王：指周王。赙：助理丧事的金钱。《春秋》隐公三年记载，周平王去世，王室派人向鲁国求赙。《春秋》文公九年，又有周王室派人求金的记载。

④观社：观看祭社。《春秋》庄公二十三年："夏，公如齐观社。"社是一种男女聚会的活动，按礼国君不宜观看。

《春秋》有经礼，有变礼。为如安性平心者①，经礼也。至有于性，虽不安于心，虽不平于道，无以易之，此变礼也。是故昏礼不称主人②，经礼也；辞穷无称，称主人，变礼也。天子三年然后称王，经礼也；有物故则未三年而称王，变礼也。妇人无出境之事，经礼也；母为子娶妇，奔丧父母，变礼也。明乎经变之事，然后知轻重之分，可与适权矣。

## 【注释】

①如：通"而"，连词。

②昏：通"婚"。

难者曰："《春秋》事同者辞同。此四者俱为变礼，而或达于经，或不达于经，何也？"曰：《春秋》理百物，辨品类，别嫌微，修本末者也。是故星坠谓之陨，蠡坠谓之雨①。其所发之处不同，或降于天，或发于地，其辞不可同也。今四者俱为变礼也同，而其所发亦不同。或发于男，或发于女，其辞不可同也。是或达于常，或达于变也。

## 【注释】

①《春秋》庄公七年："夜中星陨如雨。"《春秋》文公三年："雨
螽于宋。"

桓①之志无王，故不书王；其志欲立，故书即位。书即位者，言其弑
君兄也。不书王者，以言其背天子。是故隐②不言正、桓不言王者，皆从
其志以见其事也。从贤之志以达其义，从不肖之志以著其恶。由此观之，
《春秋》之所善，善也；所不善，亦不善也，不可不两省也。

## 【注释】

①桓：指鲁桓公。鲁惠公立桓公为太子，但惠公死时桓公还年幼，其庶
兄隐公摄政。隐公被杀以后，桓公即位。《春秋》桓公元年："公即位。"《春
秋》桓公三年："三年春正月，公会齐侯于赢。"公羊家认为本作"春王正月"，
不写"王"字，是贬低桓公，说他弑兄即位，背叛了周王。

②隐：鲁隐公。参见《公羊传》隐公十一年。

经曰："宋督弑其君与夷。"传①言庄公冯杀之，不可及于经，何也？
曰：非不可及于经，其及之端眇，不足以类钩之，故难知也。传曰②："臧
孙许与晋郤克同时而聘乎齐。"按经无有，岂不微哉？不书其往而有避也。
今此传言庄公冯而于经不书，亦以有避也。是以不书聘乎齐，避所羞也；
不书庄公冯杀，避所善也。是故让者《春秋》之所善。宣公不与其子而
与其弟，其弟亦不与子而反之兄子，虽不中法，皆有让高，不可弃也，
故君子为之讳。不居正之谓避，其后也乱，移之宋督以存善志，此亦《春
秋》之义。善无遗也，若直书其篡，则宣、穆之高灭，而善之无所见矣。

## 【注释】

①传：指《公羊传》。其隐公三年记载说："庄公冯杀与夷。"

②见《公羊传》成公二年。

难者曰："为贤者讳皆言之，为宣、穆讳独弗言，何也？"曰：不成于贤也。其为善不法，不可取，亦不可弃。弃之则弃善志也，取之则害王法。故不弃亦不载，以意见之而已。苟志于仁无恶，此之谓也。

器从名、地从主人之谓制。权之端焉，不可不察也。夫权虽反经，亦必在可以然之域。不在可以然之域，故虽死亡，终弗为也，公子目夷[1]是也。故诸侯父子兄弟不宜立而立者，《春秋》视其国与宜立之君无以异也。此皆在可以然之域也。至于纪取乎莒以之为同居[2]，目曰莒人灭纪，此不在可以然之域也。故诸侯在不可以然之域者，谓之大德，大德无畜闲者，谓正经。诸侯在可以然之域者，谓之小德，小德出入可也。权谲也，尚归之以奉钜经耳。故《春秋》之道，博而要，详而反，一也。公子目夷复其君，终不与国；祭仲[3]已与，后改之；晋荀息[4]死而不听；卫曼姑[5]拒而弗内。此四臣事异而同心，其义一也。目夷之弗与，重宗庙；祭仲与之，亦重宗庙；荀息死之，贵先君之命；曼姑拒之，亦贵先君之命也。事虽相反，所为同俱为重宗庙、贵先君之命耳。

## 【注释】

①目夷：宋国公子。宋襄公不听从目夷的劝说，被楚王拘留，目夷率领宋国军民坚守不屈；楚王释放宋襄公后，目夷又将国君位置奉还给襄公。事见《春秋》僖公二十一年。

②皆春秋时国名，位于今山东省。

③祭仲：郑庄公卿。庄公去世，他立昭公为君。被宋国设计抓住，胁迫他订盟，立厉公为君。四年以后，他又恢复了昭公的君位。事见《春秋》桓公十一年、十五年。

④荀息：晋献公大臣。他依照献公遗命立奚齐为君；里克杀死奚齐，他又立卓子为君；里克又杀死卓子，荀息死难。事见《春秋·公羊传》僖公十年。

⑤卫曼姑：卫灵公大臣。灵公驱逐太子蒯聩，遗命立蒯聩的儿子辄为君。卫曼姑按遗命辅佐辄，拒绝聩。见《春秋·公羊传》哀公三年。

难者曰："公子目夷、祭仲之所为之者，皆存之事君，善之可矣；荀息、曼姑非有此事也，而所欲恃者皆不宜立者，何以得载乎义？"曰：《春秋》之法，君立不宜立，不书，大夫立则书。书之者，弗予大夫之得立不宜立者也；不书，予君之得立之也。君之立不宜立者，非也。既立之，大夫奉之是也。荀息、曼姑之所得为义也。

难纪<sup>①</sup>季曰："《春秋》之法，大夫不得用地；又曰公子无去国之义；又曰君子不避外难。纪季犯此三者，何以为贤？贤臣故盗地以下敌，弃君以避患乎？"曰：贤者不为是。是故轮贤于纪季，以见季之弗为也。纪季弗为，而纪侯使之可知矣。《春秋》之书事时，诡其实以有避也；其书人时，易其名以有讳也。故诡晋文得志之实，以代讳避致王也；诡莒子<sup>②</sup>号谓之人，避隐公也；易庆父<sup>③</sup>之名谓之仲孙；变盛谓之成<sup>④</sup>，讳大恶也。然则说《春秋》者，入则诡辞随其委曲而后得之。今纪季受命乎君而经书专，无善一名而文见贤，此皆诡辞，不可不察。《春秋》之于所贤也，固顺其志而一其辞，章其义而褒其美。今纪侯，《春秋》之所贵也，是以听其入齐之志，而诡其服罪之辞也，移之纪季。故告籴<sup>⑤</sup>于齐者，实庄公为之，而《春秋》讳其辞以予臧孙辰；以絜入于齐者，实纪侯为之，而《春秋》诡其辞以予纪季。所以诡之不同，其实一也。

**【注释】**

①纪：春秋国名，位于今山东寿光市东南，为齐国吞并。《春秋左传》庄公四年："纪侯不能下齐，以与纪季。夏，纪侯大去其国，违齐难也。"

②莒子：莒国国君。《春秋》隐公八年："公及莒人盟于包来。"公羊家解释说：莒人，实际是指莒子。言莒子则嫌公行微不肖，诸侯不肯从公盟，而公反从之；故使称人，则随从公不疑矣。

③庆父：本为鲁国公子，多次制造内乱，逃奔到齐国，称仲孙。《春秋》闵公元年："冬，齐仲孙来。"《公羊传》说："曷为系之齐？外之也。"

④成：春秋姬姓国名，一作"脒"，一作"盛"。《春秋》庄公八年："夏，师及齐师围成。"

⑤告籴：借粮，乞粮。《春秋》庄公二十八年："臧孙辰告籴于齐。"

难者曰："有国家者，人欲立之，固尽不听。国灭君死之，正也。何贤乎纪侯？"曰："齐将复雠，纪侯自知力不加而志距之，故谓其弟曰：'我宗庙之主,不可以不死也。汝以絷往服罪于齐,请以立五庙,使我先君岁时有所依归。'率一国之众,以卫九世之主。襄公逐之不去,求之弗予,上下同心而俱死之,故为之大去。《春秋》贤死义,且得众心也,故为讳灭。以为之讳,见其贤之也。以其贤之也,见其中仁义也。"

# 精　华　第五

春秋慎辞,谨于名伦等物者也。是故小夷言伐而不得言战,大夷言战而不得言获,中国言获而不得言执,各有辞也①。有小夷避大夷而不得言战,大夷避中国而不得言获,中国避天子而不得言执,名伦弗予,嫌于相臣之辞也。是故大小不逾等,贵贱如其伦,义之正也。

## 【注释】

①夷:此处泛指中原各国以外的国家,如戎、荆(楚)等皆属此范围。夷对中原的战争,小夷俘获中原君主只能说"伐",如《春秋》隐公七年"戎伐凡伯于楚丘以归";大夷俘获中原君主也不能称"获",如《春秋》庄公十年"荆败蔡师于莘,以蔡侯献舞归",《公羊传》曰:"曷为不言其获?不与夷狄之获中国也。"中原各国交战,抓住了对方君主,才可以称"获",但不能讲"执"。如果讲"执",便是有意贬低被俘获者,如《春秋》僖公五年:"晋人执虞公",便是贬低虞君。只有周天子才能讲"执"。这种写法,将周天子、夏族诸侯、大夷、小夷分出等第。不过《春秋》纪事并不完全这样,而只是公羊家们的牵强附会。

"大雩者何?旱祭也。"①难者曰:"大旱雩祭而请雨,大水鸣鼓而攻社,天地之所为、阴阳之所起也,或请焉,或怒②焉者何?"曰:大旱者,阳灭阴也。阳灭阴者,尊压卑也,固其义也,虽太甚,拜请之而已,无敢有加也。大水者,阴灭阳也。阴灭阳者,卑胜尊也。日食亦然③。皆下犯上以贱伤贵者,逆节也,故鸣鼓而攻之,朱丝而胁之,为其不义也,此亦《春秋》之不畏强御也。故变天地之位,正阴阳之序,直行其道而不忘其难,义之至也。是故胁严社而不为不敬灵,出天王而不为不尊上④,

辞父之命而不为不承亲⑤，绝母⑥之属而不为不孝慈，义矣夫。

## 【注释】

①见《春秋公羊传》桓公五年。

②大水攻社：见《春秋》庄公二十五年。请：请求，指"雩（祭祀求雨）"。怒：震怒责怪，指鸣鼓攻社。

③董仲舒《救日食祝》："奈何以阴侵阳，以卑侵尊？"

④《春秋》僖公二十四年："冬，天王出居于郑。"《公羊传》曰："王者无外。此其言出何？不能乎母也。"何休注："不能事母，罪莫大于不孝敬。故绝言之出也。下无废上之义，得绝之者，明母得废之，臣下得从母命。"

⑤《春秋公羊传》哀公三年评论卫国大臣石曼姑根据卫灵公遗命立蒯辄为国君而拒绝蒯聩说："不以父命辞王父命；以王父命辞父命，是父之行乎子也。"卫灵公是蒯辄的祖父（王父），蒯聩是蒯辄的父亲。

⑥母：指鲁庄公的母亲姜氏。她是鲁桓公夫人，但与齐侯私通，导致桓公被杀。

难者曰："《春秋》之法：'大夫无遂事。'又曰：'出境有可以安社稷利国家者，则专之可也。'又曰：'大夫以君命出，进退在大夫也。'又曰：'闻丧徐行而不反也。'夫既曰无遂事矣，又曰专之可也；既曰进退在大夫矣，又曰徐行而不反也。若相悖然，是何谓也？"曰：四者各有所处。得其处，则皆是也；失其处，则皆非也。《春秋》固有常义，又有应变。无遂事者，谓生平安宁也；专之可也者，谓救危除患也。进退在大夫者，谓将率用兵也；徐行不反者，谓不以亲害尊，不以私妨公也。此之谓将得其私，知其指。故公子结受命往媵陈人之妇于鄄。道生事，从齐桓盟，《春秋》弗非，以为救庄公之危①。公子遂受命使京师，道生事之晋，《春秋》非之，以为是时僖公安宁无危②。故有危而不专救，谓之不忠；无危而擅生事，是卑君也。故此二臣俱生事，《春秋》有是有非，其义然也。

## 【注释】

①事见《春秋》庄公十九年。公子结奉命送陈国国君所娶的女子，出境

之后发现齐宋两国会盟谋划攻打鲁国（鲁庄公多次没有参加盟会），他就假充奉命参加会盟，解救危难。《公羊传》评论说："大夫无遂事。此其言遂何？……出竟，有可以安社稷，利国家者，则专之可也。"

②事见《春秋》僖公三十年。

齐桓仗贤相之能，用大国之资，即位五年，不能致一诸侯。于柯之盟，见其大信，一年而近国之君毕至，鄄、幽之会是也。其后二十年之间亦久矣，尚未能大合诸侯也。至于救邢、卫之事，见存亡继绝之义，而明年远国之君毕至，贯泽、阳谷之会是也。故曰亲近者不以言，召远者不以使，此其效也。其后矜功，振而自足，而不修德。故楚人灭弦而志弗忧；江、黄伐陈而不往救；损人之国而执其大夫，不救陈之患而责陈不纳②；不复安郑①，而必欲迫之以兵。功未良成而志已满矣。故曰："管仲之器小哉！"③此之谓也。自是日衰，九国叛矣。

## 【注释】

①齐桓：即齐桓公，是春秋五霸之首。贤相：指管仲。柯之盟：在鲁庄鲁公三十年；甄之会：在鲁庄公十五年；幽之会：在鲁庄公十六年；救邢：在僖公元年；救卫：在僖公二年；贯泽之会：在僖公二年；阳谷之会：在僖公三年。楚人灭弦：在僖公五年；江、黄伐陈：在僖公四年；责陈：齐桓公抓捕陈国大夫涛涂，在僖公四年；安郑：齐恒公伐郑在僖公六年。

②纳：或作"离"。

③见《论语·八佾》。

《春秋》之听狱也，必本其事而原其志。志邪者不待成，首恶者罪特重，本直者其论轻。是故逢丑父当斫①，而辕涛涂不宜执②，鲁季子追庆父③，而吴季子释阖庐④，此四者罪同异论，其本殊也。俱欺三军，或死或不死；俱弑君，或诛或不诛。听讼折狱，可无审邪！故折狱而是也，理益明，教益行；折狱而非也，暗理迷众，与教相妨。教，政之本也；狱，政之末也。其事异域，其用一也，不可不以相顺，故君子重之也。

**【注释】**

①事见《春秋》成公二年。逢丑父以死保全国君，公羊家认为，既欺了晋军，更侮辱了自己的国君，使国君临难苟免。

②辕涛涂：陈大夫。

③事见《春秋》闵公二年。传曰："缓追逸贼，亲亲之道也。"

④事见《春秋》襄公二十九年。

难晋事者曰："《春秋》之法，未逾年之君称子，盖人心之正也。至里克杀奚齐，避此正辞而称君之子，何也？"曰：所闻《诗》无达诂，《易》无达占，《春秋》无达辞，从变从义而一以奉人［天］，仁人录其同姓之祸，固宜异操。晋，《春秋》之同姓也。骊姬一谋而三君①死之，天下所共痛也。本其所为为之者，蔽于所欲得位而不见其难也。《春秋》疾其所蔽，故去其位辞，徒言君之子而已。若谓奚齐曰："嘻嘻，为大国君之子，富贵足矣。何以兄之位为欲居之，以至此乎？"云尔。录所痛之辞也。故痛之中有痛，无罪而受其死者，申生、奚齐、卓子是也。恶之中有恶者，己立之，己杀之，不得如他臣之弑君者，齐公子商人是也②。故晋祸痛而齐祸重。《春秋》伤痛而敦重，是以夺晋子继位之辞与齐子成君之号，详见之也。

**【注释】**

①骊姬一谋：事见《春秋》僖公四年至九年。三君：指申生、奚齐、卓子。

②事见《春秋》文公十四年。齐公子商人立舍为国君，不到一年就将舍杀死。《传》曰："此未逾年之君也，其言弑其君舍者何？己立之，己杀之，成死者而贱生者也。"

古之人有言曰："不知来，视诸往。"今《春秋》之为学也，道往而明来者也。然而其辞体天之微，故难知也。弗能察，寂若无；能察之，无物不在。是故为《春秋》者，得一端而多连之，见一空而博贯之，则天下尽矣。

鲁僖公以乱即位，而知亲任季子。季子无恙之时，内无臣下之乱，外无诸侯之患，行之二十年，国家安宁。季子卒之后，鲁不支邻国之患，直乞师楚耳。僖公之情非辄不肖而国益衰危者，何也？以无季子也。以鲁人之若是也，亦知他国之皆若是也；以他国之皆若是，亦知天下之皆若是也。此之谓连而贯之。故天下虽大，古今虽久，以是定矣。以所任贤，谓之主尊国安；所任非其人，谓之主卑国危。万世必然，无所疑也。其在《易》<sup>①</sup>曰："鼎折足，覆公𫗰。"夫鼎折足者，任非其人也。覆公𫗰者，国家倾也。是故任非其人而国家不倾者，自古至今未尝闻也。故吾按《春秋》而观成败，乃切𢦤𢦤于前世之兴亡也。任贤臣者，国家之兴也。

**【注释】**

①引文见《易·鼎九四爻辞》。

夫智不足以知贤，无可奈何矣。知之不能任，大者以死亡，小者以乱危，其若是何邪？以庄公不知季子贤邪，安知病将死，召而授以国政<sup>①</sup>？以殇公为不知孔父贤邪，安知孔父死己必死，趋而救之<sup>②</sup>？二主知皆足以知贤，而不决不能任。故鲁庄以危，宋殇以弑。使庄公早用季子，而宋殇素任孔父，尚将兴邻国，岂直免弑哉！此吾所𢦤𢦤而悲者也。

**【注释】**

①《春秋》庄公三十二年："庄公病将死，以病召季子。季子至，而授之国政。"

②《春秋》桓公二年："殇公知孔父死己必死，趋而救之，皆死焉。"

# 王　　道　第六

春秋何贵乎元而言之？元者，始也，言本正也<sup>①</sup>。道，王道也。王者，人之始也。王正，则元气和顺，风雨时，景星见，黄龙下；王不正，则上变天，贼气并见。

**【注释】**

①《春秋公羊传》隐公元年："元年者何？君之始年也。"春秋公羊

家认为，有正春的人就没有乱秋，有正君的人就没有危国。

五帝三皇之治天下，不敢有君民之心，什一而税。教以爱，使以忠，敬长老，亲亲而尊尊，不夺民时，使民不过岁三日。民家给人足。无怨望忿怒之患，强弱之难，无谗贼妒嫉之人。民修德而美好，被发衔哺而游。不慕富贵，耻恶不犯。父不哭子，兄不哭弟。毒虫不螫，猛兽不搏，鸷虫不触。故天为之下甘露，朱草生，醴泉出，风雨时，嘉禾兴，凤凰麒麟游于郊。囹圄①空虚，画衣裳②而民不犯。四夷传译③而朝。民情至朴而不文。

## 【注释】

①囹圄：牢狱。

②画衣裳：指用衣裳标志刑罚。相传唐尧虞舜时代，只采用象征性的刑罚：人们穿着这种服装，便觉得羞耻。

③四夷：指四方言语不相同的民族。传译：间接翻译。《周礼·象胥》注："东方曰寄，南方曰象，西方曰狄，北方曰译。"

郊天祀地，秩山川，以时至，封于泰山，禅于梁父①。立明堂②，宗祀先帝，以祖配天，天下诸侯各以其职来祭。贡土地所有，先以入宗庙，端冕盛服而后见，先德恩之报，奉元之应也。

## 【注释】

①梁父：泰山旁的山。封泰山，祭天；禅梁父，祭地。

②明堂：天子宣告正朔、主持政务的地方。《大戴礼记》说，明堂以茅盖屋，上圆下方，共九室，每室四门八窗，其外有水名辟雍。蔡邕《月令论》说："取其宗庙的形状，则曰清庙；取其正室的形状，则曰太庙；取其堂，则曰明堂；取其四门之学，则曰太学；取其周水圆如璧，则曰辟雍。异名而同耳，其实一也。"

桀、纣皆圣王之后，骄溢妄行。侈宫室，广苑囿，穷五采之变，极饰材之工，困野兽之足，竭山泽之利，食类恶之兽。夺民财食，高雕文刻镂之观，尽金玉骨象之工，盛羽旄之饰，穷白黑之变。深刑妄杀以陵下。听郑、卫之音，充倾宫①之志；灵②虎兕文采之兽，以希见之意。赏佞赐谗。以糟为丘，以酒为池。孤贫不养，杀圣贤而剖其心，生燔人闻其臭，刳孕妇见其化，斫朝涉之足察其拇，杀梅伯以为醢，刑鬼侯③之女取其环。诛求无已，天下空虚，群臣畏恐，莫敢尽忠，纣愈自贤。周发兵，不期会于孟津之上者八百。诸侯共诛纣，大亡天下。《春秋》以为戒，曰："蒲社灾。"④

**【注释】**

①郑、卫之音：指淫逸的音乐。倾宫：传说夏桀所筑造的宫室，面积有一顷。

②灵：或本无"灵"字。"灵"，有充溢或珍重的意义。

③以上皆为商纣王暴行。圣贤：指比干，因谏纣王而被剖心。生燔人：指炮烙之刑。孕妇：据《帝王世纪》说，纣剖比干妻子，观察腹中胎儿。朝涉之足：据《水经注》记载，有老人清晨涉水过河，畏冷寒栗，纣王问是什么原因，左右回答说："老年骨髓空虚。"纣王就斩断老人的脚观看骨髓。梅伯：纣王的下属诸侯。鬼侯：一作"九侯"。其女嫁给纣王，被妲己谮杀。

④《春秋》哀公四年："蒲社灾。"《公羊传》曰："蒲社者何？亡国之社也。社者，封也。其言灾何？亡国之社，盖掩之，掩其上而柴其下。"何休注："掩柴之者，绝不得使通天地四方，以为有国者戒。"蒲社，即亳社。

周衰，天子微弱，诸侯力政，大夫专国，士专邑，不能行席制法文之礼。诸侯背叛，莫修贡聘，奉献天子。臣弑其君，子弑其父，孽杀其宗①，不能统理，更相伐铚以广地。以强相胁，不能制属。强奄弱，众暴寡，富使贫，并兼无已。臣下上僭，不能禁止。日为之食。星霣如雨。雨螽。沙鹿②崩。夏大雨水。冬大雨雪。霣石③于宋五，六鹢退飞④。霣霜不杀草，李梅实。正月不雨，至于秋七月。地震。梁山崩⑤，壅河三日不流。昼晦⑥。彗星见于东方⑦。孛⑧于大辰。鹳鹆⑨来巢。《春秋》异之，以此见悖乱之徵。

**【注释】**

①孽：庶出的儿子。宗：嫡长子。宗法社会，以嫡长子做权位的继承人。

②沙鹿：山名。

③霣石：古人认为陨石是灾祸的预兆。

④六鹢退飞：指大风成灾。

⑤梁山崩：见成公五年传。

⑥昼晦：见成公十六年传。

⑦彗星见于东方：见哀公十三年传。

⑧孛：即彗星，俗名扫帚星。

⑨鸜鹆：俗名八哥。


孔子明得失，差贵贱，反王道之本，讥天王以致太平。刺恶讥微，不遗大小，善无细而不举，恶无细而不去，进善诛恶，绝诸本而已矣。"天王使宰㥔来归惠公仲子①之赗"，刺不及事也。"天王伐郑"，讥亲也②。"会王世子"，讥微也③。祭公来逆王后，讥失礼也④。刺家父求车，武氏、毛伯求赙金，王人救卫，王师败于贸戎，天王出居于郑，弑母弟，王室乱，不能及外，分为东西周，无以先天下，召卫侯不能致，遣子突征卫不能绝，伐郑不能从，无骇灭极不能诛⑤。诸侯得以大乱，篡弑无已。臣下上逼，僭嫮天子。诸侯强者行威，小国破灭。晋至三侵周，与天王战于贸戎而大败之。戎执凡伯⑥于楚丘以归。诸侯本怨随恶，发兵相破，夷人宗庙社稷，不能统理。臣子强，至弑其君父⑦。法度废而不复用，威武绝而不得复。故郑鲁易地⑧。晋文再致天子⑨。齐桓会王世子，擅封邢、卫、杞⑩，横行中国，意欲王天下。鲁舞八佾，北祭泰山，郊天祀地，如天子之为。以此之故，弑君三十二，亡国五十一⑪，细恶不绝之所致也。


## 【注释】

①事见《春秋》隐公元年。天王：指周平王。归：馈赠。仲子：鲁惠公夫人。《公羊传》曰："其言'来'何？不及事也。"

②事见《春秋》桓公五年。天王：指周桓王。公羊家认为，天子应该派方伯讨伐诸侯，不应该亲自出兵。

③事见《春秋》僖公五年。世子：指周惠王世子。世子是储君，不应该与诸侯会盟。

④事见《春秋》桓公八年。周天子迎娶纪国女为后，派祭公通过鲁国迎娶，公羊家认为这是不慎重的。何休注："使鲁为媒可，则因用鲁往迎之，不复成礼。疾王者不重妃匹，逆天下之母若迎婢妾……故讥之。"

⑤以上各项皆讥刺周天子的处置失礼。家父求车：见桓公十五年。求赙金：见隐公三年与文公九年。王人救卫：见庄公六年。败于贸戎：见成公元年。出居郑：见僖公二十四年。弑母弟：见襄公三十年。王室乱不及外：见昭公三十二年。分为东西周：见昭公二十六年（前517）。周王朝分为东西两部分，东周治所在洛阳，西周治所在河南。召卫侯：见桓公十六年。子突征卫：见庄公六年。伐郑不能从：见桓公五年。无骇灭极：见隐公二年。无骇是鲁国的卿，极是个附庸小国。

⑥戎执凡伯：见隐公七年。戎：西方外族。凡：周王大夫。

⑦春秋二四二年间，弑君三十六人，灭国五十二个。

⑧郑鲁易地：见桓公元年。

⑨致天子：见僖公二十八年。

⑩齐桓会王世子：见僖公五年；封邢，见僖公元年；封卫，见僖公二年；封杞，在僖公十四年。

⑪三十二：当作"三十六"。五十一：当作五十二。见《汉书·刘向传》颜师古注。

《春秋》立义，天子祭天地，诸侯祭社稷，诸山川不在封内不祭。有天子在，诸侯不得专地，不得专封，不得专执天子之大夫，不得舞天子之乐，不得致天子之赋，不得适天子之贵。君亲无将，将而诛。大夫不得世，大夫不得废置君命。立适以长不以贤，以贵不以长。立夫人以适不以妾。天子不臣母后之党。亲近以来远，故未有不先近而致远者也。故内其国而外诸夏，内诸夏而外夷狄，言自近者始也。

诸侯来朝者得褒，邾娄仪父称字，滕、薛称侯，荆得人，介葛卢得名①。内出言如②，诸侯来曰朝，大夫来曰聘，王道之意也。诛恶而不得遗细大，诸侯不得为匹夫兴师，不得执天子之大夫；执天子之大夫与伐国同罪，执凡伯言"伐"③。献八佾，讳八言六④。郑、鲁易地，讳易言假。晋文再致天子，讳致言狩。桓公存邢、卫、杞，不见《春秋》，内心予之，行法绝而不予，止乱之道也，非诸侯所当为也。

## 【注释】

①褒：受到《春秋》褒扬。邾娄：国名。仪父：邾娄国君名。事见隐公元年。滕侯、薛侯来朝，事见隐公十一年。荆人来聘，事见庄公二十三年。介：国名。葛卢：介国国君名。事见僖公二十九年。

②内出：指从京都出发到诸侯国。如：前往。《春秋》隐公十一年何休注："《春秋》王鲁。王者无朝诸侯之义，故内适外称如，外适内称朝聘，所以别外尊内也。"

③《春秋》隐公七年记述戎人执凡伯（周王的大夫）说："冬，天王使凡伯来聘。戎伐凡伯于楚丘以归。"

④献八佾：隐公五年，鲁国用八佾舞祭祀惠公夫人仲子。八佾是一种天子才可以享用的舞蹈（舞者分八列，每列八人）。《春秋》只讲"献六羽"，讳言"八佾"。


《春秋》之义：臣不讨贼，非臣也；子不复雠，非子也。故诛赵盾贼不讨者，不书葬，臣子之诛也①。许世子②不尝药而诛为弑父，楚公子比胁而立③，而不免于死。齐桓、晋文擅封，致天子、诛乱、继绝、存亡、侵伐、会同，常为本主，曰：桓公救中国，攘夷狄，卒服楚，至为王者事；晋文再致天子。皆止不诛。善其牧诸侯，奉献天子而复周室。《春秋》予之为伯，诛意不诛辞之谓也。


## 【注释】

①事见宣公二年。赵穿杀死晋灵公，赵盾没有讨伐赵穿，太史便写道："赵盾弑其君。"

②许世子：许悼公的世子。

③楚公子比胁而立：楚共王的儿子。鲁昭公元年，公子围杀郏敖，自立为楚灵王，公子比出奔晋。昭公十三年，公子弃疾胁持公子比为楚王，逼迫灵王自杀；不久，弃疾又杀死公子比，自立为楚平王。

鲁隐之代桓立①，祭仲之出忽立突②，仇牧、孔父、荀息之死节③，公子目夷不与楚国④，此皆执权存国，行正世之义，守市市之心。《春秋》嘉义气焉，故皆见之，复正之谓也。夷狄邾娄人、牟人、葛人，为其天王崩而相朝聘也⑤，此其诛也。杀世子母弟直称君⑥，明失亲亲也。鲁季子⑦之免罪，吴季子⑧之让国，明亲亲之恩也。阍⑨杀吴子馀祭，见刑人之不可近。郑伯髡原⑩卒于会，讳弑，痛强臣专君，君不得为善也。卫人杀州吁⑪，齐人杀无知⑫，明君臣之义，守国之正也。卫人立晋⑬，美得众也。君将不言率师，重君之义也。正月，公⑭在楚，臣子思君，无一日无君之义也。诛受令，恩卫葆⑮，以正图圉之平也。言围成，甲午祠⑯兵，以别迫胁之罪，诛意之法也。作南门，刻桷、丹楹，作雉门及两观，筑三台，新延厩⑰，讥骄溢不恤下也。故臧孙辰⑱请籴于齐，孔子曰："君子为国必有三年之积，一年不熟乃请籴，失君之职也。"诛犯始者，省刑，绝恶疾始也。大夫盟于澶渊⑲，刺大夫之专政也。诸侯会同，贤为主，贤贤也。

## 【注释】

①鲁隐之代恒立：鲁隐公是惠公的庶子，其弟桓公是惠公嫡子。惠公去世，桓公年幼，隐公便摄位，等弟弟年长再退让。

②祭仲之出忽立突：郑庄公的大臣。他受庄公遗命立太子忽为君。庄公的另一个儿子叫突，母亲是宋国人。宋国设计抓住祭仲，逼他订盟立公子突为君。祭仲为免大乱，答应立公子突为君，叫太子忽暂时逃避到卫国。后来，祭仲终于驱逐公子突（郑厉公），立太子忽（郑昭公）。

③仇牧：宋闵公大臣，鲁庄公十二年被宋万所杀。孔父：宋殇公大臣，鲁桓公二年被华督所杀。荀息：晋献公大臣，鲁僖公九年被里克所杀。三人都是为国君而死。

④公子目夷不与楚国：宋襄公大臣。他曾经劝阻宋襄公与楚人订盟。襄公不听，被楚人拘捕。楚人要挟，目夷坚守不屈，楚人只好放归襄公。

⑤夷狄：把他们当作夷狄对待，名词动用。邾娄国、牟国、葛国在鲁桓公十五年周桓王去世时曾到鲁国朝聘。

⑥杀世子：《春秋》僖公五年记载说，"晋侯杀其世子申生。"《公羊传》曰："曷为直称晋侯以杀？杀世子母弟，直称君者，甚之也。"

⑦鲁季子：即季友，又称公子友。鲁庄公大臣。他受鲁庄公遗命立公子般为君。庆父（鲁庄公的弟弟共仲）杀死子般，立鲁闵公，季友投奔到陈国，后来又到齐国。

⑧吴季子：季札，吴王寿梦的第四个儿子。寿梦见他最贤能，想传位给他，他推让。于是长兄诸樊即位。诸樊去世，传二兄馀祭；馀祭死，传三兄馀眜；馀眜去世，季札又推让逃避。于是馀眜的儿子王僚即位。后来，诸樊的儿子公子光，派专诸刺杀王僚，请季札即位。季札批评公子光（即后来的吴王阖闾），并离开吴国，到延陵隐居。

⑨阍：守门人。鲁襄公二十九年，吴王馀祭被守门人杀死。

⑩髡原：郑僖公名髡原。《春秋》襄公七年记载，僖公将参加诸侯盟会，其大夫谏阻不听，于是派人刺杀了僖公。

⑪卫人杀州吁：见隐公四年。

⑫齐人杀无知：见庄公九年。

⑬晋：卫公子名。

⑭公：指鲁襄公。《春秋》襄公二十九年记载说"公在楚"。

⑮葆：通"宝"。鲁庄公六年，卫国献宝物谢齐国，齐国又转送给鲁国。

⑯成：地名，一作"郕"。鲁庄公八年，齐鲁合兵围攻成，成向齐投降。祠：通"治"。

⑰作南门：事见僖公十二年。刻桷：事见庄公二十四年。丹楹：事见庄公二十三年。作雉门及两观：事见定公二年。筑三台：事见庄公三十一年。新延厩：事见庄公二十九年。

⑱臧孙辰：鲁国大夫。

⑲澶渊：地名。


《春秋》纪纤芥之失，反之王道。追古贵信。结言而已，不至用牲盟而后成约①。故曰："齐侯、卫侯胥命于蒲。"传曰："古者不盟，结言而退。"②宋伯姬③曰："妇人夜出，傅母不在，不下堂。"传曰："古者周公东征，则西国怨。"④桓公曰："无贮粟，无障谷，无易树子，无以妾为妻。"⑤宋襄公曰："不鼓不成列，不阨人。"⑥庄王曰："古者杅不穿，皮不蠹，则不出。"⑦君子笃于礼，薄于利，要其人不要其土，告从不赦不祥。强不陵弱。齐顷公吊死视疾，孔父正色而立于朝，人莫过而致难乎其君，齐国佐不辱君命⑧而尊齐侯，此《春秋》之救文以质也。

**【注释】**

①牲盟：割牲血为盟。约：立下誓约。

②结言而退：事见桓公三年经传。

③宋伯姬：宋共公夫人。鲁襄公三十年，宋国宫廷发生火灾，她没有见到傅母便不肯下堂逃跑，因而被烧死。

④曰：应作"传曰"。《春秋》僖公四年传云"周公东征则西国怨"。

⑤语见僖公三年。

⑥语见僖公二十二年。

⑦杅：饮酒器皿。皮：皮裘。语见宣公十二年。

⑧国佐不辱君命：事见成公二年经传。

救文以质，见天下诸侯所以失其国者亦有焉。潞子欲合中国之礼义，离乎夷狄，未合乎中国，所以亡也①。吴王夫差②行强于越，臣人之王，妾人之妻，卒以自亡，宗庙夷，社稷灭，其可痛也。长王投死。於戏！岂不哀哉？

**【注释】**

①潞：赤狄族所建之国。事见宣公十五年。

②吴王夫差：事见定公十四年，哀公元年、十三年、二十二年。

晋灵行无礼，处台上弹群臣，枝解宰人而弃①。漏阳处父之谏，使阳处父死②。赵盾之谏，欲杀之；卒为赵穿所杀。晋献公行逆理，杀世子申生，以骊姬立奚齐、卓子，皆杀死，国大乱，四世乃定，几为秦所灭，从骊姬起也③。楚昭王行无度，杀伍子胥父兄④。蔡昭公朝之，因请其裘，昭公不与⑤。吴王非之，举兵加楚，大败之；君舍乎君室，大夫舍大夫室，妻楚君之母。贪暴之所致也。晋厉公行暴道，杀无罪人，一朝而杀大臣三人；明年，臣下畏恐，晋国杀之⑥。陈侯佗淫乎蔡，蔡人杀之⑦。古者诸侯出疆必具左右，备一师，以备不虞。今陈侯恣以身出入民间，至死闾里之庸，甚非人君之行也。

**【注释】**

①晋灵行无礼：见宣公二年。

②漏：泄露。《春秋》文公六年记述，晋灵公要任命射姑为将，阳处父说："民众不喜欢他，不可以让他为将。"灵公将话泄露给射姑，于是射姑刺杀了阳处父。

③骊姬乱晋一事，见僖公四年至九年。

④杀伍子胥父兄：事见定公四年。

⑤请其裘，昭公不与：事见定公四年。蔡昭公朝见楚王，楚王见其美裘，索要，昭公不给，就被扣留数年。

⑥鲁成公十七年，晋厉公杀大臣。十八年，杀大臣胥童；国人杀死厉公。

⑦事见桓公六年。

宋闵公矜妇人而心妒，与大夫万博①、万誉。鲁庄公曰："天下诸侯宜为君，唯鲁侯尔。"闵公妒其言，曰："此虏也，尔虏焉知鲁侯之美恶乎？"致万怒，搏闵公绝纪。此以与臣博之过也。古者人君立于阴，大夫立于阳，所以别位，明贵贱。今与臣相对而博，置妇人在侧，此君臣无别也。故使万称他国卑闵公之意，闵公藉万而身与之博，下君自置，有辱之妇人之房，俱而矜妇人，独得杀死之道也。《春秋》曰："大夫不适君，远此逼也。"②

**【注释】**

①万：大夫南宫万。博：博戏。

②适：通"敌"。语见宣公十二年传。

梁内役民无已，其民不能堪，使民比地为伍，一家亡五家杀刑。其民曰："先亡者封，后亡者刑。"君者将使民以孝于父母，顺于长老，守丘墓，承宗庙，世世祀其先。今求财不足，行罚如将不胜，杀戮如屠，仇雠其民，鱼烂而亡，国中尽空。《春秋》曰："梁亡。"①亡者，自亡也，非人亡之也。

**【注释】**

①《春秋》僖公十九年："梁亡。"《公羊传》曰："此未有伐者，其言梁亡何？自亡也。其自亡奈何？鲁烂而亡也。"古梁国，在夏阳县。

虞公贪财，不顾其难，快耳说目，受晋之璧、屈产之乘，假晋师道，还以自灭①。宗庙破毁，社稷不祀，身死不葬，贪财之所致也。故《春秋》以此见物不空来，宝不虚出。自内出外，无匹不行；自外至者，无主不止。此其应也。

**【注释】**

①事见僖公二年传。

楚灵王行强乎陈、蔡，意广以武，不顾其行，虑所美，内罢其众①。乾籍有物女，水尽则女见，水满则不见。灵王举发其国而役，三年不罢，楚国大怨。有行暴意，杀无罪臣成然②，楚国大懑。公子弃疾卒令灵王自杀而取其国。虞不离津泽，农不去畴土，此非盈意之过耶？

**【注释】**

①罢：通"疲"。
②有：通"又"。鲁昭公三十年，楚灵王杀死大夫成然。

鲁庄公好宫室，一年三起台。夫人内淫两弟，弟兄子父相杀①，国绝莫继，为齐所存②。夫人淫之过也。妃匹贵妾，可不慎耶？

**【注释】**

①夫人：指鲁庄公夫人。两弟：指公子牙与庆父，皆与庄公夫人私通，他们都是庄公的弟弟。弟兄子父相杀：指庆父杀其侄子般，又杀其侄启方闵公。
②为齐所存：指齐桓公安定鲁国，立鲁僖公。

此皆内自强从心之败，已见自强之败，尚有正谏而不用，卒皆取亡。曹羁谏其君曰："戎众以无义，君无自适。"君不听，果死戎寇①。伍子胥谏吴王，以为越不可不取。吴王不听，至死伍子胥。还九年，越果大灭吴国。秦穆公将袭郑，百里、蹇叔谏曰："千里而袭人者，未有不亡者也。"穆公不听，师果大败殽中，匹马只轮无反者②。晋假道道虞，虞公许之。宫之奇谏曰："唇亡齿寒，虞、虢之相救。非相赐也，君请勿许。"虞公不听，后虞果亡于晋③。

## 【注释】

①曹：国名。曹君不听其大夫曹羁劝阻，结果被戎族杀死。事见庄公二十四年。

②殽之战见僖公三十三年。

③事见僖公二年传。

《春秋》明此存亡道可观也。观乎蒲社，知骄溢之罚；观乎许田①，知诸侯不得专封；观乎齐桓、晋文、宋襄、楚庄，知任贤奉上之功；观乎鲁隐、祭仲、叔武、孔父、荀息、仇牧、吴季子、公子目夷，知忠臣之效；观乎楚公子比，知臣子之道，效死之义；观乎潞子，知无辅自诅之败；观乎"公在楚"，知臣子之恩；观乎"漏言"，知忠道之绝；观乎"献六羽"，知上下之差；观乎宋伯姬，知贞妇之信；观乎吴王夫差，知强陵弱；观乎晋献公，知逆理近色之过；观乎楚昭王之伐蔡，知无义之反；观乎晋厉之妄杀无罪，知行暴之报；观乎陈佗、宋闵，知嫉淫之过；观乎虞公、"梁亡"，知贪财枉法之穷；观乎楚灵，知苦民之坏；观乎鲁庄之起台，知骄奢淫溢之失；观乎卫侯朔，知不即召之罪②；观乎执凡伯，知犯上之法；观乎晋却缺之伐邾娄，知臣下作福之诛③；观乎公子翚④，知臣窥君之意；观乎世卿，知移权之败。故明王视于冥冥，听于无声，天覆地载，天下万国莫敢不悉靖共职受命者，不示臣下以知之至也。故道同则不能相先，情同则不能相使，此其教也。由此观之，未有去人君之权，能制其势者也；未有贵贱无差，能全其位者也。故君子慎之。

**【注释】**

①许田：鲁隐公八年与鲁桓公元年，郑国和鲁国未经周天子批准擅自私换祭田。郑国把枋田给鲁国，鲁国把许田给郑国。

②卫侯朔：即公子朔，即位之后称卫惠公。事见桓公十六年。

③却缺：晋大臣。事见文公十四年。

④公子翚：鲁隐公大臣。隐公四年记载，他为了讨好鲁隐公，劝隐公正式即位称君，隐公不同意；他反而去讨好桓公，唆使桓公杀掉隐公。

## 灭国上　第七

王者民之所往，君者不失其群者也①，故能使万民往之，而得天下之群者，无敌于天下。弑君三十六②，亡国五十二。小国德薄，不朝聘大国，不与诸侯会聚，孤特不相守，独居不成群，遭难莫之救，所以亡也。非独公侯大人如此，生天地之间，根本微者，不可遭大风疾雨，立铄消耗。卫侯朔③固事齐襄而天下患之；虞、虢并力，晋献难之④。晋赵盾一夫之士也，无尺寸之土，无一介之众也。而灵公据霸主之余尊，而欲诛之，穷变极诈，诈尽力竭，祸大及身。推盾之心，载小国之位，孰能亡之哉？故伍子胥一夫之士也，去楚干阖庐，遂得意于楚。所托者诚是，何可御耶？

**【注释】**

①"王"与"往""君"与"群"，音近相训，称为声训。许慎《说文》、应劭《风俗通义》等皆采用董仲舒之说。

②弑君三十六：春秋二百多年间有三十六个国君被杀。

③卫侯朔：即卫惠公，亦称公子朔。他依赖齐襄公扶植。

④《春秋》僖公二年，晋献公说："吾欲攻郭（虢）则虞救之，攻虞则郭救之，如之何？"

楚王髡托其国于子玉得臣，而天下畏之①；虞公托其国于宫之奇，晋献患之。及髡杀得臣而天下轻之；虞公不用宫之奇，晋献亡之。存亡之端，不可不知也。诸侯见加以兵，逃遁奔走，至于灭亡而莫之救，平生之素行可见也。隐代桓立<sup>②</sup>，所谓仅存耳。使无骇率师灭极<sup>③</sup>，内无谏臣，外无诸侯之救；载<sup>④</sup>亦由是也，宋、蔡、卫国伐之，郑因其力而取之。此无以异于遗重宝于道而莫之守，见者掇之也。邓、谷失地而朝鲁桓<sup>⑤</sup>，邓、谷失地，不亦宜乎？

【注释】

①楚王髡：即楚成王。子玉：又名得臣，成王大臣，死于僖公二十八年城濮之战以后。

②隐代桓立：鲁惠公死，嫡子桓公年幼，由庶子隐公摄政。

③极：附庸小国。隐公二年，鲁国无骇领兵灭极。

④载：《左传》作"戴"，小国名。隐公十年，被郑国兼并。

⑤邓、谷：都是小国名。桓公七年朝鲁。

# 灭国下 第八

纪侯之所以灭者，乃九世之雠也。一旦之言，危百世之嗣，故曰"大去"<sup>①</sup>。卫人侵成，郑入成，及齐师围成，三被大兵，终灭，莫之救<sup>②</sup>，所恃者安在？齐桓公欲行霸道，谭遂违命，故灭而奔莒<sup>③</sup>。不事大而事小，曹伯之所以战死于位诸侯莫助忧者，幽之会，齐桓数合诸侯，曹小，未尝来也<sup>④</sup>。鲁大国，幽之会庄公不往。戎人乃窥兵于济西，由见鲁孤独而莫之救也。此时大夫废君命，专救危者。鲁庄公二十七年，齐桓为幽会，卫人不来。其明年，桓公怒而大败之，及伐山戎<sup>⑤</sup>，张旗陈获以骄诸侯。于是鲁一年三筑台，乱臣比三起于内，夷狄之兵仍灭于外。卫灭之端，以失幽之会。乱之本存，亲内蔽邢，未尝会齐桓也。附晋又微，晋侯获于韩而背之，淮之会<sup>⑥</sup>是也。桓公卒，竖刁、易牙之乱作，邢与狄伐其同姓取之<sup>⑦</sup>。其行如此，虽尔亲，庸能亲尔乎？是君也，其灭于同姓，卫侯毁灭邢<sup>⑧</sup>是也。齐桓为幽之会，卫不至，桓怒而伐之，狄灭之，桓忧而立之。鲁庄为轲之盟，劫汶阳，鲁绝，威立之<sup>⑨</sup>。邢、杞未尝朝聘，齐桓见其灭，率诸侯而立之。用心如此，岂不霸哉？故以忧天下与之。

## 【注释】

①《春秋》庄公四年："纪侯大去其国。"相传齐襄公九世祖齐哀公，因纪侯之祖向周王进谗言而被烹，故齐襄公以此为借口攻纪，纪侯逃离本国。

②成：又作"郕"，小国名。卫人侵成在隐公五年，郑入成在隐公十年，齐师围成在庄公八年。

③谭：小国名。庄公十年被齐桓公灭亡。

④幽：地名。幽之会在庄公十六年。曹：国名。庄公二十四年，曹庄公战死。

⑤伐山戎：在庄公三十年。

⑥淮之会：在僖公十八年。

⑦鲁僖公十八年，齐桓公去世，宠臣竖刁、易牙为乱，邢国与狄族乘机攻伐卫国。

⑧卫侯灭邢：在僖公二十五年。卫文公名毁。

⑨轲：或作"柯"，地名。庄公十三年，鲁庄公与齐桓公在轲地会盟，鲁臣曹沫以武力胁迫齐桓公退还汶阳之地。鲁庄公死后，庆父乱鲁，齐桓公复立鲁僖公，安定鲁国。威：即"桓"，齐桓公。

# 随本消息　第九

颜渊死，子曰："天丧予！"子路死，子曰："天祝予！"西狩获麟，曰："吾道穷，吾道穷。"三年，身随而卒①。阶此而观，天命成败，圣人知之。有所不能救，命矣夫！

## 【注释】

①祝：断。事出《春秋公羊传》哀公十四年。按，鲁哀公猎获麟在哀公十四年，两年后孔子去世。颜渊死于哀公三年，子路死于哀公十五年。

夫先晋献公之卒，齐桓为葵丘之会①，再致其集。先齐孝未卒一年，鲁僖乞师取谷②。晋文之威，天子再致；先卒一年，鲁僖公之心，分而事齐。文公③不事晋。先齐侯潘④卒一年，文公如晋，卫侯、郑伯皆不期来。齐侯已卒，诸侯果会晋大夫于新城⑤。鲁昭公以事楚故，晋人不入。楚国强而得意，一年再会诸侯，伐强吴，为齐诛乱臣，遂灭厉⑥。鲁得齐威以灭绊。其明年，如晋，无河上之患。先晋昭之卒一年，无难。楚国内乱，臣弑君，诸侯会于平丘，谋诛楚乱臣⑦；昭公不得与盟，大夫见执⑧。吴大败楚之党六国于鸡父⑨。公如晋而大辱，《春秋》为之讳而言"有疾"⑩。由此观之，所行从不足恃。所事者不可不慎，此亦存亡荣辱之要也。

## 【注释】

①事见僖公九年。葵丘：齐国地名。

②僖公二十六年，鲁国借楚军伐齐，夺取谷地。第二年齐孝公去世。

③文公：指鲁文公。

④齐侯潘：齐昭公，名潘，死于鲁文公十四年。

⑤新城：宋国地名。新城之盟在文公十四年。

⑥乱臣：指齐国庆封。鲁襄公二十八年他在齐国作乱，失败后奔吴；昭公四年，被楚共王诛杀。厉：小国名，又名"赖"。

⑦臣弑君：指楚公子弃疾胁持公子比为君，逼死楚灵王，然后又杀死公子比，自立为楚王。齐、晋等国在平丘会盟，谋划讨伐楚国。事在昭公十三年。

⑧大夫见执：指鲁国大夫季孙隐如，被晋军扣留抓走。

⑨六国：指顿、胡、沈、蔡、陈、许等楚国的盟国。鸡父：楚地。事见昭公二十三年。

⑩见昭公二十三年。

先楚庄王卒之三年，晋灭赤狄潞氏及甲氏、留吁①。先楚子审卒之三年，郑服萧鱼②。晋侯周卒一年，先楚子昭卒之二年，与陈、蔡伐郑而大克③。其明年，楚屈建会诸侯而张中国。卒之三年，诸夏之君朝于楚④。楚子卷⑤继之，四年而卒。其国不为侵夺，而顾隆盛强大；中国不出年余。何也？楚子昭盖诸侯可者也，天下之疾其君者，皆赴诉而乘之。兵四五出，常以众击少，以专击散，义之尽也。先卒四十五年⑥，中国内乖；齐、晋、鲁、卫之兵分守，大国袭小。诸夏再会陈仪，齐不肯往。吴在其南而二君杀⑦；中国在其北，而齐、卫杀其君⑧，庆封劫君乱国，石恶⑨之徒聚而成群，卫衍据陈仪而为谖⑩，林父据戚而以畔⑪，宋公杀其世子⑫，鲁大饥。中国之行，亡国之迹也。譬如于文、宣之际，中国之君，五年之中五君杀⑬。以晋灵之行，使一大夫立于羿林⑭，拱揖指挥，诸侯莫敢不出，此犹"隙之有泮"也。

**【注释】**

①见宣公十六年。

②见襄公十三年。

③楚、陈、蔡伐郑在襄公二十六年。

④卒：指楚康王于襄公二十八年去世。三年：当作"明年"。襄公二十九年诸侯朝楚。

⑤卷：又名郏敖。

⑥四十五年：当作四、五年，"十"字为衍文。

⑦二君杀：指吴王馀祭、王僚先后被杀。

⑧指齐崔杼杀齐庄公，卫宁喜杀卫殇公。

⑨石恶：卫国专权大臣。

⑩卫衍：卫臣。陈仪：卫地。谖：欺诈作乱。

⑪戚：卫地。事见襄公二十六年。

⑫事见襄公二十六年。

⑬五君杀：五个君主被杀。文公十六年，宋昭公被杀；十八年，鲁君子恶被杀，莒纪公被杀；宣公三年，晋灵公被杀；四年，郑灵公被杀。

⑭羿林：晋地名。宣公元年，晋大夫赵盾率军与宋、陈、卫、曹等国会合。


## 盟会要  第十

至意虽难喻，盖圣人者贵除天下之患。贵除天下之患，故《春秋》重而书天下之患遍矣。以为本于见天下之所以致患，其意欲以除天下之患。何谓哉？天下者无患，然后性可善。性可善，然后清廉之化流。清廉之化流，然后王道举，礼乐兴，其心在此矣。

传曰："诸侯相聚而盟。"君子修国曰："此将率为也哉！"是以君子以天下为忧也。患乃至于弑君三十一，亡国五十二①，细恶不绝之所致也。辞已喻矣。故曰：立义以明尊卑之分；强干弱枝，以明大小之职；别嫌疑之行，以明正世之义；采摭托意，以矫失礼。善无小而不举，恶无小而不去，以纯其美；别贤不肖以明其尊。亲近以来远，因其国而容天下，名伦等物不失其理。公心以是非，赏善诛恶而王泽洽；始于除患，正一而万物备。故曰："大矣哉，其号！两言而管天下。"②此之谓也。

**【注释】**

①见本书《灭国上第七》注。

②两言：大概指"正名"两字。管：管键，锁钥。《荀子》："圣人也者，道之管也。"

# 正　贯　第十一

《春秋》，大义之所本①耶？六者之科，六者之指之谓也②。然后援天端③，布流物，而贯通其理，则事变散其辞矣；故志得失之所从生，而后差贵贱之所始矣；论罪源深浅，定法诛，然后绝属之分别矣；立义定尊卑之序，而后君臣之职明矣；载天下之贤方，表谦义之所在，则见复正焉耳，幽隐不相逾，而近之则密；而后万变之应无穷者，故可施其用于人，而不悖其伦矣。是以必明其统于施之宜。故知其气矣，然后能食其志也；知其声矣，而后能扶其精也；知其行矣，而后能遂其形也；知其物矣，然后能别其情也。故唱而民和之，动而民随之，是知引其天性所好，而压其情之所憎者也。如是则言虽约，说必布矣；事虽小，功必大矣。声响盛化运于物，散入于理，德在天地，神明休集，并行而不竭，盈于四海而颂声声咏。《书》曰："八音克谐，无相夺伦，神人以和。"④乃是谓也。故明于情性乃可与论为政，不然，虽劳无功。夙夜无寤，思虑苂心，犹不能睹。故天下有罪者，三示当中孔子之所谓非⑤，尚安知通哉！

**【注释】**

①本：根本。《史记·太史公自序》："故《春秋》者，礼义之大宗也。"

②六者之科：不详。或即后文所说援天端、志得失、论罪定诛、立义定序、载贤表义、应变施用六项。又东汉末年今文经学大师何休著《春秋公羊解诂》，提出"三科九旨"之说："新周、故宋，以《春秋》当新王，此一科三旨也；所见异词，所闻异词，所传闻异词，此二科六旨也；内其国而外诸夏，内诸夏而外四夷，此三科九旨也。"有的公羊家则以张三世、存三统（夏为天统、殷为地统、周为人统）、异外内为三科；以时、月、日、王、天王、天子、讥、贬、绝为九旨。

③天端：指春。董仲舒《天人三策》云："《春秋》之文，求王道之端，得之于正。正次王，王次春。春者，天之所为也；正者，王之所为也。其意曰，上承天之所为，而下以正其所为，正王道之端云尔。"

④引文出自《尚书·舜典》。

⑤校注云："文讹难晓。"

# 十 指 第十二

《春秋》二百四十二年之文①，天下之大，事变之博，无不有也。虽然，大略之要有十指②。十指者，事之所系也，王化之由得流也。举事变，见有重③焉，一指也。见事变之所至者，一指也。因其所以至者而治之，一指也。强干弱枝，大本小末④，一指也。别嫌疑，异同类，一指也。论贤才之义，别所长之能，一指也。亲近来远⑤，同民所欲，一指也。承周文而反之质⑥，一指也。木生火，火为夏，天之端⑦，一指也。切讥刺之所罚，考变异⑧之所加，天之端，一指也。举事变见有重焉，则百姓安矣；见事变之所至者，则得失审矣；因其所以至而治之，则事之本正矣；强干弱枝，大本小末，则君臣之分明矣；别嫌疑，异同类，则是非著矣；论贤才之义，别所长之能，则百官序矣；承周文而反之质，则化所务立矣；亲近来远，同民所欲，则仁恩达矣；木生火，火为夏，则阴阳四时之理相受而次矣；切讥刺之所罚，考变异之所加，则天所欲为行矣。统此而举之，仁往而义来，德泽广大，衍溢于四海，阴阳和调，万物靡不得其理矣。说《春秋》者凡用是矣，此其法也。

## 【注释】

①二百四十二年：《春秋》起自鲁隐公元年（前722），止于鲁哀公十四年（前481）西狩获麟。《公羊传》与《谷梁传》跟《春秋》相合，《左传》则记事至哀公二十七年。

②指：意向，意旨。后代公羊家总结《春秋》笔法有"三科九旨"之说。

③事变：各种历史事件与变故。见：表现出，表示出。有重：所重视的内容。

④干、本：比喻君主、宗主。枝、末：比喻臣下。

⑤近：关系密切的人。远：远方的人，关系疏远的人。

⑥文：文采。质：朴实。《白虎通》云："正朔三而改，文质再而复。"夏朝尚忠，殷朝尚质，当时礼乐未兴；周朝尚文，重视礼仪。《论语·八佾》："周监于二代，郁郁乎文哉！"

⑦木生火：五行相生中木生火（古代钻木取火，并以木为主要燃料）。古人以五行配季节，春季属木，夏季属火。天之端：自然的开端，指春。

⑧变异：指自然界的异常现象。董仲舒《天人三策》："书邦家之过，兼灾异之变，以此见人之所为，其美恶之极，乃与天地流通而往来相应，此亦言天之一端也。"

# 重　政　第十三

唯圣人能属万物于一而系之"元"也①。终不及本所从来而承之，不能遂其功。是以《春秋》变一谓之元②，元犹原也，其义以随天地终始也。故人唯有终始也而生，不必应四时之变，故元者为万物之本，而人之元在焉。安在乎？乃在乎天地之前。故人虽生天气及奉天气者，不得与天元本、天元命而共违其所为也。故春正月者，承天地之所为也，继天之所为而终之也。其道相与共功持业，安容言乃③天地之元。天地之元奚为于此？恶④施于人？大其贯承意之理矣。

## 【注释】

①元：元气，又指本原、开始。《春秋》隐公元年何休注："故《春秋》以元之气正天之端，以天之端正王之政，以王之政正诸侯之即位，以诸侯之

即位正竟内之治。""王者不承天以制号令则无法，故先言春而后言王；天不深正其元则不能承其化。故先言元，而后言春。……乃天人之大本，万物之所系，不可不察也。"

②变一谓之元：称第一年为元年。《春秋》隐公元年何休注："变一为元。元者气也，无形以起有形，以分造起天地，天地之始也。"

③乃：他本作"及"。

④恶：疑问代词。

能说鸟兽之类者，非圣人所欲说也。圣人所欲说，在于说仁义而理之，知其分科条别，贯所附，明其义之所审，勿使嫌疑，是乃圣人之所贵而已矣。不然，传于众辞，观于众物，说不急之言而以惑后进者，君子之所甚恶也。奚以为哉？圣人思虑不厌，昼日继之以夜，然后万物察者，仁义矣。由此言之，尚自为得之哉！故曰："於乎，为人师者，可无慎耶！"夫义出于经。经传①，大本也。弃营劳心也，苦志尽情，头白齿落，尚不合自录也哉？

【注释】

①经：经典。传：对经的权威阐释。

人始生有大命，是其体也。有变命存其间者，其政也。政不齐则人有忿怒之志，若将施危难之中，而时有随遭者，神明之所接，绝属之符也①。亦有变其间，使之不齐如此，不可不省之，省之则重政之本矣。撮以为一，进义诛恶绝之本，而以其施，此与汤、武同而有异。汤武用之治仁②。故《春秋》明得失，差贵贱，本之天。王之所失天下者，使诸侯得以大乱之，说而后引而反之③。故曰："博而明，切而深矣。"

【注释】

①董仲舒对"命"的看法，与纬书有相通之处。《孝经·援神契》："命有三科：有受命以保庆，有遭命以谪暴，有随命以督行。"受命，指自然寿命；遭命，偶然遭受的命运，多指凶险；随命，指善恶的回报。

②仁：一作"往"。

③反：通"返"，回复。《春秋》哀公十四年公羊传："拨乱世，反之正，莫近诸《春秋》。"

# 服制象　第十四

　　天地之生万物也以养人，故其可食者以养身体，其可威者以为容服，礼之所为兴也。剑之在左，青龙之象也；刀之在右，白虎之象也；钩之在前，赤鸟①之象也；冠之在首，玄武之象也。四者人之盛饰也。夫能通古今，别然、不然，乃能服此也。盖玄武者，貌之最严有威者也，其象在后，其服反居首，武之至而不用矣。圣人之所以超然，虽欲从之，末由也已。

## 【注释】

　　①赤鸟：又名朱雀、朱鸟。《礼记·曲礼上》："行，前朱鸟而后玄武，左青龙而右白虎。"疏："前，南；后，北；左，东；右，西。朱鸟、玄武、青龙、白虎，四方宿名也。"

　　夫执介胄①而后能拒敌者，故非圣人之所贵也。君子显之于服，而武勇者消其志于貌也矣。故文德为贵，而威武为下，此天下之所以永全也。于《春秋》何以言之？孔父义形于色，而奸臣不敢容邪；虞有宫之奇，而献公为之不寐；晋厉②之强，中国以寝尸流血不已。故武王克殷，裨冕而稿笏③，虎贲之士说剑，安在勇猛必任武，杀然后威？是以君子所服为上矣，故望之俨然者，亦已至哉，岂可不察乎！

## 【注释】

　　①介：铠甲。胄，头盔。

　　②孔父：宋国大臣，被奸臣华督所杀。宫之奇：虞国贤臣。献公：晋献公。晋厉：晋厉公。

　　③裨冕：穿上裨衣（礼服）、戴上冠冕（礼帽）。稿笏：将朝板插在衣带上。

四库全书精华

经部

# 二　端　第十五

《春秋》至意有二端。不分二端之所从起，亦未可与论灾异也。小大微著之分也，夫览求微细于无端之处，诚知小之为大也，微之将为著也。吉凶未形，圣人所独立也，虽欲从之，末由也已，此之谓也。

故王者受命，改正朔①，不顺数而往，必迎来而受之者，授受之义也。故圣人能系心于微而致之著也。是故《春秋》之道，以元之深正天之端②，以天之端正王之政，以王之政正诸侯之即位，以诸侯之即位正竟内之治，五者俱正而化大行。故书日蚀、星陨、有蜮、山崩、地震、夏大雨水、冬大雨雪、陨霜不杀草、自正月不雨至于秋七月，有鹳鹆来巢。《春秋》异之，以此见悖乱之徵。是小者不得大，微者不得著，虽甚末，亦一端。孔子以此效之，吾所以贵微重始是也。因恶夫推灾异之象于前，然后图安危祸乱于后者，非《春秋》之所甚贵也。然而《春秋》举之以为一端者，亦欲其省天谴而畏天威，内动于心志，外见于事情，修身审己，明善心以反道者也。岂非贵微重始，慎终推效者哉！

## 【注释】

①正：一年中的第一月。夏以寅月为正月，殷以丑月为正月，周以子月为正月。朔：一月的第一天。

②元：元年（君主即位的第一年）。天之端：指春天。

# 俞　序　第十七

仲尼之作《春秋》也，上探正天端①、王公之位，万民之所欲；下明得失，起贤才以待后圣。故引史记理往事，正是非，序王公。史记十二公②之间，皆衰世之事，故门人惑。孔子曰："吾因其行事而加乎王心焉。"③以为见之空言，不如行事博深切明。故子贡、闵子、公肩子言其切而为国家资也④。其为切而至于杀君亡国，奔走不得保社稷。其所以然，是皆不明于道，不览于《春秋》也。故卫子夏⑤言："有国家者不可不学《春秋》，不学《春秋》则无以见前后旁侧之危，则不知国之大柄，君之重任也。故或胁穷失国，擒杀于位，一朝至尔。苟能述《春秋》之法，致行其道，岂徒除祸哉！乃尧、舜之德也。"故世子⑥曰："功及子孙，光辉百世，圣王之道，莫美于恕。"故予先言⑦《春秋》详己而略人，因其国而容天下。

## 【注释】

①天端：指春。

②史记：历史书。《春秋公羊传》隐公元年疏引闵因叙云："昔孔子受端门之命，制春秋之义，使子夏等十四人求周史记，得百二十国宝书。"史记十二公：特指《春秋》的十二位国君，从鲁隐公至鲁哀公。

③加乎王心：从中反映王道思想。郑玄《六艺论》云："孔子既西狩获麟，自号素王，为后世受命之君制明王之法。"

④子贡等：皆孔子弟子。

⑤子夏：姓卜，名商，字子夏，卫人。他是孔子《春秋》的主要传人。孔子曾说："《孝经》属参，《春秋》属商。"

⑥世子：即世硕，孔门再传弟子。著有《养书》一篇，认为人性有善有恶。

⑦故予先言：俞樾以为"予先"当作"子先"。

　　《春秋》之道，大得之则以王，小得之则以霸。故曾子、子石盛美齐侯①，安诸侯，尊天子，霸王之道，皆本于仁。仁，天心，故次以天心。爱人之大者，莫大于思患而豫防之。故蔡得意于吴，鲁得意于齐，而《春秋》皆不告。故次以言怨人不可迩，敌国不可狎，攘窃之国不可使久亲，皆防患，为民除患之意也。不爱民之渐乃至于死亡，故言楚灵王、晋厉公生弑于位，不仁之所致也。故善宋襄公不厄人②，不由其道而胜，不如由其道而败，《春秋》贵之，将以变习俗而成王化也。故子夏言《春秋》重人，诸讥皆本此。或奢侈使人愤怨，或暴虐贼害人，终皆祸及身。故子池言鲁庄筑台，丹楹刻桷，晋厉之刑刻意者，皆不得以寿终。上奢侈，刑又急，皆不内恕，求备于人，故次以《春秋》缘人情，赦小过。而传明之曰："君子辞也。"③

## 【注释】

①曾子：曾参。子石：公孙龙，字子石。齐侯：指齐桓公。

②不厄人：不乘人之危。鲁僖公二十二年，宋楚泓之战，宋襄公"不鼓不成列"，因而失去战机，大败。公羊家认为宋襄公讲究礼让，值得褒扬。

③见《春秋公羊传》桓公十八年。

孔子明得失，见成败，疾时世之不仁，失王道之体，故因行事，赦小过，传又明之曰"君子辞也"。孔子曰："吾因行事，加吾王心焉。"假其位号以正人伦，因其成败以明顺逆，故其所善则桓、文[1]行之而遂；其所恶则乱国行之终以败。故始言大恶杀君亡国，终言赦小过，是亦始于粗粝，终于精微。教化流行，德泽大洽，天下之人，人有士君子之行而少过矣。亦讥二名之意也[2]。

**【注释】**

①桓、文：齐桓公与晋文公。

②二名：古时特别是先秦两汉时期，人们命名都只用一个字；如果用两个字取名，叫做二名，二名是违反礼制的。如《春秋公羊传》定公六年："此仲孙何忌也，曷为谓之仲孙忌？讥二名，二名非礼也！"

# 离合根　第十八

天高其位而下其施，藏其形而见其光。高其位，所以为尊也；下其施，所以为仁也；藏其形，所以为神；见其光，所以为明。故位尊而施仁，藏神而见光者，天之行也。故为人主者法天之行，是故内深藏，所以为神；外博观，所以为明也；任群贤，所以为受成；乃不自劳于事，所以为尊也；泛爱群生，不以喜怒赏罚，所以为仁也。故为人主者，以"无为"为道，以"不私"为宝。立无为之位而乘备具之官，足不自动而相[1]者导进，口不自言而摈[2]者赞辞，心不自虑而群臣效当，故莫见其为之而功成矣。此人主所以法天之行也。

**【注释】**

①相：扶持的人员。

②摈：招待宾客、介绍宾主的人员。《礼记·礼器》："故礼有摈诏，乐有相步。"郑玄注："摈诏，告道宾主者也。诏，或为绍。相步，扶工也。"

为人臣者法地之道，暴其形、出其情以示人，高下、险易、坚软、刚柔、肥耀、美恶，累可就财<sup>①</sup>也。故其形宜不宜，可得而财也。为人臣者比地，贵信，而悉见其情于主，主亦得而财之。故王道威而不失。为人臣常竭情悉力而见其短长，使主上得而器使之，而犹地之竭竟其情也，故其形宜可得而财也。

**【注释】**

①财：通"裁"。

# 立元神　第十九

君人者国之元，发言动作万物之枢机。枢机<sup>①</sup>之发，荣辱之端也。失之毫厘，驷<sup>②</sup>不及追。故为人君者，谨本详始，敬小慎微，志如死灰，形如委衣，安精养神，寂寞无为。休形无见影，揜声无出响，虚心下士，观来察往。谋于众贤，考求众人，得其心遍见其情，察其好恶以参忠佞，考其往行验之于今，计其蓄积受于先贤。释其雠怨，视其所争，差其党族，所依为臬<sup>③</sup>。据位治人，用何为名？累日积久，何功不成？可以内参外，可以小占大，必知其实，是谓"开阖"。君人者国之本也。夫为国，其化莫大于崇本，崇本则君化若神，不崇本则君无以兼人。无以兼人，虽峻刑重诛而民不从，是所谓驱国而弃之者也，患孰甚焉？

**【注释】**

①枢：户枢。机：弩牙。《周易·系辞》："枢机之发，荣辱之主也。"
②驷：四马拉的车。
③臬：一作"宗"。

何谓本？曰：天、地、人，万物之本也。天生之，地养之，人成之。

天生之以孝悌，地养之以衣食，人成之以礼乐，三者相为手足，合以成体，不可一无也。无孝悌则亡其所以生，无衣食则亡其所以养，无礼乐则亡其所以成也。三者皆亡，则民如麋鹿，各从其欲，家自为俗。父不能使子，君不能使臣，虽有城郭，名曰"虚邑"。如此者，其君枕块①而僵。莫之危而自危，莫之丧而自亡，是谓"自然之罚"。自然之罚至，裹袭石室②，分障险阻，犹不能逃之也。

**【注释】**

①块：土块。

②裹袭石室：《淮南子》作"重袭石室"。

明主贤君必于其信，是故肃慎三本。郊祀致敬，共事祖祢①，举显孝悌，表异孝行，所以奉天本也。秉耒躬耕，采桑亲蚕，垦草殖谷，开辟以足衣食，所以奉地本也。立辟雍、庠序②，修孝悌敬让，明以教化，感以礼乐，所以奉人本也。三者皆奉，则民如子弟，不敢自专；邦如父母，不待恩而爱，不须严而使。虽野居露宿，厚于宫室。如是者其君安枕而卧，莫之助而自强，莫之绥而自安，是谓"自然之赏"。自然之赏至，虽退让委国而去，百姓襁负其子随而君之，君亦不得离也。故以德为国者，甘于饴蜜，固于胶漆，是以圣贤勉而崇本而不敢失也。

**【注释】**

①祢：奉祀父亲的宗庙叫祢庙。

②辟雍、庠序：都是学校名。《北堂书钞·礼统》："周天子曰辟雍，诸侯曰泮宫，乡曰庠，里曰序。"

君人者，国之征也，不可先倡，感而后应。故居倡之位而不得行倡之势，不居和之职而以和为德。常尽其下，故能为之上也。体国之道在于尊神，尊者所以奉其政也，神者所以就其化也。故不尊不畏，不神不化。夫欲为尊者在于任贤，欲为神者在于同心。贤者备股肱则君尊严而国安，同心相承则变化若神，莫见其所为而功德成，是谓尊神也。

天积众精以自刚[1]，圣人积众贤以自强。天序日月星辰以自光，圣人序爵禄以自明。天所以刚者，非一精之力；圣人所以强者，非一贤之德也。故天道务盛其精，圣人务众其贤。盛其精而壹其阳，众其贤而同其心。壹其阳然后可以致其神，同其心然后可以致其功。是以建制之术，贵得贤而同心。

为人君者其要贵神。神者不可得而视也，不可得而听也，是故视而不见其形，听而不闻其声。声之不闻故莫得其响，不见其形故莫得其影。莫得其影则无以曲直也，莫得其响则无以清浊也。无以曲直则其功不可得而败，无以清浊则其名不可得而度也。所谓不见其形者，非不见其进止之形也，言其所以进止不可得而见也；所谓不闻其声者，非不闻其号令之声也，言其所以号令不可得而闻也。不见不闻是谓"冥昏"，能冥则明，能昏则彰。能冥能昏，是谓神人。君贵居冥而明其位，处阴而向阳，恶人见其情，而欲知人之心。是故为人君者执无源之虑，行无端之事，以不求夺，以不问闻[2]。吾以不求夺则我利矣，彼以不见出[3]则彼费矣。吾以不问问则我神矣，彼以不对对则彼情矣。故终日问之，彼不知其所对；终日夺之，彼不知其所出。吾则以明而彼不知其所亡。故人臣居阳而为阴，人君居阴而为阳。阴道尚形而露情，阳道无端而贵神。

## 【注释】

①精：精华。如阳气之精为日，阴气之精为月。

②问闻：一作"问问"。

③见出：一作"出出"。

# 考功名　第二十一

考绩之法，考其所积也[1]。天道积聚众精以为光，圣人积聚众善以为功。故日月之明，非一精之光也；圣人致太平，非一善之功也。明所从生，不可为源；善所从出，不可为端。量势立权，因事制义。故圣人之为天下兴利也，其犹春气之生草也，各因其生小大而量其多少；其为天下除害也，若川渎之泻于海也，各顺其势，倾侧而制于南北。故异孔而同归，殊施而钧德，其趣②于兴利除害一也。是以兴利之要在于致之，不在于多少；除害之要在于去之，不在于南北。

**【注释】**

①考绩：考核官吏政绩。以"积"训"绩"，是声训方法。

②趣：通"趋"。

考绩黜陟，计事除废①，有益者谓之公，无益者谓之烦。览名责实，不得虚言。有功者赏，有罪者罚；功盛者赏显，罪多者罚重。不能致功，虽有贤名，不予之赏；官职不废，虽有愚名，不予之罚。赏罚用于实，不用于名；贤愚在于质，不在于文。故是非不能混，喜怒不能倾，奸轨②不能弄，万物各得其真，则百官劝职，争进其功。

**【注释】**

①黜：降职。陟：升调。除：任命。废：罢免。《尚书·尧典》："三载考绩，三考黜陟幽明。"《春秋公羊传》隐公五年注："《春秋》拨乱世，以黜陟为本。"

②轨：通"宄"。

考试之法，大者缓，小者急，贵者舒而贱者促。诸侯月试其国，州伯时①试其部，四试而一考。天子岁试天下，三试而一考。前后三考而绌陟，命之曰"计"②。

**【注释】**

①时：季。

②《周礼·大宰》："八曰官计"。郑玄注："官计，谓三年则大计群吏之治而诛赏之。"

考试之法，合其爵禄，并其秩，积其日，陈其实，计功量罪，以多除少，以名定实，先内弟之①。其先三分以为上中下，以考进退，然后外集，通名曰进退。增减多少，有率为弟。九分三三列之，亦有上中下。以一为最，五为中，九为殿②。有余归之于中，中而上者有得，中而下者有负。得少者以一益之，至于四；负多者以四减之，至于一，皆逆行。三四十二而成于计，得满计者绌陟之。

## 【注释】

①除：指功罪相减除。弟：古"第"字，等第。

②最：功绩突出，处于首位。殿：处于最后。《唐六典》载考绩之法云："四善为上上，一最；三善为上中，一最；二善为上下，无最；有二善为中上，无最；有一善为中中；职事粗理，善最不闻，为中下；爱憎任情，处断乖理，为下上；背公向私，职务废缺，为下中；居官诌诈，贪浊有状，为下下。"

次次每计，各逐①其弟，以通来数。初次再计，次次四计，各不失故弟，而亦满计绌陟之。初次再计，谓上弟二也；次次四计，谓上弟三也②。九年为一弟，二得九，并去其六，为置三弟，六六得等，为置二，并中者得三尽去之，并三三计得六，并得一计得六。此为四计也。绌者亦然。

## 【注释】

①逐：一作"遂"。

②"初次再计"等句：指三次考绩，第一次作两计，第二、第三次各作一计，三次共四计。

# 通国身　第二十二

气之清者为精，人之清者为贤。治身者以积精为宝，治国者以积贤为道。身以心为本，国以君为主。精积于其本，则血气相承受；贤积于其主，则上下相制使。血气相承受，则形体无所苦；上下相制使，则百官各得其所。形体无所苦，然后身可得而安也；百官各得其所，然后国可得而守也。夫欲致精者必虚静其形，欲致贤者必卑谦其身。形静志虚者，精气之所趋也；谦尊自卑者，仁贤之所事也。故治身者务执虚静以致精，治国者务尽卑谦以致贤。能致精，则合明而仁寿；能致贤，则德泽洽而国太平。

# 三代改制质文　第二十三

《春秋》曰："王正月"。传曰："王者孰谓？谓文王也。曷为先言王而后言正月？王正月也。何以谓之王正月？曰：王者必受命而后王。王者必改正朔，易服色[1]，制礼乐，一统于天下。所以明易姓非继仁[2]，通以己受之于天也。王者受命而王，制此月以应变，故作科以奉天地，故谓之王正月也。"

## 【注释】

①正朔：一年的第一个月叫正月，每月的第一天叫朔（初一）。新王朝建立，重新制定正朔，表示应天承运，改故用新。夏朝建寅（以寅月为正月），殷朝建丑（以丑月为正月，相当夏历十二月），周朝建子（相当夏历十一月），称为"三正"，又称"三统"。秦朝与西汉前期建亥（相当夏历十月）；汉武帝时改用夏历。服色：衣服、车马、牺牲所崇尚的颜色。夏朝尚黑，殷尚白，周尚赤。

②仁：通"人"。

王者改制作科奈何？曰：当十二色[1]。历各法而正色，逆数三[2]而复绌。三代之前曰五帝，帝迭首一色，顺数五而相复，礼乐各以其法象其宜。顺数四而相复，咸作国号，迁宫邑[3]，易官名，制礼作乐。

## 【注释】

①十二色：当为"十色"。古代以青、赤、黄、白、黑为五方正色；以绿、红、碧、紫、骝黄为五方间色。阴阳五行家，以五色配五行解释王朝的兴替。如：黄帝以土气胜，其色尚黄；夏禹以木气胜，其色尚青；商汤以金气胜，其色尚白；周文王以火气胜，其色尚赤；代周者（秦）必以水气胜，其色尚黑。参看《吕氏春秋·有始览·应同》。五行家的说法并不一致，一般以为"夏尚黑"；或以为秦尚白，汉尚赤。

②三：应为"三代"，指夏商周。

③宫邑：指都城。相传五帝都城为，黄帝都有熊（在今河南省），颛顼都濮阳，帝喾都亳（今河南偃师），尧都平阳（在今山西省），舜都蒲坂。

故汤受命而王，应天变夏作殷号，时正白统。亲夏故虞，绌唐谓之帝尧，以神农为赤帝。作宫邑于下洛之阳，名相官曰尹。作"蜗"乐，制质礼以奉天。文王受命而王，应天变殷作周号，时正赤统。亲殷故夏，绌虞①谓之帝舜，以轩辕为黄帝，推神农以为九皇。作宫邑于丰，名相官曰宰。作"武"乐，制文礼②以奉天。武王受命，作宫邑于绞，制爵五等，作"象"乐，继文以奉天。周公辅成王受命，作宫邑于洛阳，成文、武之制，作"汋"乐以奉天。

## 【注释】

①"虞"是商汤乐曲名。

②"武"：周文王乐曲名。文礼：对"质"礼而言。董仲舒《天人三策》云："夏上忠，殷上敬，周上文者，所继之救，当用此也。"

殷汤之后称邑，示天之变反命。故天子命无常，唯命是德庆。故《春秋》应天作新王之事，时正黑统。王鲁，尚黑，绌夏，亲周，故宋①。乐宜亲"招"②"武"，故以虞录亲，乐制宜商，合伯子男为一等。

## 【注释】

①王鲁：以鲁国为新王。宋：宋国是殷商之后。

②"招"：即"韶"，虞舜之乐。

然则其略说奈何？曰：三正以黑统初。正日月朔于营室，斗建寅①。天统气始通化物，物见萌达，其色黑。故朝正服黑，首服藻黑，正路舆质黑，马黑，大节绶帻尚黑，旗黑，大宝玉黑，郊牲黑，牺牲②角卵。冠于阼③，昏④礼逆于庭，丧礼殡于东阶之上。祭牲黑牡，乐器黑质。法不刑有怀任⑤新产者，是月不杀。听朔⑥，废刑发德，具存二⑦王之后也。亲赤统，故日分平明⑧，平明朝正。

337

**【注释】**

①"三正"等句：三正以"夏尚黑"开始，夏历正月是寅月，日在营室（北方星宿名）。

②牺牲：以有角或卵生的动物做祭品。

③冠：冠礼，男子二十岁举行冠礼。阼：东阶。

④昏：通"婚"。

⑤任：通"妊"，怀孕。

⑥听朔：每月开头确定朔日的一种仪式。《礼记·玉藻》："天子玄冕而朝日于东门之外，听朔于南门之外。"

⑦二王：此指夏禹、商汤。

⑧日分平明：以平旦为一天的开始。

正白统奈何？曰：正白统者，历正日月朔于虚①，斗建丑。天统气始蜕化物，物始芽，其色白，故朝正服白，首服藻白，正路舆质白，马白，大节绥帻尚白，旗白，大宝玉白，郊牲白，牺牲角茧②。冠于堂，昏礼逆于堂，丧事殡于楹柱之间。祭牲白牡，荐尚肺③。乐器白质。法不刑有身怀任，是月不杀。听朔，废刑发德，具存二王之后也。亲黑统，故日分鸣晨④，鸣晨朝正。

**【注释】**

①虚：北方星宿名，又名玄枵。

②角茧：角初生时大小如蚕茧大小。

③尚肺：或曰当作"尚肝"。《礼记·郊特牲》：周祭肺，殷祭肝。

④日分鸣晨：以鸡鸣作为一天的开始。

正赤统奈何？曰：正赤统者，大节绥帻尚赤，旗赤，大宝玉赤，郊牲骍，牺牲角栗①。冠于房，昏礼逆于户，丧礼殡于西阶之上。祭牲骍牡，荐尚心。乐器赤质。法不刑有身，重怀藏以养微，是月不杀。听朔，废刑发德，具存二王之后也。亲白统，故日分夜半，夜半朝正。改正之义，奉元而起。

**【注释】**

①角粟：角大小如粟子。

古之王者受命而王，改制称号正月，服色定，然后郊告天地及群神。近远祖祢，然后布天下。诸侯庙受，以告社稷宗庙山川，然后感应一其司。三统之变，近夷遐方无有，生煞者独中国。然而三代改正，必以三统天下。曰三统五端，化四方之本也。天始废始施，地必待中，是故三代必居中国。法天奉本，执端要以统天下，朝诸侯也。是以朝正之义，天子纯统①色衣，诸侯统衣缠缘纽，大夫士以冠，参近夷以绥，遐方各衣其服而朝，所以明乎天统之义也。其谓"统三正"者，曰：正者正也，统致其气，万物皆应；而正统正，其余皆正，凡岁之要，在正月也。法正之道，正本而末应，正内而外应，动作举错，靡不变化随从，可谓法正也。故君子曰："武王其似正月矣。"《春秋》曰："杞伯来朝。"②王者之后称公，杞何以称伯？《春秋》上黜夏③，下存周，以《春秋》当新王。

**【注释】**

①统：当作"玄"。

②见《春秋》庄公二十七年。

③夏：杞国是夏朝的后代。

《春秋》当新王者奈何？曰：王者之法，必正号。绌王谓之帝，封其后以小国，使奉祀之。下存二王之后以大国，使服其服，行其礼乐，称客而朝。故同时称帝者五，称王者三，所以昭五端①，通三统也。是故周人之王，尚推神农为九皇②，而改号轩辕谓之黄帝，因存帝颛顼、帝喾、帝尧之帝号，绌虞而号舜曰帝舜，录五帝以小国。下存禹之后于杞，存汤之后于宋，以方百里爵称公。皆使服其服，行其礼乐，称先王客而朝。

**【注释】**

①五端：指五行。

②九皇：指远古帝王。神农为九皇之末，黄帝居五帝之首，一说，九皇

指人皇（有兄弟九人）。《春秋纬》以天皇、地皇、人皇为三皇。

《春秋》作新王之事，变周之制，当正黑统。而殷、周为王者之后，绌夏改号禹谓之帝，录其后以小国，故曰"绌夏存周"。以《春秋》当新王，不以杞侯，弗同王者之后也。称"子"又称"伯"何？见殊之小国也①。

**【注释】**

①《春秋公羊传》僖公二十三年："杞子卒。"注："始见称伯，卒独称子者，微弱，为徐、莒所胁，不能死位。"

黄帝之先谥，四帝之后谥①，何也？曰："帝号必存五，帝代首天之色，号至五而反。周人之王，轩辕直首天黄号，故曰黄帝云。帝号尊而谥卑，故四帝后谥也。"帝，尊号也，录以小何？曰："远者号尊而地小，近者号卑而地大，亲疏之义也。"故王者有不易者，有再而复者，有三而复者，有四而复者，有五而复者，有九而复者。明此通天地、阴阳、四时、日月、星辰、山川、人伦，德侔天地者称"皇帝"，天佑而子之，号称"天子"。故圣王生则称天子，崩迁则存为三王，绌灭则为五帝，下至附庸，绌为九皇，下极其为民。有一谓之三代，故虽绝地庙位，祝牲犹列于郊号，宗于岱宗。故曰："声名魂魄施于虚，极寿无疆。"何谓再而复，四而复？《春秋》郑忽②何以名？《春秋》曰："伯子男一也，辞无所贬。"③何以为一？曰："周爵五等，《春秋》三等。"《春秋》何三等？曰："王者以制，一商一夏，一质一文。商质者主天，夏文者主地，《春秋》者主人，故三等也。"

**【注释】**

①先谥：指谥号"黄"字冠在"帝"字之前。后谥：指帝颛顼、帝喾、帝尧、帝舜四帝，谥号在"帝"字之后。

②郑忽：郑庄公的太子忽，即郑昭公。

③见桓公十一年传。

主天法商而王，其道佚阳，亲亲而多仁朴。故立嗣予子，笃母弟，妾以子贵。昏冠之礼，字子以父。别眇夫妇，对坐而食；丧礼别葬，祭礼先臊，夫妻昭穆[1]别位。制爵三等，禄士二品。制郊宫明堂员[2]，其屋高严侈员。惟祭器员，玉厚九分，白藻五丝，衣制大上，首服严员。鸾舆尊盖，法天列象，垂四鸾[3]。乐载鼓，用锡簨，簨溢员。先毛血，而后用声。正刑多隐，亲蚵多讳。封禅于尚位。

## 【注释】

①臊：猪犬的油膏。昭穆：古代宗庙或墓地排列，以始祖居中，左为昭，右为穆。

②郊宫明堂：明堂是古代帝王宣明政教的地方，朝会、祭祀、庆赏、教学等大典都在此举行。后世多建在京都东南近郊，以存古制。明堂形制，历代说法不一，顶圆象天，基方象地。可参看蔡中郎《明堂月令论》。员：通"圆"。

③鸾：通"銮"，车上的铃。鸾舆，天子所乘的车。

主地法夏而王，其道进阴，尊尊而多义节。故立嗣与孙，笃世子，妾不以子称贵号。昏冠之礼，字子以母。别眇夫妇，同坐而食，丧礼合葬，祭礼先亨，妇从夫为昭穆。制爵五等，禄士三品。制郊宫明堂方，其屋卑污方。祭器方。玉厚八分，白藻四丝，衣制大下，首服卑退。鸾舆卑，法地周象载，垂二鸾。乐设鼓，用纤施簨，簨溢方[1]。先亨而后用声。正刑天法，封坛于下位。

## 【注释】

①用纤施簨：义不详。

主天法质而王，其道佚阳，亲亲而多质爱。故立嗣予子，笃母弟，妾以子贵。昏冠之礼，字子以父，别眇夫妇，对坐而食，丧礼别葬，祭礼先嘉疏，夫妇昭穆别位。制爵三等，禄士二品。制郊宫明堂内员外椭，其屋如倚靡员椭。祭器椭。玉厚七分，白藻三丝，衣长前衽，首服员转。鸾舆尊盖，备天列象，垂四鸾。乐程鼓，用羽籥[1]，舞溢椭。先用玉声而后亨，正刑多隐，亲蚵多赦。封坛于左位。

**【注释】**

①羽龠：舞者左手执篍，右手执鸟羽，边吹奏，边舞蹈。

主地法文而王，其道进阴，尊尊而多礼文。故立嗣予孙，笃世子，妾不以子称贵号。昏冠之礼，字子以母。别眇夫妇，同坐而食，丧礼合葬，祭礼先籤蚖，妇从夫为昭穆。制爵五等，禄士三品。制郊宫明堂内方外衡，其屋习而衡。祭器衡同，作秩机。玉厚六分，白藻三丝，衣长后衃，首服习而垂流。鸾舆卑，备地周象载，垂二鸾。乐县鼓，用万簌①，簌溢衡。先亨而后用乐，正刑文公②，封坛于左位。

**【注释】**

①万簌：手执盾牌的舞蹈。

②文公：义不详。一作"天法"。

四法修于所故，祖于先帝。故四法如四时然，终而复始，穷则反本。四法之天施符授圣人，王法则性命形乎先祖，大昭乎王君。故天将授舜，主天法商而王，祖锡姓为姚氏①。至舜形体大上而员首，而明有二童子②，性长于天文，纯于孝慈。天将授禹，主地法夏而王，祖锡姓为姒氏，至禹生发于背③。形体长，长足蚚④，疾行先左，随以右，劳左佚右也，性长于行，习地明水。天将搜汤，主天法质而王，祖锡姓为子氏。谓契母吞玄鸟卵生契，契先发于胸⑤。性长于人伦。至汤，体长专小，足左扁⑥而右便，劳右佚左也。性长于天光，质易纯仁。天将授文王，主地法文而王。祖锡姓姬氏，谓后稷母姜原，履天之迹而生后稷⑦。后稷长于邰土⑧，播田五谷。至文王，形体博长，有四乳而大足，性长于地文势。故帝使禹、皋论姓：知殷之德，阳德也，故以子为姓；知周之德，阴德也，故以姬为姓。故殷王改文，以男书子；周王以女书姬。故天道各以其类动，非圣人孰能明之？

**【注释】**

①相传舜母名握登，感大虹而孕，生舜于姚墟，故为姚姓。

②童：通"瞳"。传说舜的眼珠有两个瞳仁。

③相传禹母名修己，吞薏苡而生禹，故为姒姓。据说禹是从背部剖开生出的。

④胈：跛足。

⑤相传商始祖契母亲叫简狄，吞下玄鸟蛋而生商契，故为子姓。据说契是从胸部剖开生出的。

⑥专：通"抟"。扁：瘦小。

⑦相传后稷母亲叫姜原，是帝喾元妃，在野外践巨人足迹而怀孕，生下周族始祖后稷，故为姬姓（姬、迹音近）。

⑧邰：古国名，地在今陕西武功县。姜原为有邰氏之女。

# 尧舜不擅移汤武不专杀　第二十五

尧、舜何缘而得擅移①天下哉？《孝经》之语曰："事父孝，故事天明。"事天与父，同礼也。今父有以重予子，子不敢擅与他人，人心皆然。则王者亦天之子也，天以天下予尧、舜，尧、舜受命于天而王天下。犹子安敢擅以所重受于天者予他人也！天有不以予，尧、舜渐夺之？故明为子道，则尧、舜之不私传天下而擅移位也，无所疑也。

## 【注释】

①擅移：擅自禅让天子的位置。指尧传舜，舜传禹。公羊家认为，尧、舜、禹皆受命于上天，不是个人擅自禅位。

儒者以汤、武为至贤大圣也，以为全道究义尽美者，故列之尧、舜，谓之圣王，如①法则之。今足下以汤、武为不义，然则足下之所谓义者，何世之王也？曰："弗知。"弗知者，以天下王为无义者耶？其有义者而足下不知耶？则答之以"神农"。应之曰：神农氏之为天子，与天地俱起乎？将有所伐乎？神农氏有所伐，可；汤、武有所伐，独不可。何也？且天之生民，非为王也；而天立王，以为民也。故其德足以安乐民者，天子之；其恶足以贼害民者，天夺之。《诗》云："殷士肤敏，裸将于京。侯服于周，天命靡常。"②言天之无常予，无常夺也。故封泰山之上，禅梁甫之下，易姓而王，德如尧、舜者七十二人③。王者天之所予也，其所伐皆天之所夺也。今唯以汤、武之伐桀、纣为不义，则七十二王亦有伐也。推足下之说，将以七十二王皆为不义也。故夏无道而殷伐之，殷无道而周伐之，周无道而秦伐之，秦无道而汉伐之。有道伐无道，此天理也，所从来久矣，宁能至汤、武而然耶？

**【注释】**

①如：通"而"。

②引诗见《诗经·大雅·文王》。

③天子告祭天地的大典礼。《管子》："古昔封禅七十二家。"《孝经纬》："封于泰山，考绩燔燎；禅于梁甫，刻石记号。"

夫非汤、武之伐桀、纣者，亦将非秦之伐周，汉之伐秦。非徒不知天理，又不明人礼。礼，子为父隐恶。今使伐人者而信不义，当为国①讳之。岂宜如诽谤者？此所谓一言而再过②者也。君也者，掌令者也，令行而禁止也。今桀、纣令天下而不行，禁天下而不止，安在其能臣天下也，果不能臣天下，何谓汤、武弑？

**【注释】**

①国：指汉朝。汉是伐秦取得天下的。

②再过：两点过错。

# 度　制　第二十七

孔子曰①："不患贫而患不均。"故有所积重，则有所空虚矣。大富则骄，大贫则忧。忧则为盗，骄则为暴，此众人之情也。圣者则于众人之情，见乱之所从生。故其制人道而差上下也，使富者足以示贵而不至于骄，贫者足以养生而不至于忧。以此为度，而调均之，是以财不匮而上下相安，故易治也。今世弃其度制，而各从其欲。欲无所穷，而俗得自恣，其势无极。大人病不足于上，而小民赢瘠于下；则富者愈贪利而不肯为义，贫者日犯禁而不可得止。是世之所以难治也。

**【注释】**

①引文见《论语·季氏》。

孔子曰："君子不尽利以遗民。"①《诗》云："彼有遗秉，此有不敛秭……伊寡妇之利。"②故君子仕则不稼，田则不渔，食时不力珍，大夫不坐羊，士不坐犬③。《诗》曰："采葑采菲，无以下体。德音莫违，及尔同死。"④以此防民，民犹忘义而争利，以亡其身。天不重与，有角不得有上齿，故已有大者，不得有小者，天数也。夫已有大者又兼小者，天不能足之，况人乎？故明圣者象天所为为制度，使诸有大奉禄亦皆不得兼小利与民争利业，乃天理也。

**【注释】**

①引文见《礼记·坊记》。

②引文见《诗经·大雅·大田》。稺，未成熟的禾。秭，散在田中未捆束的禾。

③《礼记·孔子闲居》疏："大夫不坐羊，士不坐犬者，言大夫无故不得杀羊坐其皮，士无故不得杀犬坐其皮，皆谓不贪其利以厚己也。"

④引文见《诗经·邶风·谷风》。《礼记·孔子闲居》亦引此诗，注云："采葑菲之叶者，采其叶而可食，无以其根美则并取之，苦则弃之。并取之，是尽利也。"

凡百乱之源，皆出嫌疑纤微，以渐缫稍长至于大。圣人章其疑者，别其微者，绝其纤者，不得嫌以蚤①防之。圣人之道，众堤防之类也，谓之度制，谓之礼节。故贵贱有等，衣服有别，朝廷有位，乡党有序，则民有所让而民不敢争，所以一之也。《书》曰："舆服有庸，谁敢弗让，敢不敬应？"②此之谓也。

**【注释】**

①嫌：嫌隙，疑惑。蚤：通"早"。

②引文见《尚书·益稷》。今本作"车服以庸"。

凡衣裳之生也，为盖形暖身也。然而染五采、饰文章者，非以为益肌肤血气之情也，将以贵贵尊贤而明别上下之伦，使教亟行，使化易成，为治为之也。若去其度制，使人人从其欲、快其意，以逐无穷，是大乱人伦而靡斯财用也，失文采所遂生之意矣。上下之伦不别，其势不能相治，故苦乱也。嗜欲之物无限，其数不能相足，故苦贫也。今欲以乱为治，以贫为富，非反①之制度不可。古者天子衣文，诸侯不以燕，大夫衣缘，士不以燕②，庶人衣缦③，此其大略也。

## 【注释】

①反：通"返"，返回，恢复。

②参看本书《服制》注。

③缦：没有文饰的粗布。

# 爵　国　第二十八

《春秋》曰："会宰周公。"①又曰："公会齐侯、宋公、郑伯、许男、滕子。"又曰："初献六羽。"②传曰："天子三公称公，王者之后称公，其余大国称侯，小国称伯、子、男。"凡五等。故周爵五等，士③三品，文多而实少。《春秋》三等，合伯、子、男为一爵，士二品，文少而实多。《春秋》曰"荆"，传曰④："氏不若人，人不若名，名不若字。"凡四等，命曰附庸⑤，三代共之。

## 【注释】

①见《春秋公羊传》僖公九年。

②见《春秋公羊传》隐公五年。六羽：一种诸侯享用的舞蹈名。六人为列，舞者共三十六人。

③士：或作"上"。

④《春秋公羊传》庄公十年："荆者何？州名也。州不若国，国不若氏，

氏不若人，人不若名，名不若字，字不若子。"说明称"荆"，是为了贬低楚国。

⑤附庸：依附大国的小城邦。

然则其地列奈何？曰：天子邦圻①千里，公侯百里，伯七十里，子男五十里，附庸字者方三十里，名者方二十里，人氏者方十五里。《春秋》曰"宰周公"，传曰"天子三公""祭伯来"②，传曰"天子大夫""宰渠伯纠"③，传曰"下大夫""石尚"④，传曰"天子之士也""王人"⑤，传曰"微者，谓下士也"。凡五等。《春秋》曰："作三军。"⑥传曰："何以书？讥。何讥尔？古者上卿、下卿、上士、下士。"凡四等。小国之大夫与次国下卿同，次国大夫与大国下卿同，大国下大夫与天子下士同。二十四等，禄入差。有大功德者受大爵土，功德小者受小爵土；大材者执大官位，小材者受小官位。如其能，宣治之至也。故万人者曰英，千人者曰俊，百人者曰杰，十人者曰豪。豪杰俊英不相陵，故治天下如视诸掌上。

**【注释】**

①圻：疆域。

②祭伯来：见隐公元年。

③宰渠伯纠：周王的大夫。

④石尚：人名。

⑤王人：周王派来的人。见僖公八年传。

⑥见襄公十一年。

其数何法以然？曰：天子分左右五等，三百六十三人，法天一岁之数。五时，色之象也。通佐十上卿与下卿，而二百四十人，天庭之象也，倍诸侯之数也。诸侯之外佐四等，百二十人，法四时六甲之数也。通佐五，与士而六十人，法日辰之数也。佐之必三三而相复，何？曰："时三月而成大，辰三而成象。"①诸侯之爵或五，何？"法天地之数也。五官亦然。"②

**【注释】**

①时：季，每季三个月。辰三：指日、月、星。得良田方十

里者六十六，与方里六十六，定率得十六万口。三分之，则各五万三千三百三十三口，为大国。口军三。此公侯也。

天子地方千里，为方百里者百。亦三分除其一，定得田方百里者六十六，与方十里者六十六，定率得千六百万口。九分之，各得百七十七万七千七百七十七口，为京口军九。三京口军以奉王家。故天子立一后，一世夫人，中左右夫人，四姬，三良人。立一世子，三公，九卿，二十七大夫，八十一元士，二百四十三下士。有七上卿，二十一下卿，六十三元士，百二十九下士。王后置一太傅、太母、三伯、三丞。二十夫人，四姬，三良人，各有师傅。世子一太傅，三傅，三率，三少。士入仕宿卫天子者比下士，下士者如上士之下数。王后御卫者，上下御各五人。二十夫人、中左右夫人、四姬，上下御各五人。三良人，各五人。世子妃姬及士卫者，如公侯之制。王后傅，上下史五人；三伯，上下史各五人；少伯，史各五人；世子太傅，上下史各五人九傅，亦各五人；三率、三下率，亦各五人。三公，上下史各五人；卿，上下史各五人；大夫，上下史各五人；元士，上下史各五人；上下卿、上下士之史，上下亦各五人。卿大夫、元士，臣各三人。

故公侯方百里，三分除一，定得田方十里者六十六，与方里六十六，定率得十六万口。三分之，为大国口军三，而立大国。一夫人，一世妇，左右妇，三姬，二良人。立一世子，三卿，九大夫，二十七上士，八十一下士，亦有五通大夫，立上下士。上卿位比天子之元士，今八百石。下卿六百石，上士四百石，下士三百石。夫人一傅母，三伯，三丞。世妇，左右妇，三姬，二良人，各有师保。世子一上傅、丞。士宿卫公者比上卿者有三人，下卿六人，比上下士者如上下之数。夫人卫御者，上下御各五人；世妇、左右妇，上下御各五人；二卿，御各五人；世子上傅，上下史各五人；丞，史各五人；三卿、九大夫，上士史各五人；下士史各五人；通大夫、士，上下史各五人；卿臣二人。此公侯之制也。公侯贤者为州方伯。锡斧钺，置虎贲百人。

故伯七十里，七七四十九，三分除其一，定得田方十里者二十八，与方十里者六十六，定率得十万九千二百一十二口，为次国口军三，而立次国。一夫人，世妇，左右妇，三良人，二孺子。立一世子，三卿，九大夫，二十七上士，八十一下士，与五通大夫，五上士，十五下士。其上卿，位比大国之下卿，今六百石；下卿四百石，上士三百石，下士二百石。夫人一傅母、三伯、三丞。世妇，左右妇，三良人，二御人，各有师保。世子一上傅。士宿卫公者，比上卿者三人，下卿六人，比上下士如上下之数。夫人御卫者，上下士御各五人；世妇、左右妇，上下御各五人；二御，各五人；世子上傅，上下史各五人；丞、史各五人；三卿、九大夫，上下史各五人，下士史五人；通大夫，上下史各五人；卿臣二人。

故子男方五十里，五五二十五，三分除一，定得田方十里十六，与方里者六十六，定率得四万口，为小国口军三，而立小国。夫人，世妇，左右妇，三良人，二孺子。立一世子，三卿，九大夫，二十七上士，八十一下士，与五通大夫，五上士，十五下士。其上卿比次国之下卿，今四百石。下卿三百石，上士二百石，下士百石。夫人一傅母、三伯、三丞。世妇，左右妇，三良人，一御人，各有师保。世子一上傅。士宿卫公者比上卿者三人，下卿六人。夫人御卫者，上下御各五人；世妇、左右妇，上下御各五人；二御人，各五人；世子上傅，上下史各五人；三卿、九大夫，上下史各五人；士，各五人；通大夫，上下史亦各五人；卿臣三人。此周制也。

《春秋》合伯子男为一等，故附庸字者地方三十里，三三而九，三分而除其一，定得田方十里者六，定率得一万四千四百口，为口师三。而立一宗妇、二妾、一世子，宰丞一，士一，秩士五人。宰视子男下卿，今三百石。宗妇有师保，御者三人，妾各二人，世子一傅。士宿卫君者比上卿，下卿一人；上下各如其数。世子傅，上下史各五人。下良五称名善者，地方半字君之地[1]。九半三分除其一，定得田方十里者三，定率得七千二百口。一世子宰，今二百石。下四半三半二十五。三分除其一，定得田方十里者一与方里者五，定率得三千六百口。一世子宰，今百石，史五人，宗妇仕卫世子臣……[2]

**【注释】**

①此处错乱，意不详。

②以下残阙。

## 仁义法　第二十九

《春秋》之所治，人与我也。所以治人与我者，仁与义也。以人安人，以义正我，故仁之为言人也，义之为言我也，言名以别矣①。仁之于人、义之于我者，不可不察也。众人不察，乃反以仁自裕，而以义设人。诡其处而逆其理，鲜不乱矣。是故人莫欲乱，而大抵常乱。凡以暗于人我之分，而不省仁义之所在也。是故《春秋》为仁义法。仁之法，在爱人，不在爱我；义之法，在正我，不在正人。我不自正，虽能正人，弗与为义；人不被其爱虽厚自爱，不予为仁。

**【注释】**

①《礼记·中庸》："仁者，人也。"《春秋元命包》："仁者，情志好生爱人。故其为人以仁，其立字二人为仁。"注："二人，言不专于己念施与也。"《礼记·中庸》："义者，宜也。""义"繁体作"義"，跟"我"字同源。

昔者晋灵公杀膳宰以淑饮食，弹大夫以娱其意，非不厚自爱也①；然而不得为淑人者，不爱人也。质于爱民，以下至于鸟兽昆虫莫不爱。不爱，奚足谓仁？仁者，爱人之名也。絭，传无大之之辞②。自为追③，则善其所恤远也。兵已加焉，乃往救之，则弗美；未致豫备④之，则美之，善其救害之先也。夫救早而先之，则害无由起，而天下无害矣。然则观物之动，而先觉其萌，绝乱塞害于将然而未行之时，《春秋》之志也，其明至⑤矣。非尧、舜之智，知礼之本，孰能当此？故救害而先知之，明也。公之所恤远，如⑥《春秋》美之。详其美恤远之意，则天地之间然后快其仁矣。非三王之德，选贤之精，孰能如此？是以知明先，以仁厚远。远而愈贤、近而愈不肖者，爱也。故王者爱及四夷，霸者爱及诸侯，安者爱及封内，危者爱及旁侧，亡者爱及独身。独身者，虽立天子诸侯之位，一夫之人耳，无臣民之用矣。如此者莫之亡而自亡也。《春秋》不言伐梁者，而言梁亡⑦，盖爱独及其身者也。故曰仁者爱人，不在爱我，此其法也。

**【注释】**

①事见《春秋》宣公二年。淑：善，美好。使动用法。

②春秋时代地名。

③追：原注"一作近"。

④备：原注"一作卫"。卢注云："两'美'字，俱当作'大'。"

⑤至：一作"智"。

⑥如：而。

⑦梁：春秋时代国名，嬴姓。鲁僖公十九年为秦所灭。

义云者，非谓正人，谓正我。虽有乱世枉上，莫不欲正人。奚谓义？昔者，楚灵王讨陈、蔡之贼，齐桓公执袁涛涂之罪，非不能正人也，然而《春秋》弗予，不得为义者，我不正也。阖庐能正楚、蔡之难矣，而《春秋》夺之义辞，以其身不正也。潞①子之于诸侯，无所能正，《春秋》予之有义，其身正也，趋而利也。故曰：义在正我，不在正人，此其法也。夫我无之求诸人，我有之而诽诸人，人之所不能受也。其理逆矣，何可谓义？义者，谓宜在我者。宜在我者，而后可以称义。故言义者，合我与宜以为一言。以此操之，义之为言我也。故曰：有为而得义者，谓之自得；有为而失义者，谓之自失。人好义者，谓之自好；人不好义者，谓之不自好。以此参之，义，我也，明矣。

**【注释】**

①潞：春秋时代小国名（位于今山西潞城一带），为晋所灭。

是义与仁殊。仁谓往，义谓来；仁大远，义大近。爱在人，谓之仁；义在我，谓之义。仁主人，义主我也。故曰仁者人也，义者我也，此之谓也。君子求仁义之别，以纪人我之间，然后辨乎内外之分，而著于顺逆之处也。是故内治反理以正身，据祉以劝福①。外治推恩以广施，宽制以容众。孔子谓冉子曰："治民者先富之，而后加教。"语樊迟曰："治身者，先难后获。"以此之谓治身之与治民，所先后不同焉矣。《诗》云："饮之食之，教之诲之②。"先饮食而后教诲，谓治人也。又曰："坎坎伐辐，彼君子兮，不素餐兮！"③先其事，后其食，谓之治身也。《春秋》刺上之过，而矜下之苦；小恶在外弗举，在我书而诽④之。凡此六者，以仁治人，义治我，躬自厚而薄责于外，此之谓也⑤。且论已见之，而人不察，曰君子攻其恶，不攻人之恶，非仁之宽与？自攻其恶，非义之全与？此之谓仁造人，义造我，何以异乎？故自称其恶谓之"情"，称人之恶谓之"贼"；求诸己谓之"厚"，求诸人谓之"薄"；自责以备谓之"明"，责人以备谓之"惑"。是故以自治之节治人，是居上不宽也；以治人之度自治，是为礼不敬也。为礼不敬则伤行，而民不尊；居上不宽则伤厚，而民弗亲。弗亲则弗信，弗尊则弗敬。二端之正窾于上，而僻行之则诽于下，仁义之处可无论乎？夫目不视弗见，心弗论不得。虽有天下之至味，弗嚼弗知其旨也；虽有圣人之至道，弗论不知其义也。

## 【注释】

①祉：原注"一作礼"。福：原注"一作瞻"。

②引诗见《诗经·小雅·绵蛮》。

③引诗见《诗经·魏风·伐檀》，引时有节录。

④诽：一作"非"。《春秋公羊传》隐公元年注："所传闻之世外，小恶不书。"

⑤《春秋公羊传》隐公二年注："《春秋》王鲁，明当先自详正，躬自厚而薄责于人，故略外也。"

## 必仁且智　第三十

莫近于仁，莫急于智。不仁而有勇力财能，则狂而操利兵也；不智而辨慧獧给，则迷而乘良马也①。故不仁不智而有材能，将以其材能以辅其邪狂之心，而赞其僻违之行，适足以大其非而甚其恶耳。其强足以覆过，其御足以犯诈，其慧足以惑愚，其辨足以饰非，其坚足以断辟，其严足其拒谏。此非无材能也，其施之不当而处之不义也。有否心者，不可借便势；其质愚者，不与利器。论之所谓不知人也者，恐不知别此等也。仁而不知②，则爱而不别也；知而不仁，则知而不为也。故仁者所以爱人类也，智者所以除其害也。

**【注释】**

①《淮南子·主术训》："凡人之性，莫贵于人，莫急于智。仁以为质，智以行之，两者为本。"

②知：通"智"。

何谓仁？仁者恻怛爱人，谨翕不争，好恶敦伦。无伤恶之心，无隐忌之志，无嫉妒之气，无感愁之欲，无险腔之事，无辟违之行。故其心舒[①]，其志平，其气和，其欲节，其事易，其行道，故能平易和理而无争也。如此者，谓之仁。

**【注释】**

①舒：原注"一作伦"。

何谓之知？先言而后当。凡人欲舍行为，皆以其知先规而后为之。其规是者，其所为得，其所事当，其行遂，其名荣，其身故利而无患，福及子孙，德加万民，汤、武是也。其规非者，其所为不得其事，其事不当，其行不遂，其名辱，害及其身，绝世无复，残类灭宗亡国是也。故曰莫急于智。知者见祸福远，其知利害蚤：物动而知其化，事兴而知其归，见始而知其终。言之无敢蛹，立之而不可废，取之而不可舍，前后不相悖，终始有类，思之而有复，及之而不可厌。其言寡而足，约而喻，简而达，省而具，少而不可益，多而不可损。其动中伦[①]，其言当务。如是者谓之知。

**【注释】**

①伦：一作"礼"。

其大略之类，天地之物有不常之变者，谓之异，小者谓之灾。灾常先至而异乃随之。灾者，天之谴也；异者，天之威也。谴之而不知，乃畏之以威。《诗》云"畏天之威"[①]，殆此谓也。

**【注释】**

①引诗见《诗经·周颂·我将》。《春秋握诚图》："孔子作《春秋》，陈天人之际，记异考符。"

凡灾异之本，尽生于国家之失。国家之失乃始萌芽①，而天出灾异以谴告之。谴告之而不知变，乃见怪异以惊骇之。惊骇之尚不知畏恐，其殃咎乃至。以此见天意之仁而不欲害人也。

**【注释】**

①一本无"国家之失"四字。

谨按灾异以见天意。天意有欲也，有不欲也。所欲所不欲者，人内以自省，宜有惩于心；外以观其事，宜有验于国。故见天意者之于灾异也，畏之而不恶也；以为天欲振吾过，救吾失，故以此报我也。《春秋》之法，上变古易常，应是而有天灾者，谓幸国。孔子曰："天之所幸，有为不善而屡极。"楚庄王以天不见灾，地不见孽，则祷之于山川曰："天其将亡予邪？不说吾过，极吾罪也。"以此观之，天灾之应过而至也，异之显明可畏①也。此乃天之所欲救也，《春秋》之所独幸也，庄王所以祷而请也。圣主贤君尚乐受忠臣之谏，而况受天谴也！

**【注释】**

①畏：一本作"谓"，误。

## 身之养重于义　第三十一

天之生人也，使之生义与利。利以养其体，义以养其心。心不得义不能乐，体不得利不能安。义者，心之养也；利者，体之养也。体莫贵于心，故养莫重于义。义之养生人，大于利矣！何以知之？今人大有义而甚无利，虽贫与贱尚荣其行，以自好而乐生。原宪、曾、闵之属是也①。人甚有利而大无义，虽甚富则羞辱大恶。恶深，祸患重。非立死其罪者，即旋伤殃忧尔。莫能以乐生而终其身，刑戮夭折之民是也。

**【注释】**

①原宪、曾参、闵子骞皆孔子弟子，以德行著称。

夫人①有义者，虽贫能自乐也。而大无义者，虽富莫能自存。吾以此实义之养生人，大于利而厚于财也。民不能知而常反之，皆忘义而徇利，去理而走邪，以贼其身而祸其家。此非其自为计不忠也，则其知之所不能明也。今握枣与错金②，以示婴儿，必取枣而不取金也。握一斤金③与千万之珠，以示野人，野人必取金而不取珠也。故物之于人，小者易知也，其大者难见也。今利之于人小而义之于人大者，无怪民之皆趋利而不趋义也，固其所暗也。

**【注释】**

①人：一作"民"。

②错金：金错刀。

③一斤金：汉代以一斤为一金，每斤十六两。

圣人事明义，以砭耀其所暗，故民不陷。《诗》云："示我显德行。"①此之谓也。先王显德以示民，民乐而歌之以为诗，说②而化之以为俗。故不令而自行，不禁而自止；从上之意，不待使之，若自然矣。故曰：圣人天地动、四时化者，非有他也；其见大义故能动，动故能化，化故能大行。化大行故法不犯，法不犯故刑不用，刑不用则尧、舜之功德。此大治之道也，先圣传授而复也。故孔子曰："谁能出不由户？何莫由斯道也？"今不示显德行，民暗于义不能砭，迷于道不能解，因欲大严苛以必正之，直残贼夭民而薄主德耳，其势不行。仲尼曰："国有道，虽加刑，无刑也；国无道，虽杀之，不可胜也。"其所谓有道无道者，示之以显德行与不示尔。

**【注释】**

①引诗见《诗经·周颂·敬之》。

②说：通"悦"。

# 对胶西王越大夫不得为仁　第三十二

命令相①曰："大夫蠡、大夫种、大夫庸②、大夫车成，越王与此五大夫谋伐吴，遂灭之，雪会稽之耻，卒为霸主。范蠡去之，种死之。寡人以此二大夫者为皆贤。孔子曰：'殷有三仁。'③今有越王之贤，与蠡、种之能。此三人者，寡人亦以为越有三仁④。其于君何如？桓公决疑于管仲，寡人决疑于君。"

【注释】

①"命令"：指胶西王向董仲舒发问。相：王国的相，由朝廷派到各王国辅佐国王的大臣。孝景帝有十三位儿子封王，刘非为江都王，刘端为胶西王。两王皆骄侈不法。董仲舒先为江都王相，后又为胶西王相。此篇是针对国王提问而对。

②蠡：范蠡。种：文种。庸：泄庸。

③三仁：指微子、箕子、比干。语出《论语·微子》。

④越有三仁：此指勾践、范蠡、文种。《汉书·董仲舒传》指范蠡、文种、泄庸。

仲舒伏地再拜，对曰："仲舒知褊而学浅，不足以决之。虽然，王有问于臣，臣不敢不悉以对，礼也。臣仲舒闻，昔者鲁君问于柳下惠曰：'我欲攻齐，如何？'柳下惠对曰：'不可。'退而有忧色。曰：'吾闻之也，谋伐国者，不问于仁人也，此何为至于我！'但见问而尚羞之，而况乃与为诈以伐吴乎！其不宜明矣。以此观之，越本无一仁，而安得三仁？

"仁人者正其道，不谋其利；修其理，不急其功①；致无为，而习俗大化。可谓仁圣矣。三王是也。《春秋》之义，贵信而贱诈。诈人而胜之，虽有功，君子弗为也。是以仲尼之门，五尺之童子，言羞称五伯②。为其诈以成功，苟为而已矣。故不足称于大君子之门。五伯者，比于他诸侯为贤者；比于圣贤，何贤之有？臣仲舒伏地再拜以闻。"

356

【注释】

①《汉书》本传作："夫仁人者，正其谊不谋其利，明其道不计其功。"

②五伯：春秋五霸。

# 观　德　第三十三

天地者，万物之本，先祖之所出也。广大无极，其德炤明。历年众多，永永无疆。天出至明，众知类也，其伏无不硙也。地出至晦，星日为明不敢暗。君臣父子夫妇之道取之，此大礼之终也。臣子三年不敢当①。虽当之，必称先君，必称先人，不敢贪至尊也。百礼之贵，皆编于月。月编于时，时编于君，君编于天。天之所弃，天下弗碰，桀、纣是也。天子之所诛绝，臣子弗得立，蔡世子、逢丑父②是也。王父、父所绝，子孙不得属，鲁庄公之不得念母，卫辄③之辞父命是也。故受命而海内顺之，犹众星之共北辰，流水之宗沧海也。况生天地之间，法太祖先人之容貌，则其至德取象，众名尊贵④，是以圣人为贵也。

【注释】

①《春秋公羊传》文公九年："缘孝子之心，则三年不忍当也。"

②蔡世子：蔡景侯的太子，名般。景侯为其娶妇于楚，景侯与楚女通奸，太子般弑父自立，称蔡灵侯。蔡灵侯后来被楚灵王杀死。逢丑父：齐国大臣。

③鲁庄公不得念母：鲁庄公的母亲文姜，与其兄齐襄公私通，齐襄公杀死了鲁庄公的父亲鲁桓公。卫辄：卫出公姬辄。卫灵公将太子蒯聩赶走，灵公死后，立蒯聩的儿子辄为国君。晋国想送回蒯聩，卫国发兵抵抗。

④贵：一作"贤"。

泰伯至德之侔天地也，上帝为之废适①易姓而子之。让其至德，海内怀归之。泰伯三让而不敢就位。伯邑考②知群心贰，自引而激，顺神明也。至德以受命，豪英高明之人辐辏归之。高者列为公侯，下至卿大夫，济济乎哉，皆以德序。是故吴、鲁同姓③也，钟离之会不得序而称君，殊鲁而会之，谓其夷狄之行也。鸡父之战④，吴不得与中国为礼。至于伯莒、黄池之行，变而反道，乃爵而不殊⑤。召陵之会⑥，鲁君在是而不得为主，避齐桓也。鲁桓即位十三年，齐、宋、卫、燕举师而东，纪、郑与鲁合力而报之。后其日，以鲁不得偏避纪侯与郑厉公也⑦。

## 【注释】

①泰伯：周太王的嫡长子。他为了让位给弟弟季历（周文王之父），而到吴地去。适：通"嫡"。

②伯邑考：周文王嫡长子，传说他在殷作人质，被纣王烹死。其弟姬发立为太子。《尚书中候》："文王废考，立发为太子。"

③同姓：皆为姬姓。而泰伯顺从吴地风俗，断发文身，故被中原视为外族。《春秋公羊传》成公十五年："曷为殊会吴？外吴也。曷为外也？《春秋》，内其国而外诸夏，内诸夏而外夷狄。"

④鸡父之战：见《春秋公羊传》昭公二十三年。《公羊传》评论说："此偏战也，曷为以诈战之辞言之？不与夷狄之主中国也。"

⑤《春秋》定公四年："蔡侯以吴子及楚人战于柏举。"《公羊传》云："吴何以称子？夷狄也而忧中国。"《春秋》哀公十三年："公会晋侯及吴子于黄池。"《公羊传》云："吴何以称子？吴主会也。吴主会则曷为先言晋侯？不与夷狄之主中国也。其言及吴子何？会两伯之辞也。不与夷狄之主中国则曷为以会两伯之辞言之？重吴也。曷为重吴？吴在是，则天下诸侯莫敢不至也。"黄池之会由吴王主盟，晋、齐、鲁、卫、滕、薛等国与会。

⑥召陵之会：鲁僖公四年，齐桓公伐楚，后来与楚使屈完在召陵会盟。

⑦《春秋》桓公十三年："春二月，公会纪侯、郑伯。乙巳，及齐侯、宋公、卫侯、燕人战。齐师、宋师、卫师、燕师败绩。"《公羊传》云："曷为后日？恃外也。其恃外奈何？得纪侯、郑伯，然后能为日也。"公羊家认为，写战争应当先交代日期；此处，先写鲁桓公会见纪侯、郑伯（郑厉公），再交代战争日期（乙巳日），这叫做"后日"。这说明鲁依靠外力（纪、郑）才敢确定交战日期。

《春秋》常辞，夷狄不得与中国为礼。至邲之战①，夷狄反道，中国不得与夷狄为礼，避楚庄也。邢、卫、鲁之同姓也，狄人灭之，《春秋》

为讳，避齐桓也②。当其如此也，唯德是亲，其皆先其亲。是故周之子孙，其亲等也，而文王最先。四时等也，而春最先。十二月等也，而正月最先。德等也，则先亲亲③。鲁十二公，等也，而定、哀最尊④。卫俱诸夏也，善稻⑤之会，独见内之，为其与我同姓也。吴俱夷狄也，蚡之会，独先外之，为其与我同姓也⑥。灭国十五⑦有余，独先诸夏。鲁、晋俱诸夏也，讥二名⑧，独先及之。盛伯、郜子俱当绝，而独不名，为其与我同姓兄弟也⑨。出外者众，以母弟出，独大恶之，为其亡母背骨肉也⑩。灭人者莫绝，卫侯毁灭同姓独绝，贱其本祖而忘先也⑪。

## 【注释】

①邲之战：见《春秋公羊传》宣公十二年记载。

②《春秋》僖公元年："齐师、宋师、曹师，次于聂北，救邢。"《公羊传》云："救不言次，此其言次何？不及事也。不及事者何？邢已亡矣。孰亡之？盖狄灭之。曷为不言狄灭之？为桓公讳也。曷为为桓公讳？上无天子，下无方伯，天下诸侯有相灭亡者，桓公不能救，则桓公耻之。"

③亲亲：儒家主张爱有等差，由亲及疏。凌曙注："《春秋》变周之文，从殷之质。质家先亲亲。"

④《春秋公羊传》定公元年："定、哀多微辞。"注云："上以讳尊隆亲。"

⑤善稻：地名。《左传》作"善道"。鲁襄公五年，鲁、卫与吴在善稻会盟。

⑥蚡：地名。蚡之会，见《春秋公羊传·襄公十年》。

⑦十五：当作"五十"。本书《灭国上》云："弑君三十六，亡国五十二"。《春秋》记载灭国，首先记载齐军灭谭。

⑧二名：上古时代取名只用一个字，用两个字叫"二名"。《春秋》定公六年："季孙斯、仲孙忌率师围运。"《公羊传》云："此仲孙何忌也，曷为谓之仲孙忌？讥二名，二名非礼也。"《春秋》哀公十三年："晋魏多率师侵卫。"《公羊传》云："此晋魏曼多也，曷为谓之晋魏多？讥二名，二名非礼也。"

⑨盛、郜皆姬姓小国。《公羊传》文公十二年："盛伯者何？失地之君也。何以不名？兄弟辞也。"《公羊传》僖公二十年"郜子者何？失地之君也？何以不名？兄弟辞也。"

⑩《春秋》昭公元年："秦伯之弟铖出奔晋。"公羊家认为秦君不能容

其母弟。

⑪《春秋》僖公二十五年："卫侯毁灭邢。"《公羊传》云："卫侯毁何以名？绝。曷为绝之？灭同姓也。"

亲等从近者始，立适以长，母以子贵，先①。甲戌、己丑，陈侯鲍卒，书所见也，而不言其暗者②。陨石于宋五，六鹢退飞，耳闻而记，目见而书，或徐或察，皆以其先接于我者序之③。其于会朝聘之礼亦犹是。诸侯与盟者众矣，而仪父④独渐进。郑僖公方来会我而道杀，《春秋》致其意，谓之如会⑤。潞⑥子离狄而归，党以得亡，《春秋》谓之子，以领其意。包来、首戴、洮、践土与操之会，陈去我，谓之逃归；郑处而不来，谓之乞盟；陈侯后至，谓之如会；莒人疑我，贬而称人⑦。诸侯朝鲁者众矣，而滕、薛独称侯⑧。州公化我，夺爵而无号⑨。吴、楚国先聘我者见贤⑩；曲棘⑪与邲之战，先忧我者见贤。

## 【注释】

①适：通"嫡"。先：原注"或有母字"。

②见《春秋公羊传》桓公五年。

③《春秋公羊传》僖公十六年：曷为先言陨而后言石？陨石记闻。

④仪父：邾娄国君。

⑤事见《春秋公羊传》襄公七年。

⑥潞：狄族所建立国家。

⑦包来、首戴、洮、践土、操皆地名。包来，《左传》作"浮来"。隐公八年，鲁隐公与莒君在包来会盟。僖公五年，鲁僖公与周王世子在首戴会盟。僖公八年，鲁君与周王使臣、齐侯、宋公、卫侯、许男、曹伯、郑世子等在洮会盟。郑伯自己没有来，派世子参加，称作"乞盟"。僖公二十八年，诸侯在践土会盟，陈侯后至，称作"如会"。操，《左传》作"纵"。襄公七年，诸侯在操会盟，陈侯逃归。

⑧《春秋》隐公十一年："滕侯、薛侯来朝。"

⑨《春秋》桓公六年："春正月，系来。"《公羊传》曰："系来者何？犹曰是人来也。孰谓？谓州公也。曷为谓之系来？慢之也。曷为慢之？化我

也。"注云："行过无礼谓之化，齐人语也。诸侯相过，至境必假途，入都必朝。所以崇礼让、绝慢易、戒不虞也。今州公过鲁都不朝鲁，是慢之为恶，故书系来，见其义也。"

⑩鲁襄公二十九年，吴国季札聘鲁。鲁庄公二十三年，楚国使臣聘鲁。

⑪曲棘：地名。曲棘之战见《春秋公羊传》昭公二十五年。

# 实　性　第三十六

孔子曰："名不正则言不顺。"今谓性已善，不几于无教，而如其自然？又不顺于为政之道矣。且名者性之实，实者性之质。质①无教之时，何遽能善？善如米，性如禾。禾虽出米，而禾未可谓米也。性虽出善，而性未可谓善也。米与善，人之继天而成于外也，非在天所为之内也。天所为，有所至而止。止之内谓之天，止之外谓之王教。王教在性外，而性不得不遂。故曰：性有善质，而未能为善也。岂敢美辞？其实然也。天之所为，止于茧麻与禾。以麻为布，以茧为丝，以米为饭，以性为善，此皆圣人所继天而进也，非情性质朴之能至也，故不可谓性。

## 【注释】

①质：一本作"质之"，一本作"之"。

正朝夕者视北辰，正嫌疑者视圣人。圣人之所名，天下以为正。今按圣人①之言中，本无性善名，而有"善人吾不得见之矣"。使万民之性皆已能善，善人者何为不见也？观孔子言此之意，以为善难当甚。而孟子以为万民性皆能当之，过矣。圣人之性不可以名性；斗筲之性又不可以名性；名性者，中民之性。中民之性如茧如卵。卵待覆二十日而后能为雏，茧待缫以涫汤②而后能为丝，性待渐于教训而后能为善。善，教训之所然也，非质朴之所能至也，故不谓性。

## 【注释】

①圣人：指孔子。引语见《论语·述而》。

②湅汤：沸水，用沸水煮茧才可以抽丝。

性者宜知名矣，无所待而起，生而所自有也。善所自有，则教训已非性也。是以米出于粟，而粟不可谓米。玉出于璞，而璞不可谓玉。善出于性，而性不可谓善。其比多在物者为然，在性者以为不然，何不通于"类"也？卵之性未能作雏也，茧之性未能作丝也，麻之性未能为缕也，粟之性未能为米也。《春秋》别物之理以正其名，名物必各因其真。真其义也，真其情也，乃以为名。名贯石则后其五，退飞则先其六①，此皆其真也。圣人于言无所苟而已矣。性者，天质之朴也。善者，王教之化也。无其质，则王教不能化；无其王教，则质朴不能善。质而不以善性，其名不正，故不受也。

## 【注释】

①苟：草率，随便。

# 诸　侯　第三十七

生育养长，成而更生，终而复始，其事所以利活民者无已。天虽不言，其欲赡足之意可见也。古之圣人，见天意之厚于人也，故南面而君天下，必以兼利之。为其远者目不能见，其隐者耳不能闻，于是千里之外割地分民，而建国立君；使为天子视所不见，听所不闻，朝夕召而问之也。诸侯之为言犹"诸侯"也。

# 五行对　第三十八

河间献王问温城董君①曰："《孝经》曰：夫孝，天之经，地之义。何谓也？"对曰："天有五行，木火土金水是也。木生火，火生土，土生金，金生水。水为冬，金为秋，土为季夏，火为夏，木为春。春主生，夏主长，季夏主养，秋主收，冬主藏。藏，冬之所成也。是故父之所生，其子长之；父之所长，其子养之；父之所养，其子成之。诸父所为，其子皆奉承而续行之，不敢不致如父之意，尽为人之道也。故五行者，五行也。由此观之，父授之，子受之，乃天之道也。故曰夫孝者，天之经也，此之谓也。"

## 【注释】

①河间献王：汉景帝的儿子刘德。他爱好儒学，喜欢搜集古代文献。见《汉书·景十三王传》。温城：或疑为应作"昌城"，温字与昌字因形近而误。董君，董仲舒，他是信都国广川县人，信都国另有昌城县。

王曰："善哉。天经既得闻之矣，愿闻地之义。"对曰："地出云为雨，起气为风。风雨者，地之所为。地不敢有其功名，必上之于天。命若从天命者，故曰天风天雨也，莫曰地风地雨也。勤劳在地，名一归于天，非至有义，其孰能行此？故下事上，如地事天也，可谓大忠矣。土者，火之子也，五行莫贵于土。土之于四时无所命者，不与火分功名。木名春，火名夏，金名秋，水名冬。忠臣之义，孝子之行，取之土。土者，五行最贵者也，其义不可以加矣。五声莫贵于宫，五味莫美于甘，五色莫贵于黄，此谓孝者地之义也。"王曰："善哉。"

衣服容貌者，所以悦目也；声言应对者，所以悦耳也；好恶去就者，所以悦心也。故君子衣服中而容貌恭，则目悦矣；言理应对逊，则耳悦矣；好仁厚而恶浅薄，就善人而远僻鄙，则心悦矣。故曰："行意可乐，容止可观。"此之谓也①。

## 【注释】

①这一段话，清人张皋文认为是《为人者天第四十一》的最后一段。

# 为人者天 第四十一

为生不能为人，为人者天也。人之人①本于天，天亦人之曾祖父也。此人之所以上类天也。人之形体，化天数而成②；人之血气，化天志而仁；人之德行，化天理而义。人之好恶，化天之暖清；人之喜怒，化天之寒暑；人之受命，化天之四时。人生有喜怒哀乐之答，春秋冬夏之类也。喜，春之答也；怒，秋之答也；乐，夏之答也；哀，冬之答也。天之副在乎人。人之情性有由天者矣，故曰受，由天之号也。为人主也，道莫明省身之天，如天出之也。使其出也，答天之出四时而必忠其受也，则尧、舜之治无以加。是可生可杀，而不可使为乱。故曰非道不行，非法不言，此之谓也。

## 【注释】

①人之人：当作"人之为人"。

②人之形体，化天数而成：参阅本书《人副天数第五十六》。

传曰："唯天子受命于天。"①天下受命于天子，一国则受命于君。君命顺，则民有顺命；君命逆，则民有逆命。故曰："一人有庆，万民赖之。"②此之谓也。

## 【注释】

①引文见《礼记·表记》。

②引文见《尚书·甫刑》。

传曰："政有三端：父子不亲，则致其爱慈；大臣不和，则敬顺其礼；百姓不安，则力其孝弟。"①孝弟者，所以安百姓也。力者，勉行之身以化之。天地之数，不能独以寒暑成岁，必有春夏秋冬。圣人之道，不能独以威势成政，必有教化。故曰：先之以博爱，教之以仁也。难得者，君子不贵，教以义也。虽天子必有尊也，教以孝也；必有先也，教以弟也。此威势之不足独恃，而教化之功不大乎！

## 【注释】

①引文出处不详。

传曰："天生之，地载之，圣人教之。"①君者，民之心也；民者，君之体也。心之所好，体必安之；君之所好，民必从之。故君民者，贵孝弟而好礼义，重仁廉而轻财利。躬亲职此于上，而万民听生善于下矣。

故曰："先王见教之可以化民也。"②此之谓也。

## 【注释】

①引文出处不详。

②引文见《孝经·三才章》。

# 五行之义　第四十二

天有五行：一曰木，二曰火，三曰土，四曰金，五曰水。木，五行之始也；水，五行之终也；土，五行之中也。此其天次之序也。木生火，火生土，土生金，金生水，水生木，此其父子也。木居左，金居右，火居前，水居后，土居中央，此其父子之序，相受而布。是故木受水而火受木，土受火，金受土，水受金也。诸授之者，皆其父也；受之者，皆其子也。常因其父以使其子，天之道也。是故木已生而火养之，金已死而水藏之。火乐木而养以阳，火克金而丧以阴。土之事天竭其忠。故五行者，乃孝子忠臣之行也。

五行之为言也，犹五行①欤？是故以得辞也。圣人知之。故多其爱而少严，厚养生而谨送终，就天之制也。以子而迎成养，如火之乐木也。丧父，如火之克金也。事君，若土之敬天也。可谓有行人矣。

## 【注释】

①犹五行：如同人的五种德行。本书《五行相生第五十八》认为，木尚仁，火尚智，土尚信，金尚义，水尚礼。

五行之随，各如其序。五行之官，各致其能。是故木居东方而主春气，火居南方而主夏气，金居西方而主秋气，水居北方而主冬气。是故木主生而金主杀，火主暑而水主寒，使人必以其序，官人必以其能，天之数也。土居中央为之天润。土者，天之股肱也。其德茂美，不可名以一时之事，故五行而四时者，土兼之也①。

**【注释】**

　①《白虎通》："土所以王四季何？木非土不生，火非土不荣，金非土不成，水非土不高。土扶微助衰，历成其道。故五行更王，亦须土也。王四季，居中央，不名时。"

　金木水火虽各职，不因土，方不立，若酸咸辛苦之不因甘肥不能成味也。甘者五味之本也，土者五行之主也。五行之主土气也，犹五味之有甘肥也，不得不成。是故圣人之行，莫贵于忠，土德之谓也。人官之大者，不名所职，相其是矣。天官之大者，不名所生，土是矣。

## 阳尊阴卑　第四十三

　天之大数，毕于十旬。旬天地之间，十而毕举；旬生长之功，十而毕成①。十者，天数之所止也。古之圣人，因天数之所止，以为数纪。十如更始，民世世传之，而不知省其所起。知省其所起，则见天数之所始。见天数之所始，则知贵贱逆顺所在。知贵贱顺逆所在，则天地之情著，圣人之宝出矣。

**【注释】**

　①这个复句的两个"旬"字，都有周遍的含义。

　是故阳气以正月始出于地，生育养长于上，至其功必成也，而积十月。人亦十月而生，合于天数也。是故天道十月而成，人亦十月而成，合于天道也。故阳气出于东北，入于西北，发于孟春，毕于孟冬，而物莫不应是。阳始出，物亦始出；阳方盛，物亦方盛；阳初衰，物亦初衰。物随阳而出入，数随阳而终始，三王之正①随阳而更起。以此见之，贵阳而贱阴也。故数日者，据昼而不据夜；数岁者，据阳而不据阴。阴不得达之义。

**【注释】**

　①三王之正：夏、商、周三代的历法相异，夏以寅月为正月，商以丑月为正月，周以子月为正月。

是故《春秋》之于昏礼也，达宋公而不达纪侯之母。纪侯之母宜称而不达，宋公不宜称而达①。达阳而不达阴，以天道制之也。丈夫虽贱皆为阳，妇人虽贵皆为阴。阴之中亦相为阴，阳之中亦相为阳。诸在上者皆为其下阳，诸在下者各为其上阴。阴犹沉也，何名何有？皆并一于阳，昌力而辞功。故出云起雨，必令从之下，命之曰"天雨"。不敢有其所出，上善而下恶，恶者受之，善者不受。

## 【注释】

①《公羊传》曰："何以不称使？婚礼不称主人。然则曷称？称诸父兄师友。宋公使公孙寿来纳币，则其称主人何？辞穷也。辞穷者何？无母也。然则纪有母乎？曰：有。有则何以不称母？母不通也。"达：指命令通达到国外。

夫喜怒哀乐之发，与清暖寒暑，其实一贯也。喜气为暖而当春，怒气为清而当秋，乐气为太阳而当夏，哀气为太阴而当冬。四气者，天与人所同有也，非人所能畜也，故可节而不可止也。节之而顺，止之而乱。人生于天，而取化于天。喜气取诸，乐气取诸夏，怒气取诸秋，哀气取诸冬，四气之心也。四肢之答各有处，如四时；寒暑不可移，若肢体。肢体移易其处，谓之壬人；寒暑移易其处，谓之败岁；喜怒移易其处，谓之乱世。明王正喜以当春，正怒以当秋，正乐以当夏，正哀以当冬。上下法此，以取天之道。春气爱，秋气严，夏气乐，冬气哀。爱气以生物，严气以成功，乐气以养生，哀气以丧终，天之志也。是故春气暖者，天之所以爱而生之；秋气清者，天之所以严而成之；夏气温者，天之所以乐而养之；冬气寒者，天之所以哀而藏之。春主生，夏主养，秋主收，冬主藏。生溉其乐以养，死溉其哀以藏，为人子者也。故四时之比，父子之道，天地之志，君臣之义也。

阴阳，理人之法也。阴，刑气也；阳，德气也①。阴始于秋，阳始于春。春之为言犹偆偆也，秋之为言犹湫湫也。偆偆者喜乐之貌也，湫湫者忧悲之状也。是故春喜，夏乐，秋忧，冬悲，悲死而乐生。以夏养春，以冬丧秋，大人之志也。是故先爱而后严，乐生而哀终，天之当也。而人资诸天。

大德而小刑也。是故人主近天之所近，远天之所远；大天之所大，小天之所小。是故天数右阳而不右阴，务德而不务刑。刑之不可任以成世也，犹阴不可任以成岁也。为政而任刑，谓之逆天，非王道也。

## 【注释】

①《管子》："日掌阳之为德，月掌阴之为刑。"《大戴礼记》："阳为德，阴为刑。"

# 王道通三　第四十四

古之造文者，三画而连其中，谓之"王"。三画者，天地与人也。而连其中者，通其道也。取天地与人之中以为贯而参通之，非王者孰能当是？故王者唯天之施，施其时而成之，法其命如①循之诸人，法其数而以起事，治其道而以出法，治其志而归之于仁。仁之美者在于天。天，仁也。天覆育万物，既化而生之，有②养而成之。事功无已，终而复始，凡举归之以奉人。察于天之意，无穷极之仁也。人之受命于天也，取仁于天而仁也。是故人之受命天之尊，父兄子弟之亲，有忠信慈惠之心，有礼义廉让之行，有是非顺逆之治，文理灿然而厚，知广大有而博，惟人道可以参天。

## 【注释】

①如：通"而"。
②有：通"又"。

天常以爱利为意，以养长为事，春秋冬夏皆其用也。王者亦常以爱利天下为意，以安乐一世为事，好恶喜怒而备用也。然而主好恶喜怒，乃天之春夏秋冬也，其居暖清寒暑而以变化成功也。天出此物者，时则岁美，不时则岁恶。人主出此四者，义则世治，不义则世乱。是故治世与美岁同数，乱世与恶岁同数，以此见人理之副天道也。天有寒有暑。

土若地，义之至也。是故《春秋》君不名恶，臣不名善；善皆归于君，恶皆归于臣。臣之义，比于地。故为人臣者，视地之事天也；为人子者，视土之事火也。虽居中央，亦岁七十二日之王，傅于火以调和养长①。然而弗名者，皆并功于火，火得以盛，不敢与天分功美，孝之至也。是故孝子之行，忠臣之义，皆法于地也。地事天也，犹下之事上也。地，天之合也，物无合会之义。

## 【注释】

①此句主语为"土"。土处于五行中，按方位居于中央（木居东，火居南，金居西，水居北）；按四季属于长夏（木为春、火为夏、金为秋，水为冬），所以说它附于火以调和养长。七十二日：一年三百六十日，五行各主七十二日。

是故推天地之精，运阴阳之类，以别顺逆之理。安所加以不在？在上下，在大小，在强弱，在贤不肖，在善恶。恶之属尽为阴，善之属尽为阳。阳为德，阴为刑。刑反德而顺于德，亦权之类也。虽曰权，皆在权成。是故阳行于顺，阴行于逆；逆行而顺，顺行而逆者，阴也。是故天以阴为权，以阳为经。阳出而南，阴出而北。经用于盛，权用于末。以此见天之显经隐权、前德而后刑也。故曰："阳，天之德；阴，天之刑也。"阳气暖而阴气寒，阳气予而阴气夺，阳气仁而阴气戾，阳气宽而阴气急，阳气爱而阴气恶，阳气生而阴气杀。是故阳常居实位而行于盛，阴常居空虚而行于末。天之好仁而近，恶戾之变而远，大德而小刑之意也。先经而后权，贵阳而贱阴也。故阴，夏入居下，不得任岁事；冬出居上，置之空处也。养长之时伏于下，远去之，弗使得为阳也；无事之时起之空处，使之备次陈，守闭塞也。此见天之近阳而远阴、天固如此，然而无所之如其身而已矣。人主立于生杀之位，与天共持变化之势。物莫不应天化。天地之化如四时。所好之风出，则为暖气而有生于俗；所恶之风出，则为清气而有杀于俗。喜则为暑气而有养成也，怒则为寒气而有闭塞也。人主以好恶喜怒变习俗，而天以暖清寒暑化草木。喜乐时而当，则岁美；不时而妄，则岁恶。天地、人主一也。然则人主之好恶喜怒，乃天之暖清寒暑也，不可不审其处而出也。当暑而寒，当寒而暑，必为恶岁矣；人主当喜而怒，当怒而喜，必为乱世矣。是故人主之大守，在于谨藏而禁内，使好恶喜怒必当义乃出，若暖清寒暑之必当其时乃发也。人主掌此而无失，使乃好恶喜怒未尝差也，如春秋冬夏之未尝过也，可谓参天矣。深藏此四者而勿使妄发，可谓天矣。

## 天　　容　第四十五

天之道，有序而时，有度而节，变而有常，反而有相奉，微而至远，踔而致精①，一而少积蓄，广而实，虚而盈。圣人视天而行。是故其禁而审好恶喜怒之处也，欲合诸天之非其时不出暖清寒暑也②；其告之以政令而化风之清微也，欲合诸天之颠倒其一而以成岁也；其羞浅末华虚而贵敦厚忠信也，欲合诸天之默然不言而功德积成也；其不阿党偏私而美肯爱兼利也，欲合诸天之所以成物者少霜而多露也。其内自省以是而外显不可以不时，人主有喜怒不可以不时。可亦为时，时亦为义，喜怒以内合，其理一也。故义、不义者，时之合类也；而喜怒乃寒暑之别气也。

### 【注释】

①踔：超越。

②此句有的版本中无"之"字。

## 天辨人在　第四十六

难者曰："阴阳之会一岁再遇。遇于南方者，以中夏；遇于北方者，以中冬①。冬丧物之气也，则其会于是，何如？金木水火，各奉其所主以从阴阳，相与一力而并功。其实非独阴阳也，然而阴阳因之以起，助其所主。故少阳因木而起，助春之生也；太阳因火而起，助夏之养也；少阴因金而起，助秋之成也；太阳因水而起，助冬之藏也②。阴虽与水并气而合冬，其实不同；故水独有丧而阴不与焉。是以阳阴会于中冬者，非其丧也。春爱志也，夏乐志也，秋严志也，冬哀志也。故爱而有严，乐而有哀，四时之则也。喜怒之祸，哀乐之义，不独在人，亦在于天；而春夏之阳，秋冬之阴，不独在天，亦在于人。人无春气，何以博爱而容众？人无秋气，何以立严而成功？人无夏气，何以盛养而乐生？人无冬气，何以哀死而恤丧？天无喜气，亦何以暖而春生育？天无怒气，亦何以清而秋就杀？天无乐气，亦何以竦阳而夏养长？天无哀气，亦何以激阴而冬闭藏？故曰天乃有喜怒哀乐之行，人亦有春秋冬夏之气者，合类之谓也。匹夫虽贱，可以见刑德之用矣。是故阴阳之行，终各六月，远近同度，而所在异处。阴之行，春居东方，秋居西方，夏居空右，冬居空左，夏居空下，冬居空上，此阴之常处也。阳之行，春居上，冬居下，此阳之常处也。阴终岁四移，而阳常居实，非亲阳而疏阴，任德而远刑与？

**【注释】**

①中夏：指夏至节。中冬：指冬至节。夏至节，白昼最长，黑夜最短，是阳气最盛的表现；此后，阴气开始生长，故曰"夏至一阴生"。冬至节，白昼最短，黑夜最长，是阴气最盛的表现；此后，阳气开始回复，故曰"冬至一阳生"。

②古人将阴阳分为少太（老），少阳为春，太阳为夏，少阴为秋，太阴为冬。少阳（木）、太阳（火）、少阴（金）、太阴（水），又合称"四象"。

天之志，常置阴空处，稍取之以为助。故刑者德之辅，阴者阳之助也。阳者岁之主也，天下之昆虫随阳而出入，天下之草木随阳而生落，天下之三王随阳而改正，天下之尊卑随阳而序位。幼者居阳之所少，老者居阳之所老，贵者居阳之所盛，贱者当阳之所衰。藏者，言其不得当阳。而不当阳者臣子是也，当阳者君父是也。故人主南面，以阳为位也。阳贵而阴贱，天之制也。礼之尚右，非尚阴也，敬老阳而尊成功也。

# 阴阳位　第四十七

阳气始出东北而南行，就其位也；西转而北入，藏其休也。阴气始东南而北行，亦就其位也；西转而南入，屏其伏也。是故阳以南方为位，以北方为休；阴以北方为位，以南方为休。阳至其位而大暑热，阴至其位而大寒冻。阳至其休而入化于地，阴至其伏而避德于下。是故夏出长于上、冬入化于下者，阳也；夏入守虚地于下、冬出守虚位于上者，阴也。阳出实入实，阴出空入空。天之任阳不任阴，好德不好刑，如是也。故阴阳终岁各一出。

## 阴阳终始　第四十八

天之道，终而复始。故北方者，天之所终始也，阴阳之所合别也；冬至之后，阴俯而西入，阳仰而东出，出入之处常相反也<sup>①</sup>。多少调和之适，常相顺也。有多而无溢，有少而无绝。春夏阳多而阴少，秋冬阳少而阴多，多少无常，未尝不分而相散也。以出入相损益，以多少相溉济也。多胜少者倍入。入者损一，而出者益二。天所起一，动而再倍，常乘反衡再登之势，以就同类之相报。故其气相侠，而以变化相输也。春秋之中，阴阳之气俱相蛱也。中春以生，中秋<sup>②</sup>以杀。由此见之，天之所起其气积，天之所废其气随。故至春，少阳东出就木，与之俱生；至夏，太阳南出就火，与之俱暖<sup>③</sup>。此非各就其类而与之相起与？少阳就木，太阳就火，火木相称，各就其正，此非正其伦与？至于秋时，少阴兴而不得以秋从金，从金而伤火功，虽不得以从金，亦以秋出于东方，俛其处而适其事以成岁功，此非权与？阴之行，固常居虚而不得居实，至于冬而止空虚，太阳乃得北就其类，而与水起寒。是故天之道，有伦有经有权。

**【注释】**

①古代五行家以北方、冬天与水相配。冬至节，夜短昼长，阴气发展到极点，于是阳气开始回复，春天（与东方木相配）慢慢降临。

②中春：春分。中秋：秋分。

③阴阳家将阴阳二气各分少太，并与四季五行相配。少阳配春（木），太阳配夏（火），少阴配秋（金），太阴配冬（水）。

## 阴阳义　第四十九

天道之常，一阴一阳。阳者天之德也，阴者天之刑也。迹阴阳终岁之行，以观天之所亲，而任成天之功，犹谓之空，空者之实也。故清溧之于岁也，若酸咸之于味也，仅有而已矣。圣人之治，亦从而然。天之少阴用于功，太阴用于空。人之少阴用于严，而太阴用于丧。丧亦空，空亦丧也。是故天之道，以三时成生，以一时丧死。死之者，谓百物枯落也；丧之者，谓阴气悲哀也。天亦有喜怒之气、哀乐之心，与人相副。以类合之，天人一也。春，喜气也，故生；秋，怒气也，故杀；夏，乐气也，故养；冬，哀气也，故藏。四者天人同有之。有其理而一用之。与天同者大治，与天异者大乱。故为人主之道，莫明于在身之与天同者而用之。使喜怒必当义乃出，如寒暑之必当其时乃发也。使德之厚于刑也，如阳之多于阴也。是故天之行阴气也，少取以成秋，其余以归之冬。圣人之行阴气也，少取以立严，其余归之丧。古人之太阴，不用于刑，而用于丧。天之太阴，不用于物，而用于空。空亦为丧，丧亦为空，其实一也，皆丧死亡之心也。

# 阴阳出入上下　第五十

天道大数，相反之物也，不得俱出，阴阳是也。春出阳而入阴，秋出阴而入阳。夏右阳而左阴，冬右阴而左阳。阴出则阳入，阳入则阴出。阴右则阳左，阴左则阳右。是故春俱南，秋俱北，而不同道。夏交于前，冬交于后，而不同理。并行而不相乱，浇滑而各持分，此之谓天之意。而何以从事？天之道，初薄大冬，阴阳各从一方来，而移于后。阴由东方来西，阳由西方来东。至于中冬之月，相遇北方，合而为一，谓之曰"至"。别而相去，阴适右，阳适左。适左者其道顺，适右者其道逆。逆气左上，顺气右下，故下暖而上寒。以此见天之冬右阴而左阳也，上所右而下所左也。冬月尽，而阴阳俱南还。阳南还出于寅，阴南还入于戌，此阴阳所始出地入地之见处也。

至于仲春之月，阳在正东，阴在正西，谓之春分。春分者，阴阳相半也，故昼夜均而寒暑平。阴日损而随阳，阳日益而鸿，故为暖热。初得大夏之月，相遇南方，合而为一，谓之曰"至"。别而相去，阳适右，阴适左。适左由下，适右由上，上暑而下寒，以此见天之夏右阳而左阴也，上其所右，下其所左。夏月尽，而阴阳俱北还。阳北还而入于申，阴北还而入于辰，此阴阳之所始出地入地之见处也。

至于中秋之月，阳在正西，阴在正东，谓之秋分。秋分者，阴阳相半也，故昼夜均而寒暑平。阳日损而随阴，阴日益而鸿，故至于季秋而始霜，至于孟冬而始寒，小雪而物咸成，大寒而物毕藏，天地之功终矣。

## 暖燠孰多　第五十二

天之道，出阳为暖以生之，出阴为清以成之。是故非薰也，不能有育；非溧也，不能有熟，岁之精也。知心而不省薰与溧孰多者，用之必与天戾。与天戾，虽劳不成。是自正月至于十月，而天之功毕。计是间者，阴与阳各居几何？薰与溧其日孰多？距物之初生，至其毕成，露与霜其下孰倍？故从中春至于秋，气温柔和调。乃季秋九月，阴乃始多于阳，天乃于是时出溧下霜。出溧下霜，而天降物固已皆成矣。故九月者，天之功大究于是月也，十月而悉毕。故按其迹，数其实，清溧之日少少耳。功已毕成之后，阴乃大出。天之成功也，少阴与而太阴不与，少阴在内而太阴在外[1]。故霜加物，而雪加于空。空者亶地而已，不逮物[2]也。功已毕成之后，物未复生之前，太阴之所常出也。虽曰阴，亦以太阳资化其位，而不知所受之。故圣王在上位，天覆地载，风令雨施。雨施者，布德均也；风令者，言令直也[3]。《诗》云："不识不知，顺帝之则。"[4]言弗能知识，而效天之所为云尔。

### 【注释】

①阴阳五行家，以少阳配春季，以太阳配夏季，这是阳气长养生物的季节；以少阴配秋季，天气清凉，白露为霜，生物衰老成熟；以太阴配冬季，与生物成长无关，是一个空虚的季节，故曰"太阴在外"。

②亶：通"但"，仅只。逮物：及物，与生物成长有关。

③《后汉书·张鲁传》注引《翼氏风角》："凡风者天地之号令，所以谴告人君者也。"

④引诗见《诗经·大雅·皇矣》。

禹水汤旱，非常经也，适遭世气之变，而阴阳失平。尧视民如子，民视尧如父。《尚书》曰："二十有八载，放勋乃殂落，百姓如丧考妣。四海之内，阏密八音三年。"[1]三年阳气厌于阴，阴气大兴，此禹所以有水名也。桀天下之残贼也，汤天下之盛德也。天下除残贼而得盛德大善者再，是重阳也，故汤有旱之名。皆适遭之变，非禹、汤之过。毋以适遭之变疑平生之常，则所守不失，则正道益明。

## 【注释】

①引文见《尚书·尧典》，字句有出入。

## 四时之副　第五十五

天之道，春暖以生，夏暑以养，秋清①以杀，冬寒以藏。暖暑清寒，异气而同功，皆天之所以成岁也。圣人副天之所行以为政，故以庆副暖而当春，以赏副暑而当夏，以罚副清而当秋，以刑副寒而当冬。庆赏罚刑，异事而同功，皆王者之所以成德也。庆赏罚刑与春夏秋冬，以类相应也，如合符。故曰"王者配天"，谓其道。天有四时，王有四政，四政若四时，通类也，天人所同有也。庆为春，赏为夏，罚为秋，刑为冬。

## 【注释】

①清：本作"凉"。

庆赏罚刑之不可不具也，如春夏秋冬不可不备也。庆赏罚刑，当其处不可不发，若暖清寒暑，当其时不可不出也。庆赏罚刑各有正处，如春夏秋冬各有时也。四政者，不可以相干也，犹四时不可相干也。四政者，不可以易处也，犹四时不可易处也。故庆赏罚刑有不行于其正处者，《春秋》讥也。

## 人副天数　第五十六

天德施，地德化，人德义。天气上，地气下，人气在其间。春生夏长，百物以兴；秋杀冬收，百物以藏。故莫精于气，莫富于地，莫神于天。天地之精所以生物者，莫贵于人。人受命乎天也，故超然有以倚。物疾疾莫能为仁义，唯人独能为仁义；物疾疾莫能偶天地，唯人独能偶天地。人有三百六十节，偶天之数①也；形体骨肉，偶地之厚也。上有耳目聪明，日月之象也；体有空窍理脉，川谷之象也；心有哀乐喜怒，神气②之类也。观人之体，一何高物之甚，而类于天也！物旁折取天之阴阳以生活耳，而人乃烂然有其文理。是故凡物之形，莫不伏从旁折而行③，人独题直立端尚，正正当之。是故所取天地少者，旁折之；所取天地多者，正当之。此见人之绝于物而参天地。

**【注释】**

①天之数：浑天说将天体运动分为三六五度，历法将一年分为三六五天。故董以三六五为天数，与人体三六五个关节（根据《内经》）相配。

②神气：指气候变化。本书《为人者天》说："人有喜怒哀乐之答，春秋冬夏之类也。"

③伏从旁折而行：原本作"伏从旁折天地而行"，衍"天地"二字。

是故人之身，首坌①员，象天容也；发，象星辰也；耳目戾戾，象日月也②；鼻口呼吸，象风气也；胸中达知，象神明也；腹胞实虚，象百物也。百物者最近地，故要③以下，地也。天地之象，以要为带。颈以上者，精神尊严，明天类之状也；颈以下者，丰厚卑辱，土壤之比也。足步而方，地形之象也。是故礼，带置绅必直其颈，以别心也。带而上者尽为阳，带而下者尽为阴。各其分。阳，天气也；阴，地气也。故阴阳之动，使人足病，喉痹起；则地气上为云雨，而象亦应之也。天地之符，阴阳之副，常设于身，身犹天也，数与之相参，故命与之相连也。

**【注释】**

①坌：当作"坌"，坟起之意。

②《孝经援神契》："发法星辰，目法日月。"

③要：即"腰"古字。

天以终岁之数，成人之身，故小节三百六十六，副日数也；大节十二分，副月数也；内有五藏，副五行数也；外有四肢，副四时数也；乍视乍瞑，副昼夜也；乍刚乍柔，副冬夏也；乍哀乍乐，副阴阳也。心有计虑，副度数也；行有伦理，副天地也。此皆暗肤<sup>①</sup>著身，与人俱生，比而偶之奄合。于其可数也，副数；不可数者，副类。皆当同而副天，一也。是故陈其有形以著其无形者，拘其可数者以著其不可数者。此言道之亦宜以类相应，犹其形也，以数相中也。

**【注释】**

①肤：别本作"虑"。

# 五行相生　第五十八

天地之气，合而为一，分为阴阳，判为四时，列为五行。行者，行<sup>①</sup>也。其行不同，故谓之五行。五行者，五官<sup>②</sup>也。比相生而间相胜也，故谓治。逆之则乱，顺之则治<sup>③</sup>。

**【注释】**

①第二个"行"字，是德行，行为之义。

②五官：本为五行之官。《左传》昭公二九年："故有五行之官，是谓五官。……木正曰句芒，火正曰祝融，金正曰蓐收，水正曰玄冥，土正曰后土。"殷周政制，又以司徒、司马、司空、司寇、司土（宗伯）为五官。董仲舒将二者糅合在一起，名称略作变化调整，用五行比附朝廷官职。

③治：旧本作"法"，误。

东方者木，农之本。司农<sup>①</sup>尚仁，进经术之士，道之以帝王之路，将顺其美，匡救其恶。执规而生，至温润下，知地形肥饶美恶，立事生则，因地之宜。召公<sup>②</sup>是也。亲入南亩之中，观民垦草发淄，耕种五谷，积蓄有余，家给人足，仓库充实。司马实谷<sup>③</sup>。司马，本朝也，本朝<sup>④</sup>者火也，故曰木生火<sup>⑤</sup>。

**【注释】**

①司农：汉代官名，主管钱粮，又称大司农，为九卿之一。

②召公：周武王大臣，封于召地（位于今陕西岐山县西南）。

③司马：殷周五官之一，掌管军事与军赋。实谷：指积聚粮食，以供应军需。

④本朝：指汉朝。按五德始终理论，汉属火德。

⑤木生火：古代钻木取火，而且木是火的燃料，所以古人认为木生火。司农（木）为司马（火）生产粮食，也是此种关系。

南方者火也，本朝。司马尚智，进贤圣之士，上知天文，其形兆未见，其萌芽未生，昭然动见存亡之机，得失之要，治乱之源，豫禁未然之前。执矩而长，至忠厚仁，辅翼其君。周公①是也。成王幼弱，周公相，诛管叔、蔡叔以定天下。天下既宁以安君。官者司营②，司营者土也，故曰火生土。

## 【注释】

①周公：周初大政治家姬旦。周武王死后，他辅佐幼主成王，平定管叔、蔡叔等发动的叛乱，使天下大治。

②司营：官名，不详，据本书似指掌管禁卫并代君主发号施令的大臣。

中央者土，君官也。司营尚信，卑身贱体，夙兴夜寐，称述往古，以厉主意。明见成败，微谏纳善，防灭其恶，绝原塞蚓①，执绳而制四方，至忠厚信，以事其君，据义割恩。太公②是也。应天因时之化，威武强御以成。大理者，司徒③也。司徒者金也，故曰土生金。

## 【注释】

①蚓：古"陈"字。

②太公：指周武王大臣姜尚，他担任军师，辅佐武王灭纣。

③司徒：殷周官制，掌管教化，使天下大治。

西方者金，大理司徒也。司徒尚义，臣死君而众人死父。亲有尊卑，位有上下，各死其事，事不逾矩，执权而伐。兵不苟克，取不苟得，义而后行，至廉而威，质直刚毅。子蚨①是也。伐有罪，讨不义，是以百姓附亲，边境安宁，寇贼不发，邑无讼狱，则亲安。执法者司寇②也。司寇者水也，故曰金生水。

## 【注释】

①子蚨：不详。或疑为"子胥"。

②司寇：殷周官制，掌管刑狱。

北方者水，执法司寇也。司寇尚礼，君臣有位，长幼有序，朝廷有爵，乡党以齿，升降揖让，般伏拜谒，折旋中矩，立而磬折，拱则抱鼓①，执衡而藏，至清廉平，路遗不受，请谒不听，据法听讼，无有所阿。孔子是也。为鲁司寇，断狱屯屯，与众共之，不敢自专。是死者不恨，生者不怨，百工维时，以成器械。器械既成，以给司农者。农者，田官也。田官者木，故曰水生木。

## 【注释】

①磬折：躬着身子如磬一般。抱鼓：两手相拱，像抱着鼓的样子。

# 五行顺逆 第六十

木者春，生之性，农之本也。劝农事，无夺民时，使民岁不过三日，行什一之税，进经术之士；挺群禁，出轻系，去稽留①，除桎梏，开闭阖、通障塞。恩及草木，则树木华美，而朱草②生；恩及鳞虫，则鱼大为③，鳝鲸不见，群龙下。如人君出入不时，走狗试马，驰骋不反④宫室；好淫乐，饮酒沉湎，纵恣，不顾政治；事多发役，以夺民时；作谋增税，以夺民财。[则民]病疥搔⑤，温体，足蚧痛；咎及于木，则茂木枯槁，工匠之轮多伤败；毒水蚀群，漉陂如⑥渔，咎及鳞虫，则鱼不为，群龙深藏，鲸出见。

## 【注释】

①挺：放宽。群禁：各种禁令。轻系：有小罪过而被逮捕的人。稽留：

监狱。张华《博物志》："夏曰念室，殷曰动止，周曰稽留，三代之异名也。又狴犴者亦狱别名。"

②朱草：象征祥瑞的草。

③为：成长。

④反：通"返"。

⑤"病"字前当有"则民"二字。

⑥潓陂：使池水干涸。如：通"而"。

火者夏，成长，本朝也。举贤良，进茂才[1]，官得其能，任得其力，赏有功，封有德，出货财，振困乏，正封疆，使四方。恩及于火，则火顺人而甘露降；恩及羽虫，则飞鸟大为，黄鹄出见，凤凰翔。如人君惑于谗邪，内离骨肉，外疏忠臣，至杀世子[2]，诛杀不辜，逐功臣，以妾为妻，弃法令，妇妾为政，赐予不当，则民病血壅肿，目不明；咎及于火，则大旱，必有火灾；摘巢探鷇，咎及羽虫，则飞鸟不为，冬应[3]不来，枭硐群鸣，凤凰高翔。

**【注释】**

①茂才：即"秀才"。后人避光武帝刘秀的名讳而改。

②世子：君主的嫡长子。

③冬应：指冬季应有的时令特点。

土者夏中[1]，成熟百种，君之官。循宫室之制，谨夫妇之别，加亲戚之恩。恩及于土，则五谷成，而嘉禾兴；恩及倮虫[2]，则百姓亲附，城郭充实，贤圣皆迁，仙人降。如人君好淫佚，妻亲过度，犯亲戚，侮父兄，欺罔百姓；大为台榭，五色成光，雕文刻镂，则民病心腹宛黄，舌烂痛。咎及于土，则五谷不成；暴虐妄诛，咎及倮虫，倮虫不为，百姓叛去，圣贤放亡。

**【注释】**

①夏中：指长夏季节，夏历六月。

②倮虫：指人类。《大戴礼记·易本命》将动物分成五类：羽虫，凤凰为长；

毛虫，麒麟为长；鳞虫，龙为长；介（甲）虫，龟为长；倮虫，圣人为长。

金者秋，杀气之始也。建立旗鼓，杖把旄钺，以诛贼残，禁暴虐，安集。故动众兴师，必应义理。出则祠兵①，入则振旅，以闲习之，因于蒐狩，存不忘亡，安不忘危。修城廓，缮墙垣，审群禁，饬兵甲，警百官，诛不法。恩及于金石，则凉风出；恩及于毛虫，则走兽大为，麒麟至。如人君好战，侵陵诸侯，贪城邑之赂，轻百姓之命，则民病喉咳嗽，筋挛，鼻仇②塞。咎及于金，则铸化凝滞，冻坚不成③；四面张网，焚林而猎，咎及毛虫，则走兽不为，白虎妄搏，麒麟远出。

## 【注释】

①祠兵：陈列部队，练习军事技术，并杀牲宴飨士卒。《春秋公羊传》庄公八年："出曰祠兵，入曰振旅，其礼一也，皆习战也。"注云："祠兵，壮者在前，弱在前；振旅，壮者在后，弱在后。复长幼，且卫后也。"

②仇：通"鼽"，伤风鼻塞。

③指金属失其本性，冶炼铸造不顺利。

水者冬，藏至阴也。宗庙祭祀之始。敬四时之祭，禘祫昭穆①之序。天子祭天，诸侯祭土。闭门闾，大搜索。断刑罚，执当罪，饬关梁，禁外徙。恩及于水，则醴泉出；恩及介虫，则鼋鼍大为，灵龟出。如人君简宗庙，不祷祀，废祭祀，执法不顺，逆天时，则民病流肿，水胀，痿痹，孔窍不通。咎及于水，雾气冥冥，必有大水，水为民害；咎及介虫，则龟深藏，鼋鼍响②。

## 【注释】

①禘：祭天的大祭礼。祫：在太庙合祭远近祖先。昭穆：古代宗庙及墓地的辈次排列，始祖居中，二世祖、四世祖、六世祖居左方，称昭；三世祖、五世祖、七世祖居右方，称穆。

②响：通"吼"。

## 治乱五行　第六十二

火干木，蛰虫蚤出，故[1]雷早行。土干木，胎夭卵毈[2]，鸟虫多伤。金干木，有兵。水干木，春下霜。

### 【注释】

①故：或认为当作"眩"，指闪电耀眼。

②毈：指卵不能孵化出幼雏。

土干火，则多雷。金干火，草木夷。水干火，夏雹。木干火，则地动。金干土，则五谷伤，有殃。水干土，夏寒雨霜。木干土，倮虫不为[1]。火干土，则大旱。

### 【注释】

①倮虫：指人。参考《五行顺逆第六十》注。为：指成长。

水干金，则鱼不为。木干金，则草木再生。火干金，则草木秋荣。土干金，五谷不成。

木干水，冬蛰不藏。土干水，则蛰虫冬出。火干水，则星坠。金干水，则冬大寒。

## 五行五事　第六十四

王者与臣无礼貌，不肃敬，则木不曲直[1]，而夏多暴风。风者，木之气也，其音角也，故应之以暴风。

王者言不从，则金不从革，而秋多霹雳。霹雳者，金气也，其音商也，故应之以霹雳。

王者视不明，则火不炎上，而秋多电。电者，火气也，其音徵也，故应之以电。

王者听不聪，则水不润下，而春夏多暴雨。雨者，水气也，其音羽也。

故应之以暴雨。

王者心不能容，则稼穑不成，而秋多雷。雷者，土气也，其音宫也，故应之以雷。

## 【注释】

①曲直：指树木的性能可曲可直。《尚书·洪范》："五行：一曰水，二曰火，三曰木，四曰金，五曰土。水曰润下，火曰炎上，木曰曲直，金曰从革，土爰稼穑。"

五事①，一曰貌，二曰言，三曰视，四曰听，五曰思。何谓也？夫五事者，人之所受命于天也，而王者所修而治民也。故王者为民，治则不可以不明，准绳不可以不正。王者貌曰恭，恭者敬也；言曰从，从者可从；视曰明，明者知贤不肖，分明黑白也；听曰聪，聪者能闻事而审其意也；思曰容②，容者言无不容。恭作肃，从作乂③，明作哲，聪作谋，容作圣。何谓也？恭作肃，言王诚能内有恭敬之姿，而天下莫不肃矣。从作乂。言王者言可从，明正从行，而天下治矣。明作哲，哲者知④也。王者明，则贤者进，不肖者退。天下知善而劝之，知恶而耻之矣。聪作谋，谋者，谋事也，王者聪，则闻事与臣下谋之，故事无失谋矣。容作圣，圣者，设也，王者心宽大无不容，则圣能施设。事各得其宜也。

## 【注释】

①五事：见《尚书·洪范》。

②思曰容：今本《尚书·洪范》作"思曰睿"。

③乂：治理。

④知：通"智"。

王者能敬，则春气得，故肃，肃者主春。春阳气微，万物柔易，移弱可化，于是阴气为贼，故王者钦。钦不以议阴事，然后万物遂生，而木可曲直也。春行秋政，则草木凋；行冬政，则雪；行夏政，则杀。春失政则①。

**【注释】**

① "则"字下有阙文。

王者能治，则义立，义立则秋气得，故义者主秋。秋气始杀，王者行小刑罚，民不犯则礼义成。于时阳气为贼，故王者辅以官牧之事，然后万物成熟。秋草木不荣华，金从革也。秋行春政，则华；行夏政，则乔；行冬政，则落。秋失政，则春大风不解，雷不发声。

王者能知，则知善恶，知善恶则夏气得，故哲者主夏。夏阳气始盛，万物兆长，王者不掩明，则道不退塞。而夏至之后，大暑隆，万物茂育怀任，王者恐明不知贤不肖，分明白黑。于时寒为贼，故王者辅以赏赐之事，然后夏草木不霜，火炎上也。夏行春政，则风；行秋政，则水；行冬政，则落。夏失政，则冬不冻冰，五谷不藏，大寒不解。

王者无失谋，然后冬气得，故谋者主冬。冬阴气始盛，草木必死，王者能闻事，审谋虑之，则不侵伐。不侵伐且杀，则死者不恨，生者不怨。冬日至之后，大寒降，万物藏于下。于时暑为贼，故王者辅之以急，断之以事，以水润下也。冬行春政，则蒸；行夏政，则雷；行秋政，则旱。冬失政，则夏草木不实，五谷疾枯。

# 郊　义　第六十六

郊义，《春秋》之法：王者岁一祭天于郊，四祭于宗庙。宗庙因于四时之易，郊因于新岁之初，圣人有以起之，其以祭不可不亲也。天者百神之君也，王者之所最尊也，以最尊天之故，故易始岁更纪，即以其初郊。郊必以正月上辛①者，言以所最尊，首一岁之事。每更纪者以郊，郊祭首之，先贵之义，尊天之道也。

**【注释】**

①上辛：第一个辛日。

# 四　　祭　第六十八

古者岁四祭。四祭者，因四时之所生孰[①]，而祭其先祖父母也。故春曰祠，夏曰禴，秋曰尝，冬曰蒸[②]。此言不失其时，以奉祀先祖也。过时不祭，则失为人子之道也。祠者，以正月始食韭也；禴者，以四月食麦也；尝者，以七月尝黍稷也；蒸者，以十月进初稻也。此天之经也，地之义也。孝子孝妇，缘天之时，因地之利。

## 【注释】

①所生孰：指生长成熟的各种农作物。孰，古"熟"字，成熟。

②见《春秋公羊传》桓公八年。禴，或为"礿"。

地之菜茹瓜果，艺之稻麦黍稷，菜生谷熟，永思吉日，供具祭物，斋戒沐浴，洁清致敬，祀其先祖父母；孝子孝妇不使时过，已处之以爱敬，行之以恭让，亦殆免于罪矣。[①]

## 【注释】

①此黑括号内一自然段共六十三字，原在《顺命第七十》中，据旧注与文义移至此。

# 郊事对　第七十一

廷尉臣张汤昧死言曰："臣汤承制，以郊事问故胶西相仲舒。"臣仲舒对曰："所闻古者天子之礼，莫重于郊。郊常以正月上辛者，所以先百神而最居前。礼：三年丧，不祭其先，而不敢废郊。郊重于宗庙，天尊于人也。《王制》曰：'祭天地之牛茧栗，宗庙之牛握，宾客之牛尺。'[①]此言德滋美而牲滋微也。《春秋》曰：'鲁祭周公，用白牲。'[②]色白贵纯也。'帝牲在涤三月。'[③]牲贵肥洁，而不贪其大也。凡养牲之道，务在肥洁而已。驹犊未能胜刍豢之食，莫如令食其母便。"

**【注释】**

①茧栗：指牛角初生，只有栗子或蚕茧那么大。握：指牛角一把就可以握住。尺：指牛角一尺长。

②见《春秋公羊传》文公十三年。

③见《春秋公羊传》宣公三年。涤：帝王豢养祭祀用牲口的地方，荡涤清洁故称涤。

臣谨问仲舒："鲁祀周公用白牲，非礼也？"臣仲舒对曰："礼也。"臣汤问曰："周天子用骍刚，群公不毛①。周公，诸公也，何以得用纯牲？"臣仲舒对曰："武王崩，成王幼，而在褓褓之中，周公继文、武之业，成二圣之功，德渐天地，泽被四海，故成王贤而贵之。《诗》云：'无德不报。'②故成王使祭周公以白牲。上不得与天子同色，下有异于诸侯。臣仲舒愚以为报德之礼。"

**【注释】**

①骍刚：祭祀用的红色公牛。不毛：毛色掺杂的牲口。

②引诗见《诗经·抑》。

臣汤问仲舒："天子祭天，诸侯祭土，鲁何缘以祭郊？"臣仲舒对曰："周公傅成王，成王遂及圣，功莫大于此。周公，圣人也，有祭于天道。故成王令鲁郊也。"臣汤问仲舒："鲁祭周公用白牲，其郊何用？"臣仲舒对曰："鲁郊用纯骍刚。周色上赤，鲁以天子命郊，故以骍。"

臣汤问仲舒："祠宗庙或以鹜当凫①，鹜非凫，可用否？"仲舒对曰："鹜非凫，凫非鹜也。臣闻孔子入太庙，每事问，慎之至也。陛下祭躬亲，斋戒沐浴，以承宗庙，甚敬谨，奈何以鹜当凫？鹜当凫，名实不相应，以承太庙，不亦不称乎？臣仲舒愚以为不可。"

**【注释】**

①鹜：家鸭，又名舒凫。凫：野鸭。

臣犬马齿衰，赐骸骨，伏陋巷。陛下幸使九卿，问以朝廷之事，臣愚陋曾不足以承明诏，奉大对。臣仲舒昧死以闻。

# 天地之行　第七十八

天地之行美也[1]。是以天高其位而下其施，藏其形而见其光，序列星而近至精，考阴阳而降霜露。高其位所以为尊也，下其施所以为仁也，藏其形所以为神也，见其光所以为明也，序列星所以相承也，近至精所以为刚也，考阴阳所以成岁也，降霜露所以生杀也。为人君者其法取象于天，故贵爵而臣国，所以为仁也；深居隐处，不见其体，所以为神也；任贤使能，观听四方，所以为明也；量能授官，贤愚有差，所以相承也；引贤自近，以备股肱，所以为刚也；考事实功，次序殿最[2]，所以成世也；有功者进，无功者退，所以赏罚也。是故天执其道为万物主，君执其常为一国主。天不可以不刚，主不可以不坚。天不刚则列星乱其行，主不坚则邪臣乱其官。星乱则亡其天，臣乱则亡其君。故为天者务刚其气，为君者务坚其政，刚坚然后阳道制命。

## 【注释】

①此句之后原有一长段文字，自"是故春袭葛"至"以求天意，大可见矣"，根据旧校注及文义，已移至《循天之道第七十七》。

②殿最：古代考核军功或政绩的等第，上等为最，下等为殿。

地卑其位而上其气，暴其形而著其情，受其死而献其生，成其事而归其功。卑其位所以事天也，上其气所以养阳也，暴其形所以为忠也，著其情所以为信也，受其死所以藏终也，献其生所以助明也，成其事所以助化也，归其功所以致义也。为人臣者其法取象于地，故朝夕进退，奉职应对，所以事贵也；供设饮食，候视疴疾，所以致养也；委身致命，事无专制，所以为忠也；竭愚写情，不饰其过，所以为信也；伏节死难，不惜其命，所以救穷也；推进光荣，褒扬其善，所以助明也；受命宣恩，辅成君子，所以助化也；功成事就，归德于上，所以致义也。是故地明其理为万物母，臣明其职为一国宰。母不可以不信，宰不可以不忠。母不信则草木伤其根，宰不忠则奸臣危其君。根伤则亡其枝叶，君危则亡其国。故为地者务暴其形，为臣者务著其情。[1]

【注释】

　　[1]暴：通"曝"，显露。

　　一国之君，其犹一体之心也。隐居深宫，若心之藏于胸；至贵无与敌，若心之神无与双也。其官人上士，高清明而下重浊，若身之贵目而贱足也；任群臣无所亲，若四肢之各有职也；内有四辅[1]，若心之有肺肝脾肾也；外有百官，若心之有形体孔窍也；亲圣近贤，若神明皆聚于心也；上下相承顺，若肢体相为使也；布恩施惠，若元气之流皮毛腠理也；百姓皆得其所，若血气和平，形体无所苦也；无为致太平，若神气自通于渊也；致黄龙凤皇，若神明之致玉女芝英[2]也。君明，臣蒙其功，若心之神，体得以全；臣贤，君蒙其恩，若形体之静，而心得以安。上乱下被其患，若耳目不聪明，而手足为伤也；臣不忠而君灭亡，若形体妄动，而心为之丧。是故君臣之礼，若心之与体，心不可以不坚，君不可以不贤，体不可以不顺，臣不可以不忠。心所以全者，体之力也；君所以安者，臣之功也。

【注释】

　　[1]四辅：天子左右的四位辅政大臣。

　　[2]黄龙凤凰：古代认为，天子政治得体，天下大治，就会出现龙凤这样的祥瑞之物。玉女芝英：此指使人长生的瑞物。

## 如天之为　第八十

　　阴阳之气，在上天，亦在人。在人者为好恶喜怒，在天者为暖清寒暑。出入上下，左右前后，平行而不止，未尝有所稽留滞郁也。其在人者，亦宜行而无留，若四时之条条然也。夫喜怒哀乐之止动也，此天之所为人性命者。临其时而欲发其应，亦天应也，与暖清寒暑之至其时而欲发无异。

若留德而待春夏，留刑而待秋冬也，此有顺四时之名，实逆于天地之经。在人者亦天也，奈何其久留天气，使之郁滞，不得以其正周行也？是故天行谷朽寅①，而秋生麦，告除秽而继乏也。所以成功继乏，以赡人也。

## 【注释】

①寅：指夏历正月。

天之生有大经也，而所周行者，又有害功也。除而杀殃者，行急皆不待时也，天之志也。而圣人承之以治。是故春修仁而求善，秋修义而求恶，冬修刑而致清，夏修德而致宽。此所以顺天地，体阴阳。然而方求善之时，见恶而不释；方求恶之时，见善亦力行。方致清之时，见大善亦立举之；方致宽之时，见大恶亦力去之。以效天地之方生之时有杀也，方杀之时有生也。是故志意随天地，缓急仿阴阳。然而人事之宜行者，无所郁滞，且恕于人，顺于天。天之道兼举，此谓执其中。天非以春生人，以秋杀人也。当生者曰生，当死者曰死，非杀物之义代四时也。而人之所治也，安取久留当行之理，而必待四时也？此之谓壅，非其中也。人有喜怒哀乐，犹天之有春夏秋冬也。喜怒哀乐之至其时而欲发也，若春夏秋冬之至其时而欲出也，皆天气之然也。其宜直行而无郁滞，一也。天终岁乃一遍此四者，而人主终日不知过此四之数，其理故不可以相待。且天之欲利人，非直其欲利谷也。除秽不待时，况秽人乎①！

## 【注释】

①本篇末还有一段文章，根据旧较注及文义，移入《天地阴阳第八十一》。

## 天地阴阳　第八十一

天、地、阴、阳、木、火、土、金、水，九，与人而十者，天之数毕也。故数者至十而止，书者以十为终，皆取之此。圣人何其贵者？起于天至于人而毕。毕之外谓之物，物者投所贵之端，而不在其中。以此见人之超然万物之上，而最为天下贵也。人，下长万物，上参天地，故其治乱之政①，动静顺逆之气，乃损益阴阳之化，而摇荡四海之内。物之难知者若神，不可谓不然也。今投地死伤而不腾相助，投淖②相动而近，投水相动而逾远。由此观之，夫物逾淖而逾易变动摇荡也。今气化之淖，非直水也。而人主以众动之无已时，是故常以治乱之气，与天地之化相袭而不治也。世治而民和，志平而气正，则天地之化精，而万物之美起。世乱而民乖，志僻而气逆，则天地之化伤，灾害起。是故治世之德，润草木，泽流四海，功过神明。

【注释】

　　①治乱之政：一本作"治乱之故"。

　　②淖：有柔和、流动之义。

　　乱世之所起亦博。若是，皆因天地之化，以成败物；乘阴阳之资，以任其所为。故为恶惫，人力而功伤，名自过也①。

【注释】

　　①董慎行校本云：此段首尾皆有阙文，且似《天地阴阳》篇中语。

　　天地之间，有阴阳之气，常渐人者，若水常渐鱼也。所以异于水者，可见与不可见耳，其澹澹也。然则人之居天地之间，其犹鱼之离水，一也。其无间若气而淖于水。水之比于气也，若泥之比于水也。是天地之间，若虚而实，人常渐是澹澹之中，而以治乱之气，与之流通相袭也。故人气调和，而天地之化美，袭于恶而味败，此易[见]之物也①。推物之类，以易见难者，其情可得。治乱之气，邪正之风，是袭天地之化者也。生于化而反袭化，与运连也。《春秋》举世事之道，夫有书天见之尽与不尽，王者之任也。《诗》云："天难谌斯，不易维王。②"此之谓也。夫王者不可以不知天。知天，诗人之所难也，天意难见也，其道难理。是故明阳阴入出实虚之处，所以观天之志。辨五行之本末顺逆，小大广狭，所以观天道也。天志仁③，其道也义。为人主者，予夺生杀，各当其义，若四时；列官置吏，必以其能，若五行；好仁恶戾，任德远刑，若阴阳。此之谓能配天。

**【注释】**

①此处有错误脱漏。

②引诗见《诗经·大明》，今本作"天难忱斯"。

③仁：旧本作"入"，应为"人"字之误。人、仁有时通用。

天者其道长万物，而王者长人。人主之大，天地之参也；奸恶之分，阴阳之理也；喜怒之发，寒暑之比也；官职之事，五行之义也。以此长天地之间，荡①四海之内，祅阴阳之气，与天地相杂。是故人言："既曰王者参天地矣，苟参天地，则是化矣，岂独天地之精哉！"王者亦参而祅之，治则以正气祅天地之化，乱则以邪气祅天地之化，同者相益，异者相损之数也，无可疑者矣。

**【注释】**

①祅：神，天。此处指吸收。

# 天道施　第八十二

天道施，地道化，人道义。圣人见端而知本，精之至也；得一而应万，类之治也。动其本者不知静其末，受其治者不能辞其终。利者，盗之本也；妄者，乱之始也。夫受乱之始，动盗之本，而欲民之静，不可得也。故君子非礼而不言，非礼而不动。好色而无礼则流，饮食而无礼则争。流争则乱。故礼，体情而防乱者也。民之情，不能制其欲，使之度礼①。目视正色，耳听正声，口食正味，身行正道，非夺之情也，所以安其情也。变谓之情，虽特异物性亦然者，故曰内也；变变之变②，谓之外。故虽以情，然不为性说③。故曰外物之动性，若神之不守也。积习渐靡，物之微者也。其入人不知，习忘乃为，常然若性，不可不察也。纯知轻思则虑达，节欲顺行则伦得；以谏争僴④静为宅，以礼义为道，则文德。是故至诚遗物而不与变⑤，躬宽无争而不以与俗推，众强弗能入，蝎⑥蛸浊秽之中，含得命施之理，与万物迁徙而不自失者，圣人之心也。

**【注释】**

①度礼：以礼来约束自己的言行。

②变变之变：一作"变情之变"。

③说：通"悦"。

④倜：即"娴"字。

⑤此处疑有脱字。

⑥蜩：即蝉。

经部

名者所以别物也，亲者重，疏者轻；尊者文，卑者质；近者详，远者略。文辞不隐情，明情不遗文，人心从之而不逆，古经通贯而不乱，名之义也。男女犹道也。人生别言礼义，名号之由人事起也。 不顺天道，谓之不义；察天人之分，观道命之异，可以知礼之说矣。见善者不能无好，见不善者不能无恶，好恶去就，不能坚守，故有人道。人道者，人之所由乐而不乱，复而不厌者。万物载名而生，圣人因其象而命之。然而可易也，皆有义从也，故正名以明义也。物也者，洪名也，皆名也；而物有私①名，此物也，非夫物②。故曰：万物动而不形者，意也；形而不易者，德也；乐而不乱，复而不厌者，道也。

**【注释】**

①私：旧本作"和"，形近而误。

②夫物：即彼物。旧本作"失"，形近而误。

史　部

# 《国语》精华

史
部

## 【著录】

　　《国语》是我国第一部国别史，记述了上起西周穆王伐犬戎（前967），下到智伯灭亡（前453）约五百余年间周、鲁、齐、晋、郑、楚、吴、越八国的部分史事。全书二十一篇，其中"周语"三篇，"鲁语"二篇，"齐语"一篇，"晋语"九篇，"郑语"一篇，"吴语"二篇，"越语"二篇，共七万余字。该书所记八个国家的历史片断，大都是通过人物的言论、对话和相互驳难的方式表现的，言谈为事实而发，事实又作为言谈的验证。因为本书是以"国"分目，以记言为主，着重记述"邦国成败，嘉言善语"，故名为《国语》。

　　《国语》各语排列的次序，体现了周王室和各诸侯国的亲疏关系：把鲁、齐、晋、郑排在前边，既表明这四个诸侯国和周的亲密，又表明编者重视诸夏；把楚、吴、越放在后面，既说明这三个诸侯国与周的关系疏远，也表明编者轻视夷狄的观点，这是春秋和战国初期的时代观点。《国语》反映了春秋时期各国政治、经济、军事、外交等各方面的历史，勾勒出奴隶社会向封建社会转化阶段的时代轮廓，表现了当时许多重要人物的精神风貌。尽管其中掺有不少天命鬼神、因果报应等宿命论、英雄史观等唯心论思想，但它毕竟再现了历史，揭露出当时的社会矛盾。《国语》中许多优秀的篇章，对统治者的荒淫残暴作了揭露批判，对广大人民的切身利益表示了同情，对开明的贤君贤相寄予了热情的赞美。

　　《国语》的作者，相传是与孔子同时代的左丘明，因此在汉、唐时代都把左丘明撰著的另一部史学名著《左传》称作《春秋内传》，而把《国语》称作《春秋外传》。但自宋朝以来有些学者提出《国语》的作者并不是左丘明。近现代的一些学者更从《国语》全书的内容等方面进行分析，有的与《左传》相同，有的相抵触，详略亦不尽一致，体例和文笔风格更是大相径庭，认为《国语》并非出于一地一时一人之手，而可能是战国初期一位熟悉各国历史掌故的人，根据春秋时代各国史官的原始记录，加工整理、编辑成书。

《国语》补充了《左传》某些史实内容之不足，具有重要的史料价值；首创了以国为单位叙述史事的体例，因而在历史编纂学上有重要贡献。同时对后代散文的发展有很大影响。缺点是材料比较零散，遗漏的地方较多。

自汉代以来，不少学者为《国语》作注释。三国时吴国韦昭的《国语解》是现存最早和比较完善的注本。近人徐元诰《国语集解》二十一卷，颇为详备。1978 年上海古籍出版社的校点本，广泛吸收了前人的校勘成果，在版本方面质量较高，可供阅读。

# 祭公谏征犬戎

穆王将征犬戎，祭公谋父[①]谏曰："不可！先王耀德不观兵。夫兵戢而时动，动则威，观则玩，玩则无震。是故周文公之《颂》曰：'载戢干戈，载櫜弓矢。我求懿德，肆于时夏，允王保之。'先王之于民也，懋正其德而厚其性，阜其财求而利其器用，明利害之乡，以文修之，使务利而避害，怀德而畏威，故能保世以滋大。

"昔我先王世后稷[②]，以服事虞、夏。及夏之衰也，弃稷不务，我先王不窋用失其官，而自窜于戎、翟之间，不敢怠业，时序其德，纂修其绪，修其训典，朝夕恪勤，守以敦笃，奉以忠信，奕世载德，不忝前人。至于武王，昭前之光明而加之以慈和，事神保民，莫不欣喜。商王帝辛，大恶于民。庶民弗忍，欣戴武王，以致戎于商牧[③]。是先王非务武也，勤恤民隐而除其害也。

"夫先王之制：帮内甸服[④]，邦外侯服[⑤]，侯、卫宾服[⑥]，蛮、夷要服[⑦]，戎、翟荒服[⑧]。甸服者祭，侯服者祀，宾服者享，要服者贡，荒服者王。日祭、月祀、时享、岁贡、终王，先王之训也。有不祭则修意，有不祀则修言，有不享则修文，有不贡则修名，有不王则修德，序成而有不至则修刑。于是乎有刑不祭，伐不祀，征不享，让不贡，告不王。于是乎有刑罚之辟，有攻伐之兵，有征讨之备，有威让之令，有文告之辞。布令陈辞而又不至，则增修于德，而无勤民于远，是以近无不听，远无不服。今自大毕，伯士之终也，犬戎氏以其职来王，天子曰：'予必以不享征之，且观之兵。'其无乃废先王之训而王几顿乎！吾闻夫犬戎树惇，能帅旧德而守终纯固，其有以御我矣。"

王不听，遂征之，得四白狼、四白鹿以归。自是荒服者不至。

## 【注释】

①祭公谋父：祭，畿内之国，周公之后代，字谋父。

②世后稷：后稷，虞舜时农官；世，父子相继。

③商牧：指商郊牧野，在今河南淇县南。

④甸服：千里之内曰甸。甸，王田；服，服其职业。

⑤侯服：邦畿之外五百里叫侯服。

⑥侯、卫宾服：侯，侯圻；卫，卫圻。言自侯圻至卫圻，其间凡五圻；圻，五百里；宾服，常以服贡宾见于王。五圻，即侯圻、甸圻、男圻、采圻、卫圻。

⑦蛮、夷要服：蛮，蛮圻；夷，夷圻。九州的界限，要者，要结信好而服从。

⑧戎、翟荒服：戎狄去王城四千五百里至五千里，荒裔之地，故谓之荒。

# 仓葛呼晋师

王至自郑，以阳樊赐晋文公。阳人不服，晋侯围之。仓葛①呼曰："王以晋君为能德，故劳之以阳樊。阳樊怀我王德，是以未从于晋。谓君其何德之布以怀柔之，使无有远志②。今将大泯其宗祊，而蔑杀其民人，宜吾不敢服也。夫三军之所寻③，将蛮、夷、戎、狄之骄逸不虔，于是乎致武。此嬴者阳也，未狎君政，故未承命。君若惠及之，唯官是征，其敢逆命？何足以辱师！君之武震，无乃玩而顿乎？臣闻之曰：'武不可觌，文不可匿。觌武无烈，匿文不昭。'阳不承获甸，而只以觌武，臣是以惧。不然，其敢自爱也？且夫阳，岂有裔民④哉？夫亦皆天子之父兄甥舅也，若之何其虐之也？”晋侯闻之，曰：“是君子之言也。”乃出阳民。

## 【注释】

①仓葛：阳樊城内人，名仓葛。按：《左氏传》作苍葛。

②远志：离叛。

③寻：讨伐。

④裔民：谓放逐到荒远地方之恶民。

# 邵公谏厉王止谤

厉王虐，国人谤王，邵公①告曰：“民不堪命矣！”王怒，得卫巫②，使监谤者，以告，则杀之。国人莫敢言，道路以目。

王喜，告邵公曰：“吾能弭谤矣，乃不敢言。”召公曰：“是障之也。防民之口，甚于防川。川壅而溃，伤人必多，民亦如之。是故为川者决之使导，为民者宣之使言。故天子听政，使公卿至于列士③献诗，瞽献曲，史献书，师箴，瞍赋④，矇诵⑤，百工谏，庶人传语，近臣尽规，亲戚补察，瞽、史教诲，耆、艾修之，而后王斟酌焉，是以事行而不悖。民之有口，犹土之有山川也，财用于是乎出；犹其原隰之有衍沃也，衣食于是乎生。口之宣言也，善败于是乎兴，行善而备败，其所以阜财用衣食者也。夫民虑之于心，而宣之于口，成而行之，胡可壅也？若壅其口，其与能几何？”

王不听，于是国人莫敢出言。三年，乃流王于彘⑥。

## 【注释】

①邵公：邵康公之孙名虎，谥号穆公。

②卫巫：卫国之巫。

③列士：即上士。

④瞍赋：无眸子曰瞍；赋，公卿列士所献之诗。

⑤矇诵：有眸子而无见曰矇；诵，箴谏之语。

⑥彘：晋地，汉为县，属河东，今在山西省霍县。

# 襄王不许请隧

晋文公既定襄王于郏，王劳之以地，辞，请隧①焉。王不许，曰："昔我先王之有天下也，规方千里以为甸服，以供上帝山川百神之祀，以备百姓兆民之用，以待不庭②不虞之患。其余以均分公侯伯子男，使各有宁宇，以顺及天地，无逢其灾害。先王岂有赖焉？内官不过九御，外官不过九品，足以供给神祇而已，岂敢厌纵其耳目心腹以乱百度？亦唯是死生之服物采章，以临长百姓而轻重布之，王何异之有？今天降祸灾于周室，余一人仅亦守府，又不佞以勤叔父，而班先王之大物以赏私德，其叔父实应且憎，以非余一人，余一人岂敢有爱？先民有言曰：'改玉改行。'③叔父若能光裕大德，更姓改物，以创制天下，自显庸也，而缩取备物，以镇抚百姓，余一人其流辟旅于裔土，何辞之有与？若由是姬姓也，尚将列为公侯，以复先王之职，大物其未可改也。叔父其懋昭明德，物将自至，余何敢以私劳变前之大章，以忝天下？其若先王与百姓何？何政令之为也？若不然，叔父有地而隧焉，余安能知之？"文公遂不敢请，受地而还。

## 【注释】

①隧：王之葬礼，开地通路曰隧。

②不庭：庭，直；不庭，不直。

③改玉改行：玉，佩玉，用以节制行步，君臣尊卑，迟速有节。

# 单子论齐晋君臣

柯陵之会，单襄公见晋厉公视远步高。郤锜见，其语犯。郤犨见，其语迁①。郤至见，其语伐。齐国佐见，其语尽。鲁成公见，言及晋难及郤犨之谮。单子曰："君何患焉！晋将有乱，其君与三郤其当之乎！"

鲁侯曰："寡人惧不免于晋，今君曰'将有乱'，敢问天道乎，抑人故也？"对曰："吾非瞽、史，焉知天道？吾见晋君之容，而听三郤之语矣，殆必祸者也。夫君子目以定体，足以从之，是以观其容而知其心矣。目以处义，足以步目，今晋侯视远而足高，目不在体，而足不步目，其心必异矣。目体不相从，何以能久？夫合诸侯，民之大事也，于是乎观存亡。故国将无咎，其君在会，步言视听，必皆无谪，则可以知德矣。视远，日绝其义；足高，日弃其德；言爽，日反其信；听淫，日离其名。夫目以处义，足以践德，口以庇信，耳以听名者也，故不可不慎也。偏丧有咎；既丧，则国从之。晋侯爽二，吾是以云。夫郤氏，晋之宠人也，三卿而五大夫，可以戒惧矣。高位实疾颠，厚味实腊毒②。今郤伯之语犯，叔迁，季伐。犯则陵人，迁则诬人，伐则掩人。有是宠也，而益之以三怨，其谁能忍之！虽齐国子亦将与焉。立于淫乱之国，而好尽言以招人过，怨之本也。唯善人能受尽言，齐其有乎？吾闻之，国德而邻于不修，必受其福。今君逼于晋而邻于齐，齐、晋有祸，可以取伯。无德之患，何忧于晋？且夫长翟之人③，利而不义，其利淫矣，流之若何？”

鲁侯归，乃逐叔孙侨如。简王十一年，诸侯会于柯陵。十二年，晋杀三郤。十三年，晋侯弑，于翼东门葬，以车一乘，齐人杀国武子。

## 【注释】

①迁：谓迁回加诬于人。

②腊毒：指毒甚速。

③长翟之人：指叔孙侨如。

## 展禽论祀爰居

海鸟曰“爰居”①，止于鲁东门之外三日，臧文仲使国人祭之。展禽曰：“越哉，臧孙之为政也！夫祀，国之大节也；而节，政之所成也。故慎制祀以为国典。今无故而加典，非政之宜也。

“夫圣王之制祀也，法施于民则祀之，以死勤事则祀之，以劳定国则祀之，能御大灾则祀之，能扞大患则祀之。非是族也，不在祀典。昔烈山氏之有天下也，其子曰柱，能殖百谷百蔬；夏之兴也，周弃继之，故祀以为稷。共工氏之伯九有也，其子曰后土，能平九土，故祀以为社。黄帝能成命百物，以明民共财，颛顼能修之。帝喾能序三辰以固民，尧能单均刑法以仪民，舜勤民事而野死，鲧鄣洪水而殛死，禹能以德修鲧之功，契为司徒而民辑，冥②勤其官而水死，汤以宽治民而除其邪，稷勤百谷而山死，文王以文昭，武王去民之秽。故有虞氏禘黄帝而祖颛瑞，郊尧而宗舜；夏后氏禘黄帝而祖颛顼，郊鲧而宗禹；商人禘舜而祖契，郊冥而宗汤；周人禘喾而郊稷，祖文王而宗武王；幕③，能帅颛顼者也，有虞氏报焉；杼④，能帅禹者也，夏后氏报焉；上甲微⑤，能帅契者也，商人报焉；高圉、大王，能帅稷者也，周人报焉。凡禘、郊、祖、宗、报，此五者国之典祀也。加之以社稷山川之神，皆有功烈于民者也；及前哲令德之人，所以为明质也；及天之三辰，民所以瞻仰也；及地之五行，所以生殖也；及九州名山川泽，所以出财用也。非是不在祀典。

"今海鸟至，已不知而祀之，以为国典，难以为仁且智矣。夫仁者讲功，而智者处物。无功而祀之，非仁也；不知而不能问，非智也。今兹海其有灾乎？夫广川之鸟兽，恒知避其灾也。"

是岁也，海多大风，冬暖。文仲闻柳下季之言，曰："信吾过也。季子之言，不可不法也。"使书以为三筴⑥。

## 【注释】

①爰居：高八尺，宿于岛中，常飞海面。

②冥：契后六世孙，为夏水官。

③幕：舜的后人虞思，为夏诸侯。

④杼：禹五世孙，征三寿之国。外藩来朝，夏道大兴。

⑤上甲微：契的八世孙，汤的祖先。

⑥三筴：筴，简书。

# 伍举论章华之台

灵王为章华之台，与伍举升焉，曰："台美夫！"对曰："臣闻国君服宠①以为美，安民以为乐，听德以为聪，致远以为明。不闻其以土木之崇高、彤镂为美，而以金石匏竹之昌大、嚣庶为乐；不闻其以观大、视侈、淫色以为明，而以察清浊为聪。先君庄王为匏居之台，高不过望国氛，大不过容宴豆②，木不妨守备，用不烦官府，民不废时务，官不易朝常。问谁宴焉，则宋公、郑伯；问谁相礼，则华元、驷篝；问谁赞事，则陈侯、蔡侯、许男、顿子，其大夫侍之。先君以是除乱克敌，而无恶于诸侯。今君为此台也，国民罢焉，财用尽焉，年谷败焉，百官烦焉，举国留之，数年乃成。愿得诸侯与始升焉，诸侯皆距，无有至者。而后使太宰启强请于鲁侯，惧之以蜀之役，而仅得以来。使富都那竖③赞焉，而使长鬣之士相焉，臣不知其美也。

"夫美也者，上下、内外、小大、远近皆无害焉，故曰美。若于目观则美，缩于财用则匮，是聚民利自封而瘠民也，胡美之焉？夫君国者，将民之与处；民实瘠矣，君安得肥？且夫私欲弘侈，则德义鲜少；德义不行，则迩者骚离，而远者距违。天子之贵也，唯其以公侯为官正也，而以伯子男为师旅。其有美名也，唯其施令德于远近，而小大安之也。若敛民利以成其私欲，使民蒿焉忘其安乐，而有远心，其为恶也甚矣，安用目观？故先王之为台榭④也，榭不过讲军实，台不过望氛祥。故榭度于大卒之居，台度于临观之高。其所不夺穑地，其为不匮财用，其事不烦官业，其日不废时务。瘠硗之地，于是乎为之；城守之木，于是乎用之；官僚之暇，于是乎临之；四时之隙，于是乎成之。故《周诗》曰：'经始灵台，经之营之。庶民攻之，不日成之。经始勿亟，庶民子来。王在灵囿，麀鹿攸伏。'夫为台榭，将以教民利也，不知其以匮之也。若君谓此台美而为之正，楚其殆矣！"

## 【注释】

①服宠：指以贤受宠服。

②宴豆：是说宴会有折俎笾豆的陈设。

③富都那竖：富，富于容貌；都，闲；那，美；竖，未冠者。言貌美好不尚德。

④台榭：积土称台，无室称榭。

# 越行成于吴

吴王夫差起师伐越，越王勾践起师逆之。大夫种乃献谋曰"夫吴之与越，唯天所授，王其无庸战！夫申胥、华登简服吴国之士于甲兵，而未尝有所挫也。夫一人善射，百夫决拾①，胜未可成也。夫谋必素见成事焉，而后履之，不可以授命。王不如设戎，约辞行成，以喜其民，以广侈吴王之心。吾以卜之于天，天若弃吴，必许吾成而不吾足也，将必宽然有伯诸侯之心焉。既罢弊其民，而天夺之食，安受其烬，乃无有命矣。"

越王许诺，乃命诸稽郢行成于吴，曰："寡君勾践使下臣郢，不敢显然布币行礼，敢私告于下执事曰：昔者越国见祸，得罪于天王。天王亲趋玉趾，以心孤勾践，而又宥赦之。君王之于越也，缤起死人而肉白骨也。孤不敢忘天灾，其敢忘君王之大赐乎！今勾践申祸无良，草鄙之人，敢忘天王之大德，而思边垂之小怨，以重得罪于下执事？勾践用帅二三之老，亲委重罪，顿颡于边。今君王不察，盛怒属兵，将残伐越国。越国固贡献之邑也，君王不以鞭箠使之，而辱军士使寇令焉。勾践请盟，一介嫡女，执箕帚以备姓②于王宫，一介嫡男，奉盘匜③以随诸御④，春秋贡献，不解于王府。天王岂辱裁之？亦征诸侯之礼也。夫谚曰：'狐埋之而狐搰⑤之，是以无成功。'今天王既封植越国，以明闻于天下，而又刈亡之，是天王之无成劳也。虽四方之诸侯，则何实以事吴？敢使下臣尽辞，唯天王秉利度义焉！"

## 【注释】

①决拾：射箭的用具，决以钩弦，拾以揽袖。

②《曲礼》："纳女于天子，曰备百姓。"

③《晋语》曰："奉盘沃盥。"

④御：近臣宦竖一类的官员。

⑤狐埋、狐搰：埋，藏；搰，掘。狐狸自埋而自掘。

## 王孙雒决策

吴王夫差既杀申胥，不稔于岁，乃起师北征。阙为深沟，通于商、鲁之间，北属之沂，西属之济，以会晋公午于黄池。于是越王勾践乃命范蠡、舌庸，率师沿海溯淮，以绝吴路。败王子友于姑熊夷。越王勾践乃率中军溯江以袭吴，入其郛，焚其姑苏，徙其大舟。

吴、晋争长未成，边遽乃至，以越乱告。吴王惧，乃合大夫而谋曰："越为不道，背其齐盟。今吾道路修远，无会而归，与会而先晋，孰利？"王孙雒曰："夫危事不齿，雒敢先对。二者莫利。无会而归，越闻章矣，民惧而走，远无正就。齐、宋、徐、夷曰：'吴既败矣！'将夹沟而罗①我，我无生命矣。会而先晋，晋既执诸侯之柄以临我，将成其志以见天子。吾须之不能，去之不忍。若越闻愈章，吾民恐叛。必会而先之。"

王乃步就王孙雒曰："先之，图之将若之何？"王孙雒曰："王其无疑！吾道路悠远，必无有二命焉，可以济事。"王孙雒进，顾揖诸大夫曰："危事不可以为安，死事不可以为生，则无为贵智矣。民以恶死而欲贵富以长没也，与我同。虽然，彼近其国有迁，我绝虑无迁②。彼岂能与我行此危事也哉？事君勇谋，于此用之。今夕必挑战，以广民心。请王励士以奋其朋势，劝之以高位重畜③，备刑戮以辱其不励者，令各轻其死。彼将不战而先我，我既执诸侯之柄，以岁之不获也，无有诛焉，而先罢之，诸侯必说。既而皆入其地，王安挺④志，一日惕，一日留，以安步⑤王志。必设以此民也，封于江、淮之间，乃能至于吴。"吴王许诺。

**【注释】**

①罗：旁击。

②绝虑无迁：道远不能退转。

③重畜：重畜宝财。

④挺：宽。

⑤步：行。

# 越王勾践灭吴

吴王夫差还自黄池，息民不戒，越大夫种乃唱谋曰："吾谓吴王将遂涉吾地，今罢师而不戒以忘我，我不可以怠。日臣尝卜于天，今吴民既罢，而大荒荐饥，市无赤米①，而囷鹿②空虚，其民必移就蒲蠃于东海之滨。天占既兆，人事又见，我蔑卜筮矣。王若今起师以会，夺之利，无使夫悛。

夫吴之边鄙远者，罢而未到，吴王将耻不战，必不须至之会也，而以中国之师与我战。若事幸而从我，我遂践其地，其至者亦将不能之会也已，吾用御儿③临之。吴王若慍而又战，奔遂可出。若不战而结成，王安厚取名而去之。"越王曰："善哉！"乃大戒师，将伐吴。

楚申包胥使于越，越王勾践问焉，曰："吴国为不道，求残我社稷宗庙，以为平原，弗使血食。吾欲与之徼天之衷，唯是车马、兵甲、卒伍既具，无以行之。请问战奚以而可？"包胥辞曰："不知。"王固问焉，乃对曰："夫吴，良国也，能博取于诸侯。敢问君王之所以与之战者？"王曰："在孤之侧者，觞酒、豆肉、箪食，未尝敢不分也。饮食不致味，听乐不尽声，求以报吴。愿以此战。"包胥曰："善则善矣，未可以战也。"王曰："越国之中，疾者吾问之，死者吾葬之，老其老，慈其幼，长其孤，问其病，求以报吴。愿以此战。"包胥曰："善则善矣，未可以战也。"王曰："越国之中，吾宽民以子之，忠惠以善之。吾修令宽刑，施民所欲，去民所恶，称其善，掩其恶，求以报吴。愿以此战。"包胥曰："善则善矣，未可以战也。"王曰："越国之中，富者吾安之，贫者吾与之，救其不足，裁其有余，使贫富皆利之，求以报吴。愿以此战。"包胥曰："善则善矣，未可以战也。"王曰："越国南则楚，西则晋，北则齐，春秋皮币、玉帛、子女以宾服焉，未尝敢绝，求以报吴。愿以此战。"包胥曰："善哉！蔑以加焉，然犹未可以战也。夫战，智为始，仁次之，勇次之。不智，则不知民之极，无以铨度天下之众寡；不仁，则不能与三军共饥劳之殃；不勇，则不能断疑以发大计。"越王曰："诺。"

越王勾践乃召五大夫，曰："吴为不道，求残吾社稷宗庙，以为平原，不使血食。吾欲与之徼天之衷，唯是车马、兵甲、卒伍既具，无以行之。吾问于王孙包胥，既命孤矣。敢访诸大夫，问战奚以而可？勾践愿诸大夫言之，皆以情告，无阿孤，孤将以举大事。"大夫舌庸乃进，对曰："审赏则可以战乎？"王曰："圣。"大夫苦成进，对曰："审罚则可以战乎？"王曰："猛。"大夫种进，对曰："审物④则可以战乎？"王曰："辩。"大夫蠡进，对曰："审备则可以战乎？"王曰："巧。"大夫皋如进，对曰："审声⑤则可以战乎？"王曰："可矣。"王乃命有司大令于国曰："苟在戎者，皆造于国门之外。"王乃命于国曰："国人欲告者来告，告孤不审，将为戮，不利，及五日，必审之，过五日，道将不行。”

王乃入命夫人。王背屏而立，夫人向屏。王曰："自今日以后，内政无出，外政无入。内有辱，是子也，外有辱，是我也。吾见子于此止矣。"王遂出，夫人送王，不出屏，乃阖左阖，填之以土，去笄，侧席而坐，不扫。王背檐而立，大夫向檐。王命大夫曰："食土不均，土地之不修，内有辱于国，是子也；军王不死，外有辱，是我也。自今日以后，内政无出，外政无入，吾见子于此止矣。"王遂出，大夫送王不出檐，乃阖左阖，填之以土，侧席而坐，不扫。

王乃之坛，列鼓而行之，至于军，斩有罪者以徇，曰："莫如此以环填通相问也。"明日徙舍，斩有罪者以徇，曰："莫如此不从其伍之令。"明日徙舍，斩有罪者以徇，曰："莫如此不用王命。"明日徙舍，至于御儿，斩有罪者以徇，曰："莫如此淫逸不可禁也。"

王乃命有司大徇于军，曰："有父母耆老而无昆弟者，以告。"王亲命之曰："我有大事，子有父母耆老，而子为我死，子之父母将转于沟壑，子为我礼已重矣。子归，殁而父母之世。后若有事，吾与子图之。"明日徇于军，曰："有兄弟四五人皆在此者，以告。"王亲命之曰："我有大事，子有昆弟四五人皆在此，事若不捷，则是尽也。择子之所欲归者一人。"明日徇于军，曰："有眩瞀之疾者，以告。"王亲命之曰："我有大事，子有眩瞀之疾，其归若已。后若有事，吾与子图之。"明日徇于军，曰："筋力不足以胜甲兵，志行不足以听命者归，莫告。"明日，迁军接粉，斩有罪者以徇，曰："莫如此志行不果。"于是人有致死之心。王乃命有司大徇于军，曰："谓二三子归而不归，处而不处，进而不进，退而不退，左而不在左，右而不在右，身斩，妻子鬻。"

于是吴王起师，军于江北，越王军于江南，越王乃中分其师以为左右军，以其私卒君子⑥六千人为中军。明日将舟战于江，及昏，乃令左军衔枚溯江五里以须，亦令右军衔枚逾江五里以须。夜中，乃命左军、右军涉江，鸣鼓中水以须。吴师闻之，大骇，曰："越人分为二师。将以夹攻我师。"乃不待旦，亦中分其师，将以御越。越王乃令其中军衔枚潜涉，不鼓不噪，以袭攻之，吴师大北。越之左军、右军乃遂涉而从之，又大败之于没，又郊败之，三战三北，乃至于吴。越师遂入吴国，围王台。

吴王惧，使人行成，曰：“昔不谷先委制于越君，君告孤请成，男女服从。孤无奈越之先君何，畏天之不祥，不敢绝祀，许君成，以至于今。今孤不道，得罪于君王，君王以亲辱于弊邑。孤敢请成，男女服为臣御。”越王曰：“昔天以越赐吴，而吴不受；今天以吴赐越，孤敢不听天之命，而听君之令乎？”乃不许成。因使人告于吴王曰：“天以吴赐越，孤不敢不受。以民生之不长，王其无死！民生于地上，寓也，其与几何？寡人其达王于甬句东⑦，夫妇三百，唯王所安，以没王年。”夫差辞曰：“天既降祸于吴国，不在前后，当孤之身，实失宗庙社稷。凡吴土地人民，越既有之矣，孤何以视于天下！”夫差将死，使人说于子胥曰：“使死者无知，则已矣，若其有知，吾何面目以见员也！”遂自杀。

越灭吴，上征上国，宋、郑、鲁、卫、陈、蔡执玉之君皆入朝。夫唯能下其群臣，以集其谋故也。

## 【注释】

①赤米：恶米。

②个鹿：盛米的容器，圆者叫个，方者叫鹿。

③御儿：古地名，今浙江桐乡西南有语儿乡，即古御儿。

④审物：谓能别旌旗物色微帜之属。

⑤审声：声，谓钲鼓进退之声，不审则众惑。

⑥私卒君子：王所亲近有志行者，犹吴之贤良、齐之士。

⑦甬句东：地名，今浙江舟山岛。

# 勾践复仇始末

越王勾践栖于会稽之上，乃号令于三军曰：“凡我父兄昆弟及国子姓，有能助寡人谋而退吴者，吾与之共知越国之政。”大夫种进对曰：“臣闻之，贾人夏则资皮，冬则资绨，旱则资舟，水则资车，以待乏也。夫虽无四方之忧，然谋臣与爪牙之士，不可不养而择也。譬如蓑笠，时雨既至，必求之。今君王既栖于会稽之上，然后乃求谋臣，无乃后乎？”勾践曰：“苟得闻子大夫之言，何后之有？”执其手而与之谋。

遂使之行成于吴，曰："寡君勾践乏无所使，使其下臣种，不敢彻声闻于天王，私于下执事，曰：'寡君之师徒不足以辱君矣，愿以金玉、子女赂君之辱，请勾践女女于王，大夫女女于大夫，士女女于士，越国之宝器毕从，寡君帅越国之众，以从君之师徒，唯君左右之。若以越国之罪为不可赦也，将焚宗庙，系妻孥，沉金玉于江，有带甲五千人，将以致死。乃必有偶，是以带甲万人事君也，无乃即伤君王之所爱乎？与其杀是人也，宁其得此国也，其孰利乎？'"

夫差将欲听与之成，子胥谏曰："不可！夫吴之与越也，仇雠敌战之国也。三江①环之，民无所移，有吴则无越，有越则无吴，将不可改于是矣。员闻之，陆人居陆，水人居水。夫上党之国，我攻而胜之，吾不能居其地，不能乘其车。夫越国，吾攻而胜之，吾能居其地，吾能乘其舟，此其利也，不可失也已。君必灭之，失此利也，虽悔之，必无及已。"

越人饰美女八人，纳之太宰嚭，曰："子苟赦越国之罪。又有美于此者将进之。"太宰嚭谏曰："嚭闻：古之伐国者，服之而已。今已服矣，又何求焉？"夫差与之成而去之。

勾践说于国人曰："寡人不知其力，不足也，而又与大国执仇，以暴露百姓之骨于中原，此则寡人之罪也。寡人请更。"于是葬死者，问伤者，养生者，吊有忧，贺有喜，送往者，迎来者，去民之所恶，补民之不足。然后卑事夫差，宦士三百人于吴，其身亲为夫差前马。

勾践之地，南至于句无②，北至于御儿，东至于鄞，西至于姑蔑③，广运百里。乃致其父母昆弟而誓之曰："寡人闻古之贤君，四方之民归之，若水之归下也。今寡人不能，将帅二三子夫妇以蕃。"令壮者无取老妇，令老者无取壮妻。女子十七不嫁，其父母有罪；丈夫二十不娶，其父母有罪。将免者以告，公令医守之。生丈夫，二壶酒，一犬；生女子，二壶酒，一豚。生三人，公与之母；生二人，公与之饩。当室者死，三年释其政；支子死，三月释其政，必哭泣葬埋之，如其子。令孤子、寡妇、疾疹、贫病者，纳宦其子。其达士，洁其居，美其服，饱其食，而摩厉之于义。四方之士来者，必庙礼之。勾践载稻与脂于舟以行，国人孺子之游者，无不餔也，无不歠也，必问其名。非其身之所种则不食，非其夫人之所织则不衣，十年不收于国，民俱有三年之食。

国之父兄请曰:"昔者夫差耻吾君于诸侯之国,今越国亦节矣,请报之。"勾践辞曰:"昔者之战也,非二三子之罪也,寡人之罪也。如寡人者,安与知耻?请姑无庸战。"父兄又请曰:"越四封之内,亲吾君也,犹父母也。子而思报父母之仇,臣而思报君之雠,其有敢不尽力者乎?请复战。"勾践既许之,乃致其众而誓之,曰:"寡人闻古之贤君,不患其众之不足也,而患其志行之少耻④也。今夫差衣水犀之甲者亿有三千,不患其志行之少耻也,而患其众之不足。今寡人将助天灭之。吾不欲匹夫之勇也,欲其旅进旅退。进则思赏,退则思刑,如此,则有常赏。进不用命,退则无耻,如此,则有常刑。"果行,国人皆劝,父勉其子,兄勉其弟,妇勉其夫,曰:"孰是吾君也,而可无死乎?"是故败吴于囿,又败之于没,又郊败之。

夫差行成,曰:"寡人之师徒,不足以辱君矣。请以金玉子女赂君之辱。"勾践对曰:"昔天以越予吴,而吴不受命;今天以吴予越,越可以无听天之命,而听君之令乎!吾请达王甬句东,吾与君为二君乎!"夫差对曰:"寡人礼先壹饭⑤矣,君若不忘周室,而为弊邑宸宇⑥,亦寡人之愿也。君若曰:'吾将残汝社稷,灭汝宗庙。'寡人请死,余何面目以视于天下乎!"越君其次也,遂灭吴。

## 【注释】

①三江:吴江、钱塘江、浦阳江。

②句无:地名,今浙江诸暨市之句无亭。

③姑蔑:地名,今浙江龙游县北。

④少耻:进不念功,临难苟免。

⑤壹饭:年长于越王一饭之间,欲以少长而求免。

⑥宸宇:以屋宇之余,庇覆吴人。

# 《国策》精华

## 【著录】

　　《国策》即《战国策》，这是一部记录中国战国时期纵横家言论和事迹的书。"纵横"是合纵与连横的简称。战国时，秦、齐、楚、燕、韩、赵、魏七雄并立，明争暗斗，连年征战。在200多年的争雄中，涌现出一批能言善辩、奇谋异策、游说四方的辩士、谋士和游士。他们各为其主出谋划策，效力尽忠。有的以谲诡"合众弱以攻一强"，有的以奇谋"事一强以攻众弱"，有的"纵横参谋，长短角势"，有的"转丸聘其巧辞，飞钳伏其精术"，甚有一人之辩重于九鼎之宝，三寸之舌胜于百万雄师。在当时风云谲诡的政治舞台上，演出了一幕幕惊心动魄、奇异多彩的故事，形成了中国历史上的"纵横之世"。这种尔虞我诈、纵横角势的局面，直至公元前221年秦始皇统一中国，方告结束。

　　《战国策》并非最初之名，"当时以一国之事为一策"。有叫"国事"，有称"短长"，有名"事语"，有曰"国策"，亦有谓"长书"或"修书"者。名称不一，性质类同。这些"游士策谋"之书流传到西汉，刘向将其类编在一起，去其重复，校其脱误，辑为三十三卷，定名"战国策"，但此书早已失传。北宋时曾巩对其进行了校定，恢复了该书的规模，又经多次校勘，始成定本。今传《战国策》一书，是南宋高宗时姚宏所校注，非西汉刘向所辑《战国策》之原本。

　　《战国策》展现出一副多彩的历史画面。当时争雄各国政治和外交上明争暗斗、瞬息万变的历史事实和人物活动，内容极为丰富。从各章的内容看，机巧言行固然比比皆是，但告诫统治者重视人民，规劝统治者"贵士"，要求高官厚禄者对国有功，歌颂不畏强暴、不辱使命的外交官，赞扬坚持正义、解人危难的篇章也处处可见。鞭挞统治者的残暴、昏庸、荒淫行为，揭露统治阶级内部钩心斗角、人面兽心、陷害善良等丑行者，亦不乏文；更有对阶级社会人情硗薄、世态炎凉发出慨叹者。如此丰富多彩的内容，为后人呈现出一幅活生生的"战国浮世图"。虽然这些机巧言行"不可以临教化"，但可以从各个方面给人以启迪。

《战国策》不仅是雄言善辩的辞章，其寓言故事和比喻，也多彩多姿。其叙事明快，分析透彻，铺陈贴切，说理清晰，写人栩栩如生，讲事波涛起伏的文采，都是《战国策》能流传两千多年，仍不失为一部史料价值和文学价值的古典名著的原因所在。

## 苏秦始以连横说秦

苏秦始将连横，说秦惠王曰："大王之国，西有巴、蜀、汉中之利，北有胡貉、代马之用，南有巫山、黔中之限，东有崤、函之固。田肥美，民殷富，战车万乘，奋击百万，沃野千里，蓄积饶多，地势形便，此所谓天府，天下之雄国也。以大王之贤，士民之众，车骑之用，兵法之教，可以并诸侯，吞天下，称帝而治。愿大王少留意，臣请奏其效。"

秦王曰："寡人闻之：毛羽不丰满者，不可以高飞；文章不成者，不可以诛罚；道德不厚者，不可以使民；政教不顺者，不可以烦大臣。今先生俨然不远千里而庭教之，愿以异日。"

苏秦曰："臣固疑大王之不能用也。昔者神农伐补遂，黄帝伐涿鹿而禽蚩尤，尧伐骥兜，舜伐三苗，禹伐共工，汤伐有夏，文王伐崇，武王伐纣，齐桓任战而霸天下。由此观之，恶有不点者乎？古者使车毂击驰，言语相结，天下为一；约从连横，兵革不藏；文士并饬，诸侯乱惑；万端俱起，不可胜理；科条既备，民多伪态；书策稠浊，百姓不足；上下相愁，民无所聊；明言章理，兵甲愈起；辩言伟服，战攻不息；繁称文辞，天下不治；舌敝耳聋，不见成功；行义约信，天下不亲。于是乃废文任武，厚养死士，缀甲厉兵，效胜于战场。夫徒处而致利，安坐而广地，虽古五帝、三王、五霸，明主贤君，常欲坐而致之，其势不能，故以战续之。宽则两军相攻，迫则杖戟相橦，然后可建大功，是故兵胜于外，义强于内，威立于上，民服于下。今欲并天下，凌万乘，诎敌国，制海内，子元元，臣诸侯，非兵不可。今之嗣主，忽于至道，皆惛于教，乱于治，迷于言，惑于语，沉于辩，溺于辞，以此论之，王固不能行也！"

说秦王书十上而说不行，黑貂之裘敝，黄金百斤尽。资用乏绝，去秦而归。赢縢履蹻[1]，负书担囊，形容枯槁，面目黧黑，状有愧色。归至家，妻不下纴[2]，嫂不为炊，父母不与言。苏秦喟然叹曰："妻不以我为夫，嫂不以我为叔，父母不以我为子，是皆秦之罪也！"乃夜发书，陈箧数十，得《太公阴符》之谋，伏而诵之，简练以为揣、摩。读书欲睡，引锥自刺其股，血流至足，曰："安有说人主不能出其金玉锦绣取卿相之尊者乎？"期年，揣、摩成，曰："此真可以说当世之君矣！"

于是乃摩[3]燕乌集阙，见说赵王于华屋之下，抵掌而谈。赵王大悦，封为武安君，受相印。革车百乘，绵绣千纯[4]，白璧百双，黄金万镒，以随其后；约从散横，以抑强秦。故苏秦相于赵而关不通。当此之时，天下之大，万民之众，王侯之威，谋臣之权，皆欲决于苏秦之策。不费斗粮，未烦一兵，未战一士，未绝一弦，未折一矢，诸侯相亲，贤于兄弟。夫贤人任而天下服，一人用而天下从。故曰：式于政，不式于勇；式于廊庙之内，不式于四境之外。当秦之隆，黄金万镒为用，转毂连骑，炫熿于道，山东之国，从风而服，使赵大重。且夫苏秦特穷巷掘门[5]桑户棬枢[6]之士耳，伏轼撙衔[7]，横历天下，廷说诸侯之主，杜左右之口，天下莫之伉！

将说楚王，路过洛阳。父母闻之，清宫除道，张乐设饮，郊迎三十里，妻侧目而视，倾耳而听，嫂蛇行匍伏，四拜自跪而谢，苏秦曰："嫂何前倨而后卑也？"嫂曰："以季子位尊而多金。"苏秦曰："嗟乎！贫穷则父母不子，富贵则亲戚畏惧。人生世上，势位宝贵，盖可忽乎哉！"

【注释】

①赢縢履蹻：赢，缠绕；縢，即缠腿布；履蹻，即麻布鞋。

②纴：织机。

③摩：谓切近而过。

④纯：束。

⑤掘门：凿垣为门。

⑥桑户棬枢：桑户，以桑木为户门；枢，门轴；棬枢，卷揉桑条假以为门轴。

⑦樽衔：衔，勒。樽衔指控制驭马之行止。

# 司马错张仪论伐韩蜀

司马错与张仪争论于秦惠王前。司马错欲伐蜀，张仪曰："不如伐韩。"王曰："请闻其说。"

对曰："亲魏善楚，下兵三川，塞镮辕①、缑氏②之口，当屯留③之道，魏绝南阳，楚临南郑，秦攻新城、宜阳，以临二周之郊，诛周主之罪，侵楚、魏之地。周自知不救，九鼎宝器必出。据九鼎，按图籍，挟天子以令天下，天下莫敢不听。此王业也。今夫蜀，西僻之国。而戎狄之长也。敝兵劳众，不足以成名；得其地，不足以为利。臣闻：'争名者于朝，争利者于市。'今三川周室，天下之市朝也，而王不争焉，顾争于戎狄，去王业远矣。"

司马错曰："不然！臣闻之：欲富国者，务广其地；欲强兵者，务富其民；欲王者，务博其德。三资者备，而王随之矣。今王之地小民贫，故臣愿从事于易。夫蜀，西僻之国也，而戎狄之长也，而有桀、纣之乱。以秦攻之，譬如使豺狼逐群羊也。取其地，足以广国也，得其财，足以富民，缮兵不伤众，而彼已服矣。故拔一国，而天下不以为暴；利尽西海，诸侯不以为贪。是我一举而名实两附，而又有禁暴正乱之名。今攻韩，劫天子。劫天子，恶名也，而未必利也，又有不义之名，而攻天下之所不欲，危！臣请谒其故：周，天下之宗室④也；齐、韩，周之与国也，周自知失九鼎，韩自知亡三川，则必将二国并力合谋，以因于齐赵，而救解乎楚、魏，以鼎与楚，以地与魏，王不能禁。此臣所谓'危'，不如伐蜀之完也。"

惠王曰："善！寡人听子。"卒起兵伐蜀，十月取之，遂定蜀。蜀主更号为侯，而使陈庄相蜀。蜀既属，秦益强富厚，轻诸侯。

## 【注释】

①镮辕：山名，在今河南偃师县东南，在巩义市、登封市边界。

②缑氏：地名，春秋周邑，宋废，故城在今河南偃师县南。

③屯留：县名，今山西境内。

④天下之宗室：指周室。

# 张仪欺楚绝齐交

齐助楚攻秦，取曲沃①。其后秦欲伐齐，齐、楚之交善，惠王患之。谓张仪曰："吾欲伐齐，齐、楚方欢，子为寡人虑之，奈何？"张仪曰："王其为臣约车并币，臣请试之。"

张仪南见楚王，曰："敝邑之王所说②甚者，无大③大王；惟仪之所甚愿为臣者，亦无大大王。敝邑之王所甚憎者，无大齐王；惟仪之所甚憎者，亦无大齐王。今齐王之罪，其于敝邑之王甚厚，敝邑欲伐之，而大国与之欢，是以敝邑之王不得事令，而仪不得为臣也。大王苟能闭关绝齐，臣请使秦王献商於④之地方六百里。若此，齐必弱；齐弱，则必为王役矣。则是北弱齐，西德于秦，而私商於之地以为利也。则此一计而三利俱至。"

楚王大说，宣言之于朝廷，曰："不谷得商於之地方六百里。"群臣闻见者毕贺，陈轸后见，独不贺。楚王曰："不谷不烦一兵，不伤一人，而得商於之地六百里，寡人自以为智矣。诸士大夫皆贺，子独不贺，何也？"陈轸对曰："臣见商於之地不可得，而患必至也，故不敢妄贺。"王曰："何也？"对曰："夫秦以重王者，以王有齐也。今地未可得，而齐先绝，是楚孤也。秦又何重孤国？且先出地绝齐，秦计必弗为也。先绝齐，后责地，且必受欺于张仪，受欺于张仪，王必怨之。是西生秦患，北绝齐交，则两国兵必至矣。"楚王不听，曰："吾事善矣！子其弭口无言，以待吾事！"楚王使人绝齐，使者未来，又重绝之。

张仪反，秦使人使齐，齐、秦之交阴合。楚因使一将军受地于秦，张仪至，称病不朝。楚王曰："张子以寡人不绝齐乎？"乃使勇士往詈齐王。张仪知楚绝齐也，乃出见使者，曰："从某至某，广从六里。"使者曰："臣闻六百里，不闻六里。"仪曰："仪固以小人，安得六百里？"使者反报楚王，楚王大怒，欲兴师伐秦。陈轸曰："臣可以言乎？"王曰："可矣。"轸曰："伐秦，非计也，王不如赂之一名都，与之伐齐，是我亡于秦，而取偿于齐也。楚国不尚全乎⑤？王今已绝齐，而责欺于秦，是吾合齐、秦之交也，国必大伤！"楚王不听，遂举兵伐秦。秦与齐合，韩氏从之，楚兵大败于杜陵⑥。

故楚之土壤士民非削弱，仅以救亡者，计失于陈轸，过听于张仪。

### 【注释】

①曲沃：魏地，时属秦。在今河南三门峡市西南。

②说：敬。

③无大：无过。

④商於：今陕西商县。

⑤不尚全乎：无所丧。

⑥杜陵：古杜伯国，今陕西旬阳县西。

## 楚黄歇说秦昭王

天下莫强于秦、楚。今闻大王欲伐楚，此犹两虎相斗，而驽犬受其敝，不如善楚。臣请言其说。

"臣闻：'物至而反，冬夏是也。致至而危，累棋是也。'今大国之地半天下，有二垂，此从生民以来，万乘之地未尝有也。先帝文王、武王、王之身，三世而不接地于齐，以绝从亲之要。今王使成桥守事于韩，成桥以北入燕，是王不用甲，不伸威，而出百里之地。王可谓能矣！王又举甲兵而攻魏，杜大梁之门，举河内，拔燕、酸枣、虚、桃人，楚、燕之兵，云翔不敢校，王之功亦多矣！王休甲息众二年，然后复之，又取蒲、衍、首垣，以临仁、平丘、小黄、济阳、婴城，而魏氏服矣。王又割濮、磨之北属之燕，断齐、秦之要，绝楚、魏之脊。天下五合、六聚而不敢救也，王之威亦惮矣！王若能持功守威，省攻伐之心，而肥仁义之地，使无复后患，三王不足四，五霸不足六也！王若负人徒之众，恃兵甲之强，乘毁魏之威，而欲以力臣天下之主，臣恐有后患。

"《诗》云：'靡不有初，鲜克有终。'《易》曰：'狐濡其尾'。①此言始之易，终之难也。何以知其然也？智氏见伐赵之利，而不知榆次②

之祸也；吴见伐齐之便，而不知干隧<sup>③</sup>之败也。此二国者，非无大功也，没利于前，而易患于后也。吴之信越也，从而伐齐，遂攻齐人于艾陵，还为越王禽于三江之浦。智氏信韩、魏，从而伐赵，攻晋阳之城，胜有日矣，韩、魏反之，杀智伯瑶于凿台之上。今王妒楚之不毁也，而忘毁楚之强韩、魏也，臣为大王虑而不取。

"《诗》云：'大武远宅不涉。'从此观之，楚国，援也；邻国，敌也。《诗》云：'他人有心，予忖度之，跃跃毚兔，遇犬获之。'今王中道而信韩、魏之善王也，此正吴信越也。臣闻：'敌不可易，时不可失。'臣恐韩、魏之卑辞虑患，而实欺大国也！王既无重世之德于韩、魏，而有累世之怨焉。韩、魏父子兄弟接踵而死于秦者，十世矣。本国残，社稷坏，宗庙隳，刳腹折颐，首身分离，暴骨草泽，头颅僵仆，相望于境。父子、老弱系虏，相随于路，鬼神狐祥<sup>④</sup>无所食，百姓不聊生，族类离散，流亡为臣妾，满海内矣。韩、魏之不亡，秦社稷之忧也。今王之攻楚，不亦失乎？

"且王攻楚之日，则恶出兵？王将藉路于仇雠之韩、魏乎？兵出之日，而王忧其不反也，是王以兵资于仇雠之韩、魏。王若不藉路于仇雠之韩、魏，必攻随阳、右壤，此皆广川大水，山林溪谷不食之地，王虽有之，不为得地。是王有毁楚之名，无得地之实也！且王攻楚之日，四国必悉起应王。秦、楚之兵，构而不离，魏氏将出兵而攻留、方与、胡陵、砀、萧、相，故宋必尽。齐人南面，泗北必举。此皆平原四达、膏腴之地也，而王使之独攻。王破楚，于以肥韩、魏于中国而劲齐，韩、魏之强，足以校于秦矣。而齐南以泗为境，东负海，北倚河，而无后患，天下之国，莫强于齐。齐、魏得地葆利，而详事下吏，一年之后，为帝若未能，于以禁王之为帝有余。

"夫以王壤土之博，人徒之众，兵革之强，而注地于楚，诎令韩、魏归帝重于齐，是王失计也！臣为王虑，莫若善楚，秦、楚合而为一，以临韩，韩必授首。王襟以山东之险，带以河曲之利，韩必为关中之候。若是，王以十万戍郑，梁氏寒心，许、鄢陵婴城，上蔡、召陵不往来也。如此，而魏亦关内侯矣。王一善楚，而关内二万乘之主，注地于秦，齐之右壤，可拱手而取也。是王之地，一经两海<sup>⑤</sup>，要绝天下也。是燕、赵无齐、楚，齐、楚无燕、赵也。然后危动燕、赵，持齐、楚，此四国者，不待痛而服矣。"

## 【注释】

①狐濡其尾：《易经》上说：狐狸爱惜其尾，每涉水举尾不令湿，但终因后来无力而潮湿。

②榆次：智伯所败地，在今山西晋中市榆次区。

③干隧：吴王夫差自到处，在苏州西北。

④狐祥：流浪在外的妖孽。

⑤一经两海：东西为经，取齐右壤，则自西海至东海，皆为秦地，故曰一经两海。

# 苏秦论留楚太子

楚王死，太子在齐质，苏子谓薛公曰："君何不留楚太子，以市其下东国"？①薛公曰："不可。我留太子，郢中立王，然则是我抱空质，而行不义于天下也！"苏子曰："不然！郢中立王，君因谓其新王曰：'与我下东国，吾为王杀太子；不然，吾将与三国共立之。'然则下东国必可得也。"

苏子之事，可以请行，可以令楚王亟入下东国，可以益割于楚，可以忠太子而使楚益入地，可以为楚王走太子，可以忠太子使之亟去，可以恶苏子于薛公，可以为苏子请封于楚，可以使人说薛公以善苏子，可以使苏子自解于薛公。

苏子谓薛公曰："臣闻：'谋泄者事无功，计不决者名不成。'今君留楚太子者，以市下东国也。非亟得下东国者，则楚之计变，变则是君抱空质，而负名于天下也。"薛公曰："善。为之奈何？"对曰："臣请为君之楚，使亟入下东国之地。楚得成，则君无败矣。"薛公曰："善。"因遣之。故曰可以请行也。

谓楚王曰："齐欲奉太子而立之。臣观薛公之留太子者，以市下东国也。今王不亟入下东国，则太子且倍王之割，而使齐奉己。"楚王曰："谨受命。"因献下东国。故曰可以使楚亟入地也。

谓薛公曰："楚之势，可多割也。"薛公曰："奈何？""请告太子其故，使太子谒之君，以忠太子。使楚王闻之，可以益入地。"故曰可以益割于楚也。

谓太子曰："齐奉太子而立之，楚王请割地以留太子，齐少其地，太子何不倍楚之割地而资齐？齐必奉太子。"太子曰："善。"倍楚之割而延齐。楚王闻之，恐，益割地而献之，尚恐事不成。故曰可以使楚益入地也。

谓楚王曰："齐之所以敢多割地者，挟太子也。今已得地，而求不止者，以太子权王也故。臣能去太子。太子去，齐无辞，必不倍于王也。王因驰强齐而为交，齐辞，必听王。然则是王去雠而得齐交也。"楚王大说，曰："请以国因！"故曰可以为楚王使太子亟去也。

谓太子曰："夫窥<sup>②</sup>楚者，王也；以空名市者，太子也。齐未必信太子之言也，而楚功见矣。楚交成，太子必危矣。太子其图之！"太子曰："谨受命。"乃约车而暮去。故曰可以使太子急去也。

苏子使人请薛公曰："夫劝留太子者，苏子也。苏了非诚以为君也，且以便楚也。苏子恐君之知之，故多割楚以灭迹也。今劝太子去者，又苏子也，而君弗知也，臣窃为君疑之！"薛公大怒于苏子。故曰可以恶苏子于薛公也。

又使人谓楚王曰："夫使薛公留太子者，苏子也；奉王而代立楚太子者，又苏子也；割地因约者，又苏子也；忠王而走太子者，又苏子也。今人恶苏子于薛公，以其为齐薄而为楚厚也。愿王之知之！"楚王曰："谨受命。"因封苏子为武贞君。故曰可以为苏子请封于楚也。

又使景鲤请薛公曰："君之所以重于天下者，以能得天下之士，而有齐权也。今苏子，天下之辩士也，世与少有。君因不善苏子，则是围塞天下士，而不利说途也。夫不善君者且奉苏子，而于君之事殆矣！今苏子善于楚王，而君不早亲，则是与楚为仇也！君不如因而亲之，贵而重之，是君有楚也。"薛公因善苏子。故曰可以为苏子说薛公以善苏子也。

## 【注释】

①下东国：楚近齐的东邑。

②窥：裁制。

# 冯谖客孟尝君

齐人有冯谖者，贫乏不能自存，使人属孟尝君，愿寄食门下，孟尝君曰："客何好？"曰："客无好也。"曰："客何能？"曰："客无能也。"孟尝君笑而受之，曰："诺。"

左右以君贱之也，食以草具①。居有顷，倚柱弹其剑，歌曰："长铗归来乎，食无鱼！"左右以告，孟尝君曰："食之，比门下之客。"居有顷，复弹其铗，歌曰："长铗归来乎，出无车！"左右皆笑之，以告。孟尝君曰："为之驾，比门下之车客。"于是乘其车，揭其剑，过其友，曰："孟尝君客我！"后有顷，复弹其剑铗，歌曰："长铗归来乎，无以为家！"左右皆恶之，以为贪而不知足。孟尝君问："冯公有亲乎？"对曰："有老母。"孟尝君使人给其食用，无使乏。于是冯谖不复歌。

后孟尝君出记，问门下诸客："谁习计会，能为文收责②于薛者乎？"冯谖署曰："能。"孟尝君怪之，曰："此谁也？"左右曰："乃歌夫'长铗归来'者也。"孟尝君笑曰："客果有能也，吾负之，未尝见也。"请而见之，谢曰："文倦于事，愦于忧，而性懧③愚，沉于国家之事，开罪于先生。先生不羞，乃有意欲为收责于薛乎？"冯谖曰："愿之。"

于是约车治装，载券契而行，辞曰："责毕收，以何市而反？"孟尝君曰："视吾家所寡有者。"驱而之薛，使吏召诸民当偿者，悉来合券。券遍合，起，矫命，以责赐诸民。因烧其券，民称万岁。

长驱到齐，晨而求见。孟尝君怪其疾也，衣冠而见之，曰："责毕收乎？来何疾也！"曰："收毕矣。""以何市而反？"冯谖曰："君云'视吾家所寡有者'，臣窃计，君宫中积珍宝，狗马实外厩，美人充下陈，君家所寡有者，以义耳。窃以为君市义。"孟尝君曰："市义奈何？"曰："今君有区区之薛，不拊爱子其民，因而贾利之。臣窃矫君命，以责赐诸民，因烧其券，民称万岁，乃臣所以为君市义也。"孟尝君不说，曰："诺，先生休矣！"

后期年，齐王谓孟尝君曰："寡人不敢以先王之臣为臣！"孟尝君就国于薛。未至百里，民扶老携幼，迎君道中，终日。孟尝君顾谓冯谖："先生所谓为文市义者，乃今日见之！"冯谖曰："狡兔有三窟，仅得免其死耳！今有一窟，未得高枕而卧也。请为君复凿二窟。"孟尝君予车五十乘，金五百斤，西游于梁。谓梁王曰："齐放其大臣孟尝君于诸侯，诸侯先迎之者，富而兵强。"于是梁王虚上位，以故相为上将军，遣使者，黄金千斤，车百乘，往聘孟尝君。冯谖先驱，诫孟尝君曰："千金，重币也；百乘，显使也。齐其闻之矣。"梁使三反，孟尝君固辞不往也。

齐王闻之，君臣恐惧，遣太傅赍黄金千斤，文车二驷，服剑④一，封书一，谢孟尝君曰："寡人不祥，被于宗庙之崇，沉于谄谀之臣，开罪于君。寡人不足为也，愿君顾先王之宗庙，姑反国统万人乎？"冯谖诫孟尝君曰："愿请先王之祭器，立宗庙于薛。"庙成还报孟尝君曰："三窟已就，君姑高枕为乐矣。"

孟尝君为相数十年，无纤介⑤之祸者，冯谖之计也。

## 【注释】

①草具：粗食。

②责：同"债"。

③柠：同"懦"。

④服剑：自佩之剑。

⑤纤介：介，通"芥"，微细之意。

# 庄辛论幸臣亡国

庄辛谓楚襄王曰："君王左州侯，右夏侯，辇从鄢陵君与寿陵君，专淫逸侈靡，不顾国政，郢都必危矣！"襄王曰："先生老悖乎？将以为楚国妖祥乎？"庄辛曰："臣诚见其必然者也，非敢以为国妖祥也。君王卒幸而四子者不衰，楚国必亡矣！臣请避于赵，淹留以观之。"

庄辛去之赵。留五月，秦果举鄢、郢、巫、上蔡、陈之地。襄王流掩于城阳，于是使人发驺，征庄辛于赵。庄辛曰："诺。"

庄辛至，襄王曰："寡人不能用先生之言，今事至于此。为之奈何？"庄辛对曰："臣闻鄙语曰：'见兔而顾犬，未为晚也；亡羊而补牢，未为迟也。'臣闻昔汤、武以百里昌，桀、纣以天下亡。今楚国虽小，绝长续短，犹有数千里，岂特百里哉！王独不见夫蜻蛉乎？六足四翼，飞翔乎天地之间，俯啄蚊虻而食之，仰承甘露而饮之，自以为无患，与人无争也。不知夫五尺童子，方将调饴胶丝，加己乎四仞之上，而下为蝼蚁食也。夫蜻蛉其小者也，黄雀因是呂。俯噣白粒，仰栖茂树，鼓翅奋翼，自以为无患，与人无争也，不知夫公子王孙，左挟弹，右摄丸，将加己乎十仞之上，以其类为招，昼游乎茂树，夕调乎酸咸，倏忽之间，坠于公子之手。夫雀其小者也，黄鹄因是以游乎江海，淹乎大沼，俯噣鳝鲤，仰啮陵衡，奋其六翮而凌清风，飘摇乎高翔。自以为无患，与人无争也。不知夫射者方将修其碆卢[1]，治其缯缴，将加己乎百仞之上，被磻礛[2]，引微缴，折清风而抎[3]矣。故昼游乎江河，夕调乎鼎鼐。夫黄鹄其小者也，蔡灵侯之事因是以。南游乎高陂，北陵乎巫山，饮茹溪[4]之流，食湘波之鱼，左抱幼妾，右拥嬖女，与之驰骋乎高蔡之中，而不以国家为事。不知夫子发方受命乎灵王，系己以朱丝而见之也。蔡灵之事其小者也，君王之事因是以。左州侯，右夏侯，辇以鄢陵君与寿陵君，饭封禄之粟，而载方府之金，与之驰骋乎云梦之中，而不以天下国家为事。而不知夫穰侯方受命乎秦王，填黾塞之内，而投己乎黾塞之外。"

襄王闻之，颜色变作，身体战栗。于是乃以执珪而授之为阳陵君，与淮北之地也。

**【注释】**

①碆卢：碆，矢镞；卢，黑弓。

②磻礛：锐利石镞。

③抎：同"陨"，坠下。

④茹溪：巫山旁之溪。

## 苏秦始以合从说赵

苏秦从燕之赵，始合从，说赵王曰："天下之卿相人臣，乃至布衣之士，莫不高贤大王之行义，皆愿奉教陈忠于前之日久矣。虽然，奉阳君妒，大王不得任事，是以外宾客游谈之事，无敢尽忠于前者，今奉阳君捐馆舍，大王乃今然后得与士民相亲，臣故敢进其愚忠。

"为大王计，莫若安民无事，请无庸有为也。安民之本，在于择交，择交而得，则民安；择交不得，则民终身不得安。请言外患：齐、秦为两敌，而民不得安，倚秦攻齐，而民不得安，倚齐攻秦，而民不得安。故夫谋人之主，伐人之国，常苦出辞断绝人之交，愿大王慎无出于口也。请屏左右，白言所以异，阴阳①而已矣。大王诚能听臣，燕必致毡裘狗马之地，齐必致海隅渔盐之地，楚必致橘柚云梦之地，韩、魏皆可使致封地汤沐之邑，贵戚父兄，皆可以受封侯。夫割地效实，五霸之所以覆军禽将而求也；封侯贵戚，汤、武之所以放杀而争也。今大王垂拱而两有之，是臣之所以为大王愿也。

"大王与秦，则秦必弱韩、魏；与齐，则齐必弱楚、魏。魏弱则割河外，韩弱则效宜阳，宜阳效则上郡绝，河外割则道不通，楚弱则无援。此三策者，不可不熟计也。夫秦下轵道②则南阳动，劫韩包周则赵自销铄，据卫取淇则齐必入朝。秦欲已得行于山东，则必举甲而向赵。秦甲涉河逾漳，据番吾，则兵必战于邯郸之下矣。此臣之所以为大王患也！

"当今之时，山东之建国，莫如赵强，赵地方二千里，带甲数十万，车千乘，骑万匹，粟支十年，西有常山，南有河、漳，东有清河，北有燕国。燕固弱国，不足畏也。且秦之所畏害于天下者，莫如赵。然而秦不敢举兵甲而伐赵者，何也？畏韩、魏之议其后也。然则韩、魏，赵之南蔽也。秦之攻韩、魏也，则不然，无有名山大川之限，稍稍蚕食之，傅之国都而止矣。韩、魏不能支秦，必入臣于秦。秦无韩、魏之隔，祸必中于赵矣。此臣之所以为大王患也！

"臣闻尧无三夫之分③，舜无咫尺之地，以有天下。禹无百人之聚，以王诸侯。汤、武之卒不满三千人，车不过三百乘，立为天子。诚得其道也。是故明主外料其敌国之强弱，内度其士卒之众寡、贤与不肖，不待两军相当，而胜败存亡之机节，固已见于胸中矣。岂掩于众人之言，而以冥冥决事哉！

"臣窃以天下地图案之，诸侯之地，五倍于秦；料诸侯之卒，十倍于秦。六国并力为一，西面而攻秦，秦破必矣。今西面而事之，见臣于秦！夫破人之与破于人也，臣人之与臣于人也，岂可同日而言之载哉？夫横人者，皆欲割诸侯之地以与秦成。与秦成，则高台榭，美宫室，听竽笙琴瑟之音，察五味之和，前有轩辕④，后有长庭，美人巧笑，卒有秦患而不与其忧。是故横人日夜务以秦权恐喝诸侯，以求割地。原大王之熟计之也！

"臣闻明主绝疑去谗，屏流言之迹，塞朋党之门，故尊主广地强兵之计，臣得陈忠于前矣。故窃为大王计，莫如一韩、魏、齐、楚、燕、赵，六国从亲以傧畔秦，令天下之将相相与会于洹水⑤之上，通质，刑白马以盟之。约曰：'秦攻楚，齐、魏各出锐师以佐之，韩绝食道，赵涉河、漳，燕守常山之北。秦攻韩、魏，则楚绝其后，齐出锐师以佐之，赵涉河、漳，燕守云中。秦攻齐，则楚绝其后，韩守成皋，魏塞午道⑥，赵涉河、漳、博关。燕出锐师以佐之。秦攻燕，则赵守常山，楚军武关，齐涉渤海，韩、魏出锐师以佐之。秦攻赵，则韩军宜阳，楚军武关，魏军河外，齐涉渤海，燕出锐师以佐之。诸侯有先背约者，五国共伐之。'六国从亲以傧秦，秦必不敢出兵于函谷关以害山东矣！如是，则霸业成矣。"

赵王曰："寡人年少，莅国之日浅，未尝得闻社稷之长计，今上客有意存天下，安诸侯，寡人敬以国从。"乃封苏秦为武安君，饰车百乘，黄金千镒，白璧百双，锦绣千纯，以约诸侯。

## 【注释】

①阴阳：谓事之两端，指纵横而言。

②轵道：今陕西咸宁县东。

③三夫之分：谓三百亩，言其少。

④轩辕：星名，象后宫。

⑤洹水：源出山西黎城县，流经安阳。

⑥午道：交通要道。

## 左师公说长安君为质

赵太后新用事，秦急攻之。赵氏求救于齐，齐曰："必以长安君为质，兵乃出。"太后不肯，大臣强谏。太后明谓左右："有复言令长安君为质者，老妇必唾其面！"

左师触詟①愿见，太后盛气而揖之。入而徐趋，至而自谢，曰："老臣病足，曾不能疾走，不得见久矣。窃自恕，恐太后玉体之有所郄也，故愿望见。"太后曰："老妇恃辇而行。"曰："日食饮得无衰乎？"曰："恃鬻耳。"曰："老臣今者殊不欲食，乃自强步，日三四里，少益嗜食，和于身。"曰："老妇不能。"太后之色少解。

左师公曰："老臣贱息舒祺，最少，不肖。而臣衰，窃爱怜之，愿令补黑衣②之数，以卫王宫。没死以闻。"太后曰："敬诺。年几何矣？"对曰："十五岁矣。虽少，愿及臣未填沟壑③而托之。"太后曰："丈夫亦爱怜其少子乎？"对曰："甚于妇人。"太后曰："妇人异甚！"对曰："老臣窃以为媪之爱燕后，贤于长安君。"曰："君过矣！不若长安君之甚。"左师公曰："父母之爱子，则为之计深远。媪之送燕后也，持其踵为之泣，念悲其远也，亦哀之矣！已行，非弗思也，祭祀必祝之，祝曰：'必勿使反。'岂非计久长有子孙相继为王也哉？"太后曰："然。"

左师公曰："今三世以前，至于赵之为赵，赵王之子孙侯者，其继有在者乎？"曰："无有。"曰："微独赵，诸侯有在者乎"曰："老妇不闻也。""此其近者祸及身，远者及其子孙。岂人主之子孙则必不善哉？位尊而无功，奉厚而无劳，而挟重器多也。今媪尊长安君之位，而封之以膏腴之地，多予之重器，而不及今令有功于国。一旦山陵崩④，长安君何以自托于赵？老臣以媪为长安君计短也，故以为其爱不若燕后。"太后曰："诺，恣君之所使之。"于是为长安君约车百乘，质于齐。齐兵乃出。

子义闻之，曰："人主之子也，骨肉之亲也，犹不能恃无功之尊，无劳之奉，以守金玉之重也，而况人臣乎？"

**【注释】**

①触詟：赵国老臣。《史记》作触龙。

②黑衣：卫士之服。

③未填沟壑：未死之前。

④山陵崩：言太后没，以山陵比太后。

## 唐雎说信陵君

信陵君杀晋鄙①，救邯郸，破秦人，存赵国。赵王②自郊迎。唐雎谓信陵君曰："臣闻之曰：事有不可知者，有不可不知者，有不可忘者，有不可不忘者。"信陵君曰："何谓也？"对曰："人之憎我也，不可不知也；吾憎人也，不可得而知也。人之有德于我也，不可忘也；吾有德于人也，不可不忘也。今君杀晋鄙，救邯郸，破秦人，存赵国，此大德也，今赵王自郊迎，卒然见赵王，臣愿君之忘之也！"信陵君曰："无忌谨受教。"

### 【注释】

①晋鄙：魏将，秦伐赵，魏使晋鄙将十万兵救赵。魏怕秦，旋使人止晋鄙留军壁邺，持两端。公子无忌用侯生策，矫符夺晋鄙军，遂使力士朱亥袖铁椎，杀之。

②赵王：孝成王丹。

## 缩高全父子君臣之义

魏攻管而不下。安陵人缩高，其子为管守，信陵君使人谓安陵君曰："君其遣缩高，吾将仕之以五大夫，使为持节尉。"安陵君曰："安陵，小国也，不能必使其民。使者自往请。"使者至缩高之所，复①信陵君之命。缩高曰："君之幸高也，将使高攻管也，夫以父攻子守，人大笑也。见臣而下，是背王也。父教子背，亦非君之所以喜也！敢再拜辞。"

使者以报信陵君，信陵君大怒，遣大使之安陵，曰："安陵之地，亦犹魏也。今吾攻管而不下，则秦兵及我，社稷必危矣。愿君之生束缩高而致之。若君弗致，无忌将发十万之师，以告安陵之城！"安陵君曰："吾先君成侯，受诏襄王②，以守此地也，手受大府之宪，宪之上篇曰：'子弑父，臣弑君，有常刑不赦。国虽大赦，降城亡子③，不得与焉。'今缩高谨辞大位，以全父子之义，而君曰'必生致之'，是使我负襄王诏而废大府之宪也！虽死，终不敢行。"缩高闻之，曰："信陵君为人悍而自用也，此辞反，必为国祸。吾已全己，无为人臣之义矣，岂可使吾君有魏患也！"

乃之使者之舍，刎颈而死。

信陵君闻缩高死，服缟素，避舍①，使使者谢安陵君，曰："无忌，小人也！困于思虑，失言于君，敢再拜释罪。"

## 【注释】

①复：致。

②受诏襄王：安陵魏襄王所封。

③降城亡子：以城降人，亡人之子。

④避舍：不居其家，而潜匿他所。

# 苏秦说燕文侯

燕东有朝鲜、辽东，北有林胡①、楼烦②，西有云中、九原，南有呼沱③、易水④，地方二千余里，带甲数十万，车七百乘，骑六千匹，粟支数年。南有碣石⑤、雁门⑥之饶，北有枣栗之利，民虽不佃作，而足于枣栗矣，此所谓天府者也！

夫安乐无事，不见覆军杀将，无过燕者。大王知其所以然乎？夫燕之所以不犯寇被甲兵者，以赵之为蔽于其南也。秦、赵五战，秦再胜而赵三胜，秦、赵相弊，而王以全燕制其后，此燕之所以不犯寇也。且夫秦之攻燕也，逾云中、九原，过代、上谷，弥地数千里，虽得燕城，秦计固不能守也，秦之不能害燕亦明矣。今赵之攻燕也，发号出令，不至十日，而数十万之军，军于东垣矣。度呼沱，涉易水，不至四五日而距国都矣。故曰：秦之攻燕也，战于千里之外；赵之攻燕也，战于百里之内。夫不忧百里之患，而重千里之外，计无过于此者。是故愿大王与赵从亲，天下为一，则燕国必无患矣！

## 【注释】

①林胡：国名，今山西朔岚县以北。

②楼烦：国名，今山西保德及岢岚县等地。

③呼沱：河名，源于山西秦戏山，流入河北省，东北流入子牙河，至天津会北运河入海。

④易水：分中易、南易、北易，皆源于河北易县。

⑤碣石：今河北省昌黎县北之碣石山。

⑥雁门：句注山，在山西代县西北。

## 范雎因王稽献书秦王

范子因王稽入秦，献书昭王曰："臣闻明主莅政，有功者不得不赏，有能者不得不官，劳大者其禄厚，功多者其爵尊，能治众者其官大，故不能者不敢当其职焉，能者亦不得蔽隐。使以臣之言为可，则行而益利其道；若将弗行，则久留臣无谓也。语曰：'庸主赏所爱而罚所恶；明主则不然，赏必加于有功，刑必断于有罪。'今臣之胸不足以当椹质①，要不足以待斧钺，岂敢以疑事尝试于王乎？虽以臣为贱而轻辱臣，独不重任臣者后无反覆于王前耶？

"臣闻周有砥厄，宋有结绿，梁有悬黎，楚有和璞②。此四宝者，工之所失也，而为天下名器。然则圣王之所弃者，独不足以厚国家乎？臣闻善厚家者，取之于国；善厚国者，取之于诸侯。天下有明主，则诸侯不得擅厚矣。是何也？为其凋荣也。良医知病之死生，圣人明于成败之事，利则行之，害则舍之，疑则少尝之，虽尧、舜、禹、汤复生，弗能改已！语之至者，臣不敢载之于书，其浅者，又不足听也。意者，臣愚而不阖于王心耶？亡其言臣者将贱而不足听耶？非若是也，则臣之志，愿少赐游观之间，望见足下而入之。"

书上，秦王说之，因谢王稽说，使人持车召之。

范雎至，秦王庭迎范雎曰："寡人宜以身受令久矣！会义渠之事急，寡人旦暮自请太后。今义渠之事已，寡人乃得以身受命。躬窃闵然不敏，敬执宾主之礼。"范雎辞让。

是日见范雎。见者无不变色易容者。秦王屏左右，宫中虚无人。秦王跪而请曰："先生何以幸教寡人？"范雎曰："唯唯！"有间，秦王复请，范雎曰："唯唯！"若是者三。秦王跽曰："先生不幸教寡人乎？"范雎谢曰："非敢然也！臣闻始时吕尚之遇文王也，身为渔父而钓于渭阳之滨耳，若是者，交疏也。已一说而立为太师，载与俱南归者，其言深也。

故文王果收功于吕尚，卒擅天下，而身立为帝王，即使文王疏吕望而弗与深言，是周无天子之德，而文、武无与成其王也。今臣，羁旅之臣也，交疏于王，而所愿陈者，皆匡君臣之事，处人骨肉之间。愿以陈臣之陋忠，而未知王心也，所以王三问而不对者是也。臣非有所畏而不敢言也，知今日言之于前，而明日伏诛于后，然臣弗敢畏也。大王信行臣之言，死不足以为臣患，亡不足以为臣忧，漆身而为厉，被发而为狂，不足以为臣耻。五帝之圣而死，三王之仁而死，五霸之贤而死，乌获之力而死，贲、育之勇而死。死者，人之所必不免。处必然之势，可以少有补于秦，此臣之所大愿也，臣何患乎？伍子胥橐载而出昭关，夜行而昼伏，至于菱夫，无以饵其口，坐行蒲服，乞食于吴市，卒兴吴国，阖闾为霸；使臣得进谋如伍子胥，加之以幽囚，终身不复见，是臣说之行也，臣何忧乎？箕子、接舆，漆身而为囚，被发而为狂，无益于殷、楚；使臣得同行于箕子、接舆，可以补所贤之主，是臣之大荣也，臣又何耻乎？臣之所恐者，独恐臣死之后，天下见臣尽忠而身蹶也，是以杜口裹足，莫肯即秦耳！足下上畏太后之严，下惑奸臣之态；居深宫之中，不离保傅之手；终身暗惑，无与照奸；大者宗庙灭覆，小者身以孤危。此臣之所恐耳，若夫穷辱之事，死亡之患，臣弗敢畏也。臣死而秦治，贤于生也。"

秦王跽曰："先生是何言也！夫秦国僻远，寡人愚不肖，先生乃幸至此，此天以寡人恩先生，而存先王之庙也。寡人得受命于先生，此天所以幸先王而不弃其孤也。先生奈何而言若此？事无大小，上及太后，下至大臣，愿先生悉以教寡人，无疑寡人也！"范雎再拜，秦王亦再拜。

范雎曰："大王之国，北有甘泉、谷口，南带泾、渭，右陇、蜀，左关、阪，战车千乘，奋击百万。以秦卒之勇，车骑之多，以当诸侯，譬若驰韩卢[3]而逐蹇兔[4]也，霸王之业可致。今反闭关，而不敢窥兵于山东者，是穰侯为国谋不忠，而大王之计有所失也！"王曰："愿闻所失计。"雎曰："大王越韩、魏而攻强齐，非计也。少出师，则不足以伤齐；多之，则害于秦。臣意王之计，欲少出师而悉韩、魏之兵，则不义矣。今见与国之不可亲，越人之国而攻，可乎？疏于计矣！昔者，齐人伐楚，战胜，破军杀将，再辟千里，肤寸之地无得者，岂齐欲地哉？形弗能有也，诸侯见齐之罢露[5]，君臣之不亲，举兵而伐之，主辱军破，为天下笑，所以然者，以其伐楚而肥韩、魏也。此所谓藉贼兵而赍盗食者也。王不如远交而近攻，得寸则王之寸，得尺亦王之尺也。今舍此而远攻，不亦缪乎？且昔者中山之地方五百里，赵独擅之，功成名立，利附焉，天下莫能害。今韩、魏，中国之处，而天下之枢也。王若欲霸，必亲中国而以为天下枢，以威楚、赵。赵强则楚附，楚强则赵附，楚、赵附则齐必惧，惧必卑辞厚币以事秦，齐附而韩、魏可虚也。"

王曰："寡人欲亲魏，魏多变之国也，寡人不能亲，请问亲魏奈何？"范雎曰："卑辞厚币以事之，不可；削地而赂之，不可；举共而伐之。"；于是举兵而攻邢丘，邢丘拔而魏请附。曰："秦、韩之地形，相错如绣。秦之有韩，若木之有蠹，人之病心腹。天下有变，为秦害者莫大于韩。"

王曰："寡人欲收韩，韩不听，为之奈何？"范雎曰："举兵而攻荥阳，则成皋之路不通；北斩太行之道，则上党之兵不下；举而攻宜阳，则其国断而为三。韩见必亡，焉得不听？韩听，而霸事可成也。"王曰："善。"

范雎曰："臣居山东，闻齐之内有田单，不闻其有王；闻秦之有太后、穰侯、泾阳、华阳，不闻有其有王。夫擅国之谓王，能专利害之谓王，制杀生之威之谓王。今太后擅行不顾，穰侯出使不报，泾阳、华阳击断无讳，高陵进退不请。四贵备而国不危者，未之也有。为此四者，下乃所谓无王已！然则权焉得不倾，而令焉得从王出乎？臣闻：善为国者，内固其威，而外重其权。穰侯使者操王之重，决裂诸侯，剖符于天下，征敌伐国，莫敢不听。战胜攻取，则利归于陶，国敝，御于诸侯；战败，则怨结于百姓，而祸归社稷。《诗》曰：'木实繁者披其枝，披其枝者伤其心，大其都者危其国，尊其臣者卑其主。'淖齿管齐之权，缩闵王之筋，悬之庙梁，宿昔而死；李兑用赵，减食主父⑥，百日而饿死。今秦，太后、穰侯用事，高陵、泾阳佐之，卒无秦王，此亦淖齿、李兑之类已！臣今见王独立于庙朝矣，且臣将恐后世之有秦国者，非王之子孙也！"

秦王惧，于是乃废太后，逐穰侯，出高陵，走泾阳于关外。昭王谓范雎曰："昔者齐公得管仲，时以为'仲父'。今吾得子，亦以为父。"

## 【注释】

①椹质：椹，斫木砧。

②砥厄、结绿、悬黎、和璞：均为美玉名。

③韩卢：韩国的俊犬名卢。

④蹇兔：跛兔。

⑤罢露：罢，疲困；露，暴露。

⑥主父：赵武灵王让国于其子惠文王，自称主父。

# 《史记》精华

## 【著录】

　　《史记》是中国第一部纪传体通史著作，西汉司马迁著。司马迁（前145年或前135年~前87年），字子长，是我国古代杰出的史学家、文学家和思想家，夏阳龙门（今陕西韩城）人。其父司马谈，曾任太史令，学识渊博，对司马迁有很大影响。司马谈立志写一部通史，至死未能实现。临终前嘱托司马迁续成其未竟之事业。司马迁从十岁起学习古文经典，后来从师董仲舒、孔安国等经学大师。二十岁，胸怀求知欲望，游历名山大川，考察古迹，采集传说。二十三岁步入仕途，任郎中。三十五岁，奉命视察西南，不久，司马谈病死，司马迁继任父职为太史令，使他有机会饱览皇家典籍。四十一岁，开始撰写《史记》。天汉二年（前99），四十六岁的司马迁因替李陵辩护，触怒汉武帝，获罪下狱，家贫无力自赎，被囚三年，惨遭腐刑。司马迁受此大辱，愤不欲生。为完成已经着手的著述，他决心"隐忍苟活"。出狱后，任中书令，更加发愤写《史记》。其五十四岁前后，终于修完这部名垂后世的巨作。他死后多年，是书由其外孙杨恽公之于世。

　　《史记》初传并无固定书名，或称《太史公书》，或称《太史公记》《太史记》，魏晋之间，始称《史记》。《史记》记载了中国上自黄帝，下至汉武帝太初年间，大约三千多年的历史。全书一百三十篇，分《本纪》十二篇（记帝王国君大事）；《表》十篇（以表格按年代排列史实）；《书》八篇（记载政治、经济、天文、地理等方面典章制度）；《世家》三十篇（记载贵族、诸侯事迹）；《列传》七十篇（记载各时期重要人物）。《汉书·司马迁传》

称其中十篇"有录无书"，汉元帝、成帝时，由褚少孙补足，称"褚先生曰"，极易辨认，后人习惯称之为《史记》褚补，同样保存了重要史料。

《史记》的史料价值、思想内容和编写方法，不但在中国历史上起过很大作用，而且对东方各国也有深远影响，在世界文学史上占有重要地位。（一）《史记》开创了纪传体通史之体例。司马迁从传说中的黄帝写到汉武帝，给人以历史贯通之感。尤其是以"纪"包举大端，以"传"详述其事，对长达三千多年的各个时期的政治、经济、军事、文化等方面作了概括论述，充分显示了司马迁的独创精神和写作才能。这种贯通古今、涉及各个方面的纪传体通史巨著，对后来的史官、史家影响甚大，并成为后世写史的典范。（二）《史记》取材广泛，引用慎重。司马迁不仅引用价值较高的《尚书》《左传》《国语》《世本》及诸子百家、官府档案等资料，而且把自己几十年亲身采访所得也融会其中。在引用时，注意考证分析，不可靠者不取。因其取材广泛，修史态度严谨，所以具有极高的史料价值。（三）《史记》较客观地处理和评价了历史人物及事件。司马迁性格耿直，不依附权贵，能摆脱官府束缚，秉笔直书，发表自己的见解。如把项羽列入《本纪》，把陈涉列入《世家》，评吕后"政不出户"，责汉文帝"赏太轻、罚太重"，斥汉武帝奢侈、迷信等，从不同角度反映出司马迁的进步史观。汉代班固对此评价说"其文直，其事核，不虚美，不隐恶"。此外，司马迁还注重经济对社会的重大作用，《平准书》《货殖列传》等专门记载了经济活动和事件。（四）《史记》文字通顺、流畅。司马迁能够尽量运用当时通行语言对人物、事件进行叙述，语言个性化、口语化，并把大量通俗易懂之口语写入文中，使《史记》较从前其他史书流畅、易读、易懂。（五）《史记》刻画人物形象生动，文学价值较高。司马迁在各传记中，塑造了各式各样的人物形象，如完璧归赵的蔺相如、委身太子丹西刺秦王的荆轲、叱咤风云的项羽等。在吸收与运用民间歌谣、俗谚方面，司马迁尤其出色。如"家贫思良妻，国乱思良相""忠言逆耳利于行，良药苦口利于病"等不胜枚举，鲁迅曾誉其为"史家之绝唱，无韵之《离骚》。"不愧为汉代散文杰出的代表作，对后世文学界也产生了深远影响。因之司马迁不仅是伟大的史学家、思想家、文学家，也是文史结合的典范。

当然，《史记》也有一定的不足，例如存在一些天道循环、五德始终等唯心思想和封建观点，但这并不能影响其历史地位。

《史记》的注本很多。今见最早的注本是南朝宋人裴骃的《史记集解》，同唐人司马贞的《史记索隐》、张守节的《史记正义》，合称"三家注"。明代凌稚隆编著的《史记评林》，是历代评论《史记》的资料汇编。清代很多学者都对《史记》有深入的研究、精辟的论述，其中梁玉绳的《史记志疑》等用力较深，颇具参考价值。近代日本学者泷川龟太郎编著的《史记会注考证》，把中日百余家的研究成果汇入一书，材料搜罗丰富，并且辑入我国在国内早已散佚的《正义》注文一千余条，在今天《史记》尚无集注、新注的情况下，它是一部很有价值的参考书。新中国建立后，中华书局出版的"二十四史"点校本《史记》，分段标点，并采用了"三家注"，是今天既便于阅读又易得到的一种本子。

## 秦始皇本纪　议帝号令

秦初并天下，令丞相、御史曰："异日韩王纳地效玺，请为藩臣，已而倍约，与赵、魏合从畔秦，故兴兵诛之，虏其王。寡人以为善，庶几息兵革。赵王使其相李牧来约盟，故归其质子。已而背盟，反我太原，故兴兵诛之，得其王。赵公子嘉乃自立为代王，故举兵击灭之。魏王始约服入秦，已而与韩、赵谋袭秦，秦兵吏诛，遂破之。荆王献青阳①以西，已而畔约，击我南郡，故发兵诛，得其王，遂定其荆地。燕王昏乱，其太子丹乃阴令荆轲为贼，兵吏诛，灭其国。齐王用后胜计，绝秦使，欲为乱，兵吏诛，虏其王，平齐地。寡人以眇眇②之身，兴兵诛暴乱，赖宗庙之灵，六王③咸伏其辜，天下大定。今名号不更，无以称成功，传后世。其议帝号。"

### 【注释】

①青阳：即今湖南长沙县。

②眇眇：眇，同"渺"，渺小，微小。

③六王：齐、楚、燕、赵、韩、魏六国国君。

## 项羽本纪

项籍者，下相人也，字羽。初起时，年二十四。其季父项梁，梁父即楚将项燕，为秦将王翦所戮者也。项氏世世为楚将，封于项，故姓项氏。

项籍少时，学书不成，去；学剑，又不成。项梁怒之。籍曰："书足以记名姓而已，剑一人敌，不足学，学万人敌。"于是项梁乃教籍兵法，籍大喜，略知其意，又不肯竟学。项梁尝有栎阳逮，乃请蕲狱掾曹咎书抵栎阳狱掾司马欣，以故事得已。项梁杀人，与籍避仇于吴中。吴中贤士大夫皆出项梁下，每吴中有大徭役及丧，项梁常为主办，阴以兵法部勒宾客及子弟，以是知其能。秦始皇帝游会稽，渡浙江，梁与籍俱观。籍曰："彼可取而代也。"梁掩其口，曰："毋妄言，族矣！"梁以此奇籍。籍长八尺余，力能扛鼎，才气过人，虽吴中子弟皆已惮籍矣。

秦二世元年七月，陈涉等起大泽中。其九月，会稽守通[1]谓梁曰："江西皆反，此亦天亡秦之时也。吾闻先即制人，后则为人所制。吾欲发兵，使公及桓楚将。"是时桓楚亡在泽中。梁曰："桓楚亡，人莫知其处，独籍知之耳。"梁乃出，诫籍持剑居外待。梁复入，与守坐，曰："请召籍，使受命召桓楚。"守曰："诺。"梁召籍入。须臾，梁眴籍曰："可行矣！"于是籍遂拔剑斩守头。项梁持守头，佩其印绶。门下大惊，扰乱，籍所击杀数十百人。一府中皆慑伏，莫敢起。梁乃召故所知豪吏，谕以所为起大事，遂举吴中兵。使人收下县，得精兵八千人。梁部署吴中豪杰为校尉、候、司马。有一人不得用，自言于梁。梁曰："前时某丧，使公主某事，不能办，以此不任用公。"众乃皆伏。于是梁为会稽守，籍为裨将，徇下县。

广陵人召平于是为陈王徇广陵，未能下。闻陈王败走，秦兵又且至，乃渡江矫陈王命，拜梁为楚王上柱国。曰："江东已定，急引兵西击秦。"项梁乃以八千人渡江而西。闻陈婴已下东阳[2]，使使欲与连和俱西。陈婴者，故东阳令史，居县中，素信谨，称为长者。东阳少年杀其令，相聚数千人，欲置长，无适用，乃请陈婴。婴谢不能，遂强立婴为长，县中从者得二万人。少年欲立婴便为王，异军苍头[3]特起。陈婴母谓婴曰："自我为汝家妇，未尝闻汝先古之有贵者。今暴得大名，不祥。不如有所属，事成犹得封侯，事败易以亡，非世所指名也。"婴乃不敢为王。谓其军吏曰："项氏世世将家，有名于楚。今欲举大事，将非其人不可。我倚名族，亡秦必矣。"于是众从其言，以兵属项梁。项梁渡淮，黥布、蒲将军亦以兵属焉。凡六七万人，军下邳[4]。

当是时，秦嘉已立景驹为楚王，军彭城东，欲距项梁。项梁谓军吏曰："陈王先首事，战不利，未闻所在。今秦嘉倍陈王而立景驹，逆无道。"乃进兵击秦嘉。秦嘉军败走，追之至胡陵。嘉还战一日，嘉死，军降。景驹走，死梁地。项梁已并秦嘉军，军胡陵，将引军而西。章邯军至栗，项梁使别将朱鸡石、余樊君与战。余樊君死，朱鸡石军败，亡走胡陵。项梁乃引兵入薛，诛鸡石。项梁前使项羽别攻襄城，襄城坚守不下。已拔，皆坑之，还报项梁。项梁闻陈王定死，召诸别将会薛计事。此时沛公亦起沛，往焉。

居鄛人范增，年七十，素居家，好奇计，往说项梁曰："陈胜败固当。夫秦灭六国，楚最无罪。自怀王入秦不反，楚人怜之至今，故楚南公⑤曰'楚虽三户，亡秦必楚也'。今陈胜首事，不立楚后而自立，其势不长。今君起江东，楚蠭午之将皆争附君者，以君世世楚将，为能复立楚之后也。"于是项梁然其言，乃求楚怀王孙心民间，为人牧羊，立以为楚怀王，从民所望也。陈婴为楚上柱国，封五县，与怀王都盱台⑥。项梁自号为武信君。

居数月，引兵攻亢父⑦，与齐田荣、司马龙且军救东阿，大破秦军于东阿。田荣即引兵归，逐其王假。假亡走楚。假相田角亡走赵。角弟田间故齐将，居赵不敢归。田荣立田儋子市为齐王。项梁已破东阿下军，遂追秦军。数使使趣齐兵，欲与俱西。田荣曰："楚杀田假，赵杀田角、田间，乃发兵。"项梁曰："田假为与国之王，穷来从我，不忍杀之。"赵亦不杀田角、田间以市于齐。齐遂不肯发兵助楚。项梁使沛公及项羽别攻城阳⑧，屠之。西破秦军濮阳东，秦兵收入濮阳。沛公、项羽乃攻定陶。定陶未下，去。西略地至雍丘，大破秦军，斩李由。还攻外黄，外黄未下。

项梁起东阿，西，比至定陶，再破秦军，项羽等又斩李由，益轻秦，有骄色。宋义乃谏项梁曰："战胜而将骄卒惰者败。今卒少惰矣，秦兵日益，臣为君畏之。"项梁弗听。乃使宋义使于齐。道遇齐使者高陵君显，曰："公将见武信君乎？"曰："然。"曰："臣论武信君军必败。公徐行即免死，疾行则及祸。"秦果悉起兵益章邯，击楚军，大破之定陶，项梁死。沛公、项羽去外黄，攻陈留，陈留坚守，不能下。沛公、项羽相与谋曰："今项梁军破，士卒恐。"乃与吕臣军俱引兵而东。吕臣军彭城东，项羽军彭城西，沛公军砀⑨。章邯已破项梁军，则以为楚地兵不足忧，乃渡河击赵，大破之。

当此时，赵歇为王，陈余为将，张耳为相，皆走入巨鹿城。章邯令王离、涉间围巨鹿，章邯军其南，筑甬道而输之粟。陈余为将，将卒数万人，而军巨鹿之北，此所谓河北之军也。

楚兵已破于定陶，怀王恐，从盱台之彭城，并项羽、吕臣军自将之。以吕臣为司徒，以其父吕青为令尹，以沛公为砀郡长，封为武安侯，将砀郡兵。

初，宋义所遇齐使者高陵君显在楚军，见楚王曰："宋义论武信君之军必败，居数日，军果败。兵未战而先见败征，此可谓知兵矣。"王召宋义与计事，而大说之，因置以为上将军，项羽为鲁公，为次将，范增为末将，救赵，诸别将皆属宋义，号为卿子冠军。行至安阳，留四十六日不进。项羽曰："吾闻秦军围赵王钜鹿，疾引兵渡河，楚击其外，赵应其内，破秦军必矣。"宋义曰："不然。夫搏牛之虻不可以破虮虱。今秦攻赵，战胜则兵罢，我承其敝；不胜，则我引兵鼓行而西，必举秦矣。故不如先斗秦赵。夫被坚执锐，义不如公；坐而运策，公不如义。"因下令军中曰："猛如虎，狠如羊，贪如狼，强不可使者，皆斩之。"乃遣其子宋襄相齐，身送之至无盐<sup>⑩</sup>，饮酒高会。天寒大雨，士卒冻饥。项羽曰："将戮力而攻秦，久留不行。今岁饥民贫，士卒食芋菽，军无见粮，乃饮酒高会，不引兵渡河因赵食，与赵并力攻秦，乃曰'承其敝'。夫以秦之强，攻新造之赵，其势必举赵。赵举而秦强，何敝之承！且国兵新破，王坐不安席，扫境内而专属于将军，国家安危，在此一举。今不恤士卒而徇其私，非社稷之臣。"项羽晨朝上将军宋义，即其帐中斩宋义头，出令军中曰："宋义与齐谋反楚，楚王阴令羽诛之。"当是时，诸将皆慑服，莫敢枝梧。皆曰："首立楚者，将军家也。今将军诛乱。"乃相与共立羽为假上将军。使人追宋义子，及之齐，杀之。使桓楚报命于怀王，怀王因使项羽为上将军。当阳君、蒲将军皆属项羽。

项羽已杀卿子冠军，威震楚国，名闻诸侯。乃遣当阳君、蒲将军将卒二万渡河，救钜鹿。战少利，陈余复请兵。项羽乃悉引兵渡河，皆沉船，破釜甑，烧庐舍，持三日粮，以示士卒必死，无一还心。于是至则围王离，与秦军遇，九战，绝其甬道，大破之，杀苏角，虏王离。涉间不降楚，自烧杀。

当是时，楚兵冠诸侯。诸侯军救钜鹿下者十余壁，莫敢纵兵。及楚击秦，诸将皆从壁上观，楚战士无不一以当十。楚兵呼声动天，诸侯军无不人人惴恐。于是已破秦军，项羽召见诸侯将，入辕门，无不膝行而前，莫敢仰视。项羽由是始为诸侯上将军，诸侯皆属焉。

章邯军棘原①，项羽军漳南，相持未战，秦军数却，二世使人让章邯。章邯恐，使长史欣请事。至咸阳，留司马门②三日，赵高不见，有不信之心。长史欣恐，还走其军，不敢出故道。赵高果使人追之，不及。欣至军，报曰："赵高用事于中，下无可为者。今战能胜，高必疾妒吾功；战不能胜，不免于死。愿将军孰计之。"陈余亦遗章邯书曰："白起为秦将，南征鄢、郢，北坑马服③，攻城略地，不可胜计，而竟赐死。蒙恬为秦将，北逐戎人，开榆中地数千里，竟斩阳周④。何者？功多，秦不能尽封，因以法诛之。今将军为秦将三岁矣，所亡失以十万数，而诸侯并起滋益多。彼赵高素谀日久，今事急，亦恐二世诛之，故欲以法诛将军以塞责，使人更代将军以脱其祸。夫将军居外久，多内隙，有功亦诛，无功亦诛。且天之亡秦，无愚智皆知之。今将军内不能直谏，外为亡国将，孤特独立而欲常存，岂不哀哉！将军何不还兵与诸侯为从约，共攻秦，分王其地，南面称孤。此孰与身伏铁质，妻子为戮乎？"章邯狐疑，阴使候始成使项羽，欲约。约未成，项羽使蒲将军日夜引兵度三户，军漳南，与秦战，再破之。项羽悉引兵击秦军汙水上，大破之。

章邯使人见项羽，欲约。项羽召军吏谋曰："粮少，欲听其约。"军吏皆曰："善。"项羽乃与期洹水南殷虚上。已盟，章邯见项羽而流涕，为言赵高。项羽乃立章邯为雍王，置楚军中。使长史欣为上将军，将秦军为前行。

到新安，诸侯吏卒异时故繇使屯戍过秦中，秦中吏卒遇之多无状，及秦军降诸侯，诸侯吏卒乘胜多奴虏使之，轻折辱秦吏卒。秦吏卒多窃言曰："章将军等诈吾属降诸侯，今能入关破秦，大善；即不能，诸侯虏吾属而东，秦必尽诛吾父母妻子。"诸将微闻其计，以告项羽。项羽乃召黥布、蒲将军计曰："秦吏卒尚众，其心不服，至关中不听，事必危，不如击杀之，而独与章邯、长史欣、都尉翳入秦。"于是楚军夜击坑秦卒二十余万人新安城南。

行略定秦地。函谷关有兵守关，不得入。又闻沛公已破咸阳，项羽大怒，使当阳君等击关。项羽遂入，至于戏西。沛公军霸上，未得与项羽相见。沛公左司马曹无伤使人言于项羽曰："沛公欲王关中，使子婴为相，珍宝尽有之。"项羽大怒，曰："旦日飨士卒，为击破沛公军！"当是时，项羽兵四十万在新丰鸿门⑮，沛公兵十万在霸上⑯。范增说项羽曰："沛公居山东时，贪于财货，好美姬。今入关，财物无所取，妇女无所幸，此其志不在小。吾令人望其气，皆为龙虎，成五采，此天子气也。急击勿失。"

楚左尹项伯者，项羽季父也，素善留侯张良。张良是时从沛公，项伯乃夜驰之沛公军，私见张良，具告以事，欲呼张良与俱去。曰："毋从俱死也。"张良曰："臣为韩王送沛公，沛公今事有急，亡去不义，不可不语。"良乃入，具告沛公。沛公大惊，曰："为之奈何？"张良曰："谁为大王为此计者？"曰："鲰生说我曰：'距关，毋内诸侯，秦地可尽王也。'故听之。"良曰："料大王士卒足以当项王乎？"沛公默然，曰："固不如也，且为之奈何？"张良曰："请往谓项伯，言沛公不敢背项王也。"沛公曰："君安与项伯有故？"张良曰："秦时与臣游，项伯杀人，臣活之。今事有急，故幸来告良。"沛公曰："孰与君少长？"良曰："长于臣。"沛公曰："君为我呼入，吾得兄事之。"张良出，要项伯。项伯即入见沛公。沛公奉卮酒为寿，约为婚姻，曰："吾入关，秋毫不敢有所近，籍吏民，封府库，而待将军。所以遣将守关者，备他盗之出入与非常也。日夜望将军至，岂敢反乎？愿伯俱言臣之不敢倍德也。"项伯许诺，谓沛公曰："旦日不可不蚤自来谢项王。"沛公曰："诺。"于是项伯复夜去，至军中，具以沛公言报项王。因言曰："沛公不先破关中，公岂敢入乎？今人有大功而击之，不义也，不如因善遇之。"项王许诺。

沛公旦日从百余骑来见项王。至鸿门，谢曰："臣与将军戮力而攻秦，将军战河北，臣战河南，然不自意能先入关破秦，得复见将军于此。今者小人之言，令将军与臣有隙。"项王曰："此沛公左司马曹无伤言之，不然，籍何以至此？"项王即日因留沛公与饮。项王、项伯东向坐，亚父⑰南向坐。亚父者，范增也。沛公北向坐，张良西向侍。范增数目项王，举所佩玉玦以示之者三，项王默然不应。范增起，出召项庄，谓曰："君王为人不忍，若入前为寿，寿毕，请以剑舞，因击沛公于坐，杀之。

不者，若属皆且为所虏。"庄则入为寿。寿毕，曰："君王与沛公饮，军中无以为乐，请以剑舞。"项王曰："诺。"项庄拔剑起舞，项伯亦拔剑起舞，常以身翼蔽沛公，庄不得击。于是张良至军门，见樊哙。樊哙曰："今日之事何如？"良曰："甚急。今者项庄拔剑舞，其意常在沛公也。"哙曰："此迫矣，臣请入，与之同命。"哙即带剑拥盾入军门。交戟之卫士欲止不内，樊哙侧其盾以撞，卫士仆地，哙遂入，披帷西向立，瞋目视项王，头发上指，目眦尽裂。项王按剑而跽曰："客何为者？"张良曰："沛公之参乘樊哙者也。"项王曰："壮士！赐之卮酒。"则与斗卮酒。哙拜谢，起，立而饮之。项王曰："赐之彘肩。"则与一生彘肩。樊哙覆其盾于地，加彘肩上，拔剑切而啖之。项王曰："壮士，能复饮乎？"樊哙曰："臣死且不避，卮酒安足辞！夫秦王有虎狼之心，杀人如不能举，刑人如恐不胜，天下皆叛之。怀王与诸将约曰：'先破秦入咸阳者王之。'今沛公先破秦入咸阳，毫毛不敢有所近，封闭宫室，还军霸上，以待大王来。故遣将守关者，备他盗出入与非常也。劳苦而功高如此，未有封侯之赏，而听细说，欲诛有功之人。此亡秦之续耳，窃为大王不取也。"项王未有以应，曰："坐。"樊哙从良坐。坐须臾，沛公起入厕，因招樊哙出。

沛公已出，项王使都尉陈平召沛公。沛公曰："今者出，未辞也，为之奈何？"樊哙曰："大行不顾细谨，大礼不辞小让。如今人方为刀俎，我为鱼肉，何辞为？"于是遂去。乃令张良留谢。良问曰："大王来何操？"曰："我持白璧一双，欲献项王；玉斗一双，欲与亚父。会其怒，不敢献，公为我献之。"张良曰："谨诺。"当是时，项王军在鸿门下，沛公军在霸上，相去四十里，沛公则置车骑，脱身独骑，与樊哙、夏侯婴、靳强、纪信等四人持剑盾步走，从郦山下，道芷阳间行。沛公谓张良曰："从此道至吾军，不过二十里耳。度我至军中，公乃入。"

沛公已去，间至军中。张良入谢，曰："沛公不胜桮杓，不能辞，谨使臣良奉白璧一双，再拜献大王足下；玉斗一双，再拜奉大将军足下。"项王曰："沛公安在？"良曰："闻大王有意督过之，脱身独去，已至军矣。"项王则受璧，置之坐上。亚父受玉斗，置之地，拔剑撞而破之，曰："唉！竖子不足与谋。夺项王天下者，必沛公也，吾属今为之虏矣。"沛公至军，立诛杀曹无伤。

居数日，项羽引兵西屠咸阳，杀秦降王子婴，烧秦宫室，火三月不灭。收其货宝妇女而东。人或说项王曰："关中阻山河四塞，地肥饶，可都以霸。"项王见秦宫室皆以烧残破，又心怀思，欲东归，曰："富贵不归故乡，如衣绣夜行，谁知之者！"说者曰："人言楚人沐猴[18]而冠耳，果然。"项王闻之，烹说者。

项王使人致命怀王。怀王曰："如约。"乃尊怀王为义帝。项王欲自王，先王诸将相。谓曰："天下初发难时，假立诸侯后以伐秦，然身被坚执锐首事，暴露于野三年，灭秦定天下者，皆将相诸君与籍之力也。义帝虽无功，故当分其地而王之。"诸将皆曰："善。"乃分天下，立诸将为侯王。

项王、范增疑沛公之有天下，业已讲解，又恶负约，恐诸侯叛之，乃阴谋曰："巴、蜀道险，秦之迁人皆居蜀。"乃曰："巴、蜀亦关中地也。"故立沛公为汉王，王巴、蜀、汉中，都南郑。而三分关中，王秦降将以距塞汉王。

项王乃立章邯为雍王，王咸阳以西，都废丘[19]。长史欣者，故为栎阳狱掾，尝有德于项梁；都尉董翳者，本劝章邯降楚。故立司马欣为塞王，王咸阳以东至河，都栎阳[20]；立董翳为翟王，王上郡，都高奴[21]。徙魏王豹为西魏王，王河东，都平阳。瑕丘申阳者，张耳嬖臣也，先下河南，迎楚河上，故立申阳为河南王，都洛阳。韩王成因故都，都阳翟。赵将司马卬定河内，数有功，故立卬为殷王，王河内，都朝歌。徙赵王歇为代王。赵相张耳素贤，又从入关，故立耳为常山王，王赵地，都襄国。当阳君黥布为楚将，常冠军，故立布为九江王，都六。鄱君吴芮，率百越佐诸侯，又从入关，故立芮为衡山王，都邾。义帝柱国共敖将兵击南郡，功多，因立敖为临江王，都江陵。徙燕王韩广为辽东王。燕将臧荼从楚救赵，因从入关，故立荼为燕王，都蓟。徙齐王田市为胶东王。齐将田都从共救赵，因从入关，故立都为齐王，都临菑。故秦所灭齐王建孙田安，项羽方渡河救赵，田安下济北数城，引其兵降项羽，故立安为济北王，都博阳。田荣者，数负项梁，又不肯将兵从楚击秦，以故不封。成安君陈余弃将印去，不从入关，然素闻其贤，有功于赵，闻其在南皮，故因环封三县。番君将梅鋗功多，故封十万户侯。项王自立为西楚霸王，王九郡，都彭城。

汉之元年四月，诸侯罢戏下，各就国。项王出之国，使人徙义帝，曰：

"古之帝者，地方千里，必居上游。"乃使使徙义帝长沙郴县，趣义帝行，其群臣稍稍背叛之。乃阴令衡山、临江王击杀之江中。韩王成无军功，项王不使之国，与俱至彭城，废以为侯，已又杀之。臧荼之国，因逐韩广之辽东，广弗听，荼击杀广无终，并王其地。

田荣闻项羽徙齐王市胶东，而立齐将田都为齐王，乃大怒，不肯遣齐王之胶东。因以齐反，迎击田都。田都走楚。齐王市畏项王，乃亡之胶东就国。田荣怒，追击，杀之即墨。荣因自立为齐王，而西击杀济北王田安，并王三齐。荣与彭越将军印，令反梁地。陈余阴使张同、夏说说齐王田荣曰："项羽为天下宰，不平。今尽王故王于丑地，而王其群臣诸将善地，逐其故主赵王。乃北居代，余以为不可。闻大王起兵，且不听不义，愿大王资余兵，请以击常山，以复赵王，请以国为扞蔽。"齐王许之，因遣兵之赵。陈余悉发三县兵，与齐并力击常山，大破之。张耳走归汉。陈余迎故赵王歇于代，反之赵。赵王因立陈余为代王。

是时，汉还定三秦。项羽闻汉王皆已并关中，且东，齐、赵叛之，大怒，乃以故吴令郑昌为韩王，以距汉。令萧公角等击彭越，彭越败萧公角等。汉使张良徇韩，乃遗项王书曰："汉王失职，欲得关中，如约即止，不敢东。"又以齐、梁反，书遗项王曰："齐欲与赵并灭楚。"楚以此故无西意，而北击齐。征兵九江王布。布称疾不往，使将将数千人行。项王由此怨布也。汉之二年冬，项羽遂北至城阳，田荣亦将兵会战。田荣不胜，走至平原，平原民杀之。遂北烧夷齐城郭室屋，皆坑田荣降卒，系虏其老弱妇女。徇齐至北海，多所残灭，齐人相聚而叛之。于是田荣弟田横收齐亡卒，得数万人，反城阳。项王因留，连战未能下。

春，汉王部五诸侯兵，凡五十六万人，东伐楚。项王闻之，即令诸将击齐，而自以精兵三万人南从鲁出胡陵[22]。四月，汉皆已入彭城，收其货宝美人，日置酒高会。项王乃西从萧，晨击汉军而东，至彭城，日中，大破汉军。汉军皆走，相随入谷、泗水，杀汉卒十余万人。汉卒皆南走山，楚又追击至灵壁东睢水上。汉军却，为楚所挤，多杀，汉卒十余万人皆入睢水，睢水为之不流。围汉王三匝。于是大风从西北而起，折木发屋，扬沙石，窈冥昼晦，逢迎楚军。楚军大乱，坏散，而汉王乃得与数十骑遁去。欲过沛，收家室而西。楚亦使人追之沛，取汉王家。家皆亡，不与汉王相见。

汉王道逢得孝惠、鲁元，乃载行。楚骑追汉王，汉王急，推堕孝惠、鲁元车下，滕公常下收载之。如是者三。曰："虽急不可以驱，奈何弃之？"于是遂得脱。求太公、吕后，不相遇。审食其<sup>㉓</sup>从太公、吕后间行，求汉王，反遇楚军。楚军遂与归，报项王，项王常置军中。

是时吕后兄周吕侯为汉将兵居下邑，汉王间往从之，稍稍收其士卒。至荥阳，诸败军皆会。萧何亦发关中老弱未傅悉诣荥阳，复大振。楚起于彭城，常乘胜逐北，与汉战荥阳南京、索间，汉败楚，楚以故不能过荥阳而西。

项王之救彭城，追汉王至荥阳。田横亦得收齐，立田荣子广为齐王。汉王之败彭城，诸侯皆复与楚而背汉。汉军荥阳，筑甬道属之河，以取敖仓<sup>㉔</sup>粟。

汉之三年，项王数侵夺汉甬道，汉王食乏，恐，请和，割荥阳以西为汉。项王欲听之。历阳侯范增曰："汉易与耳，今释弗取，后必悔之。"项王乃与范增急围荥阳。汉王患之，乃用陈平计间项王。项王使者来，为太牢具，举欲进之。见使者，佯惊愕曰："吾以为亚父使者，乃反项王使者。"更持去，以恶食食项王使者。使者归报项王。项王乃疑范增与汉有私，稍夺之权。范增大怒，曰："天下事大定矣，君王自为之。愿赐骸骨归卒伍。"项王许之。行未至彭城，疽发背而死。

汉将纪信说汉王曰："事已急矣，请为王诳楚为王，王可以间出。"于是汉王夜出女子荥阳东门被甲二千人，楚兵四面击之。纪信乘黄屋车，傅左纛，曰："城中食尽，汉王降。"楚军皆呼万岁。汉王亦与数十骑从城西门出，走成皋。项王见纪信，问："汉王安在？"信曰："汉王已出矣。"项王烧杀纪信。

汉王使御史大夫周苛、枞公、魏豹守荥阳。周苛、枞公谋曰："反国之王，难与守城。"乃共杀魏豹。楚下荥阳城，生得周苛。项王谓周苛曰："为我将，我以公为上将军，封三万户。"周苛骂曰："若不趣降汉，汉今虏若，若非汉敌也。"项王怒，烹周苛，并杀枞公。

汉王之出荥阳，南走宛、叶，得九江王布，行收兵，复入保成皋。汉之四年，项王进兵围成皋。汉王逃，独与滕公出成皋北门，渡河，走修武，从张耳、韩信军。诸将稍稍得出成皋，从汉王。楚遂拔成皋。欲西，汉使兵距之鞏，令其不得西。是时，彭越渡河击楚东阿，杀楚将军薛公。项王乃自东击彭越。汉王得淮阴侯兵，欲渡河南。郑忠说汉王，乃止壁河内。使刘贾将兵佐彭越，烧楚积聚。项王东击破之，走彭越。汉王则引兵渡河，复取成皋，军广武，就敖仓食。

项王已定东海来，西，与汉俱临广武<sup>㉕</sup>而军，相守数月。当此时，彭越数反梁地，绝楚粮食。项王患之，为高俎，置太公其上，告汉王曰："今不急下，吾烹太公。"汉王曰："吾与项羽俱北面受命怀王，曰'约为兄弟'，吾翁即若翁。必欲烹而翁，则幸分我一杯羹。"项王怒，欲杀之。项伯曰："天下事未可知，且为天下者不顾家，虽杀之无益，只益祸耳。"项王从之。

楚汉久相持未决，丁壮苦军旅，老弱罢转漕。项王谓汉王曰："天下匈匈数岁者，徒以吾两人耳，愿与汉王挑战决雌雄，毋徒苦天下之民父子为也。"汉王笑谢曰："吾宁斗智，不能斗力。"项王令壮士出挑战。汉有善骑射者楼烦，楚挑战三合，楼烦辄射杀之。项王大怒，乃自被甲持戟挑战。楼烦欲射之，项王瞋目叱之，楼烦目不敢视，手不敢发，遂走还入壁，不敢复出。汉王使人间问之，乃项王也。汉王大惊。于是项王乃即汉王相与临广武间而语。汉王数之，项王怒，欲一战。汉王不听，项王伏弩射中汉王。汉王伤，走入成皋。

项王闻淮阴侯已举河北，破齐、赵，且欲击楚，乃使龙且往击之。淮阴侯与战，骑将灌婴击之，大破楚军，杀龙且。韩信因自立为齐王。项王闻龙且军破，则恐，使盱台人武涉往说淮阴侯，淮阴侯弗听。是时，彭越复反，下梁地，绝楚粮。项王乃谓海春侯大司马曹咎等曰："谨守成皋，则汉欲挑战，慎勿与战，毋令得东而已。我十五日必诛彭越，定梁地，复从将军。"乃东行击陈留、外黄。

外黄不下。数日，已降，项王怒，悉令男子年十五已上诣城东，欲坑之。外黄令舍人儿年十三，往说项王曰："彭越强劫外黄，外黄恐，故且降，待大王。大王至，又皆坑之，百姓岂有归心？从此以东，梁地十余城皆恐，莫肯下矣。"项王然其言，乃赦外黄当坑者。东至睢阳，闻之皆争下项王。

汉果数挑楚军战，楚军不出。使人辱之五六日，大司马怒，渡兵汜水。士卒半渡，汉击之，大破楚军，尽得楚国货赂。大司马咎、长史翳、塞王欣皆自刭汜水上。大司马咎者，故蕲狱掾，长史欣亦故栎阳狱吏，两人尝有德于项梁，是以项王信任之。当是时，项王在睢阳，闻海春侯军败，则引兵还。汉军方围钟离眜于荥阳东，项王至，汉军畏楚，尽走险阻。

是时，汉兵盛食多，项王兵罢食绝。汉遣陆贾说项王，请太公，项王弗听。汉王复使侯公往说项王，项王乃与汉约，中分天下。割鸿沟㉖以西者为汉，鸿沟而东者为楚。项王许之，即归汉王父母妻子。军皆呼万岁。汉王乃封侯公为平国君。匿弗肯复见，曰："此天下辩士，所居倾国，故号为平国君。"项王已约，乃引兵解而东归。

汉欲西归，张良、陈平说曰："汉有天下太半，而诸侯皆附之。楚兵罢食尽，此天亡楚之时也，不如因其机而遂取之。今释弗击，此所谓'养虎自遗患'也。"汉王听之。汉五年，汉王乃追项王于阳夏南，止军，与淮阴侯韩信、建成侯彭越期会而击楚军。至固陵，而信、越之兵不会。楚击汉军，大破之。汉王复入壁，深堑而自守。谓张子房曰："诸侯不从约，为之奈何？"对曰："楚兵且破，信、越未有分地，其不至固宜。君王能与共分天下，今可立致也。即不能，事未可知也。君王能自陈以东傅海，尽与韩信；睢阳以北至谷城，以与彭越，使各自为战，则楚易败也。"汉王曰："善。"于是乃发使者告韩信、彭越曰："并力击楚，楚破，自陈以东傅海与齐王，睢阳以北至谷城与彭相国。"使者至，韩信、彭越皆报曰："请今进兵。"韩信乃从齐往。刘贾军从寿春并行，屠城父，至垓下㉗。大司马周殷叛楚，以舒屠六，举九江兵，随刘贾、彭越皆会垓下，诣项王。

项王军壁垓下，兵少食尽，汉军及诸侯兵围之数重。夜间汉军四面皆楚歌，项王乃大惊曰："汉皆已得楚乎？是何楚人之多也！"项王则夜起，饮帐中，有美人名虞，常幸从；骏马名骓，常骑之。于是项王乃悲歌慷慨，自为诗曰："力拔出兮气盖世，时不利兮骓不逝。骓不逝兮可奈何，虞兮虞兮奈若何！"歌数阕，美人和之。项王泣数行下，左右皆泣，莫能仰视。

于是项王乃上马骑，麾下壮士骑从者八百余人，直夜溃围南出，驰走。平明，汉军乃觉之，令骑将灌婴以五千骑追之。项王渡淮，骑能属者百余人耳。项王至阴陵，迷失道，问一田父，田父绐曰"左"，左，乃陷大泽中，以故汉追及之。项王乃复引兵而东，至东城，乃有二十八骑。汉骑追者数千人，项王自度不得脱，谓其骑曰："吾起兵至今八岁矣，身七十余战，所当者破，所击者服，未尝败北，遂霸有天下。然今卒困于此，此天之亡我，非战之罪也。今日固决死，愿为诸君快战，必三胜之，为诸君溃围，斩将刈旗，令诸君知天亡我，非战之罪也。"乃分其骑以为四队，四向。汉军围之数重。项王谓其骑曰："吾为公取彼一将。"令四面骑驰下，期山东为三处。于是项王大呼驰下，汉军皆披靡，遂斩汉一将。是时，赤泉侯为骑将，追项王，项王瞋目而叱之，赤泉侯人马俱惊，辟易数里。与其骑会为三处。汉军不知项王所在，乃分军为三，复围之。项王乃驰，复斩汉一都尉，杀数十百人，复聚其骑，亡其两骑耳。乃谓其骑曰："何如？"骑皆伏曰："如大王言。"

于是项王乃欲东渡乌江。乌江亭长枻船待，谓项王曰："江东虽小，地方千里，众数十万人，亦足王也。愿大王急渡。今独臣有船，汉军至，无以渡。"项王笑曰："天之亡我，我何渡为！且籍与江东子弟八千人渡江而西，今无一人还，纵江东父兄怜而王我，我何面目见之？纵彼不言，籍独不愧于心乎？"乃谓亭长曰："吾知公长者。吾骑此马五岁，所当无敌，尝一日行千里，不忍杀之，以赐公。"乃令骑皆下马步行，持短兵接战。独籍所杀汉军数百人。项王身亦被十余创，顾见汉骑司马吕马童，曰："若非吾故人乎？"马童面之<sup>㉘</sup>，指王翳曰："此项王也。"项王乃曰："吾闻汉购我头千金，邑万户，吾为若德。"乃自刎而死。王翳取其头，余骑相蹂践争项王，相杀者数十人。最其后，郎中骑杨喜，骑司马吕马童，郎中吕胜、杨武各得其一体。五人共会其体，皆是。分其地为五：封吕马童为中水侯，封王翳为杜衍侯，封杨喜为赤泉侯，封杨武为吴防侯，封吕胜为涅阳侯。

项王已死，楚地皆降汉，独鲁不下。汉乃引天下兵欲屠之，为其守礼义，为主死节，乃持项王头视鲁，鲁父兄乃降。始，楚怀王初封项籍为鲁公，及其死，鲁最后下，故以鲁公礼葬项王谷城<sup>㉙</sup>。汉王为发哀，泣之而去。诸项氏枝属，汉王皆不诛。乃封项伯为射阳<sup>㉚</sup>侯。桃侯、平皋侯、玄武侯皆项氏，赐姓刘氏。

太史公曰：吾闻之周生曰："舜目盖重瞳子。"又闻项羽亦重瞳子。羽岂其苗裔邪？何兴之暴也！夫秦失其政，陈涉首难，豪杰蜂起，相与并争，不可胜数。然羽非有尺寸，乘势起陇亩之中，三年，遂将五诸侯灭秦，分裂天下，而封王侯，政由羽出，号为"霸王"，位虽不终，近古以来未尝有也。及羽背关怀楚，放逐义帝而自立，怨王侯叛己，难矣。自矜功伐，奋其私智而不师古。谓霸王之业，欲以力征经营天下。五年卒亡其国，身死东城，尚不觉寤而不自责，过矣。乃引"天亡我，非用兵之罪也"，岂不谬哉！

## 【注释】

①通：即会稽郡郡守殷通。

②东阳：县名，今江苏盱眙县东南。

③苍头：以青色头巾包头。

④下邳：县名，今江苏邳州市西南。

⑤南公：战国时楚国的阴阳家，姓名不详。

⑥盱台：即盱眙。县名，治所在今江苏盱眙县东北。

⑦亢父：县名，今山东济宁市南。

⑧城阳：地名，今山东莒县。

⑨砀：郡名。今安徽砀山县南。

⑩无盐：邑名，今山东东平县东南。

⑪棘原：地名，今河北平乡县南。

⑫司马门：皇宫的外门。因有司马指挥卫士把守，故曰司马门。

⑬马服：指赵奢之子赵括，因赵奢封马服君，故名。马服，今河北邯郸县。

⑭阳周：县名，今陕西子长县北。

⑮鸿门：地名，今陕西西安市临潼区东。

⑯霸上：即白鹿原，今陕西西安市东南。

⑰亚父：亚，次。尊敬范增，言仅次于其父。

⑱沐猴：猕猴。

⑲废丘：县名，今陕西兴平市东南。

⑳栎阳：县名，今陕西西安市临潼区东北。

㉑高奴：县名，今陕西延安东北。

㉒胡陵：亦曰湖陵，今山东鱼台县东南。

㉓审食其：审，姓；食其，名。

㉔敖仓：敖，山名，今河南荥泽县西北。秦置仓其中，故曰敖仓。

㉕广武：山名，今河南河阴县北，有二城，在敖仓西三室山下。

㉖鸿沟：即今贾鲁河，在河南郑县西。

㉗垓下：地名，今安徽灵璧县东南。

㉘面之：不正视。

㉙谷城：山名，今山东东阿县东北。

㉚射阳：县名，今江苏盐城市盐都区西。

# 六国表序

太史公读《秦记》，至犬戎败幽王，周东徙洛邑，秦襄公始封为诸侯，作西畤，用事上帝，僭端见矣。《礼》曰："天子祭天地，诸侯祭其域内名山大川。"今秦杂戎翟之俗，先暴戾，后仁义，位在藩臣，而胪于郊祀，君子惧焉。及文公逾陇，攘夷狄，尊陈宝①，营岐、雍之间，而穆公修政，东竟至河，则与齐桓、晋文中国侯伯侔矣。

是后陪臣执政，大夫世禄，六卿擅晋权，征伐会盟，威重于诸侯。及田常杀简公而相齐国，诸侯晏然弗讨，海内争于战功矣。三国终之卒分晋，田和亦灭齐而有之，六国之盛自此始。务在强兵并敌，谋诈用而从衡短长之说起。矫称蜂出，誓盟不信，虽置质剖符，犹不能约束也。

秦始小国僻远，诸夏宾之，比于戎翟，至献公之后，常雄诸侯。论秦之德义，不如鲁、卫之暴戾者；量秦之兵，不如三晋之强也。然卒并天下，非必险固便形势利也，盖若天所助焉。或曰："东方，物所始生；西方，物之成孰。"夫作事者必于东南，收功实者常于西北。故禹兴于西羌②，汤起于亳，周之王也以丰、镐伐殷，秦之帝用雍州兴，汉之兴自蜀汉。

秦既得意，烧天下《诗》《书》，诸侯史记尤甚，为其有所刺讥也。《诗》、《书》所以复见者，多藏人家；而史记独藏周室，以故灭。惜哉，惜哉！独有《秦记》，又不载日月，其文略不具。然战国之权变亦有可颇采者，何必上古？秦取天下多暴，然世异变，成功大。传曰"法后王"，何也？以其近己而俗变相类，议卑而易行也。学者牵于所闻，见秦在帝位日浅，不察其终始，因举而笑之，不敢道，此与以耳食无异。悲夫！

余于是因《秦记》，踵《春秋》之后，起周元王，表六国时事，讫二世，凡二百七十年，著诸所闻兴坏之端。后有君子，以览观焉。

## 【注释】

①陈宝：神名。秦文公获异石于陈仓北阪城，并在此筑坛祭祀，故名陈宝。

②西羌：活动于西方的部族。

# 秦楚之际月表序

太史公读秦、楚之际，曰：初作难，发于陈涉；虐戾灭秦，自项氏；拨乱诛暴，平定海内，卒践帝阼，成于汉家。五年之间，号令三嬗①，自生民以来，未始有受命若斯之亟也。

昔虞、夏之兴，积善累功数十年，德洽百姓，摄行政事，考之于天，然后在位。汤、武之王，乃由契、后稷修仁行义十余世。不期而会孟津八百诸侯，犹以为未可，其后乃放弑。秦起襄公，章于文、缪，献、孝之后，稍以蚕食六国，百有余载，至始皇乃能并冠带之伦。以德若彼，用力如此，盖一统若斯之难也。

秦既称帝，患兵革不休，以有诸侯也，于是无尺土之封，堕坏名城，销锋镝，锄豪杰，维万世之安。然王迹之兴，起于闾巷，合从讨伐，轶于三代，乡秦之禁，适足以资贤者为驱除难耳。故愤发其所为天下雄，安在无土不王②？此乃传之所谓大圣乎？岂非天哉，岂非天哉！非大圣孰能当此受命而帝者乎？

## 【注释】

①三嬗：嬗，同"禅"，演变，变更。三嬗，指秦末农民起义经过陈胜、项羽、刘邦建立三次政权，号令演变三次。

②无土不王：意即没有封地，便不能为王。《白虎通》："圣人无土不王，使舜不遭尧，当如夫子老于阙里也。"

# 汉兴以来诸侯王年表序

太史公曰：殷以前尚矣。周封五等：公、侯、伯、子、男。然封伯禽、康叔于鲁、卫，地各四百里，亲亲之义，褒有德也；太公于齐，兼五侯地，尊勤劳也。武王、成、康所封数百，而同姓五十五，地上不过百里，下三十里，以辅卫王室。管、蔡、康叔、曹、郑，或过或损。厉、幽之后，王室缺，侯伯强国兴焉，天子微，弗能正。非德不纯，形势弱也。

汉兴，序二等。高祖末年，非刘氏而王者，若无功上所不置而侯者，天下共诛之。高祖子弟同姓为王者九国，惟独长沙异姓，而功臣侯者百有余人。自雁门、太原以东至辽阳，为燕、代国；常山以南，太行左转，度河、济，阿、鄄以东薄海，为齐、赵国；自陈以西，南至九疑，东带江、淮、谷、泗，薄会稽，为梁、楚、吴、淮南、长沙国，皆外接于胡、越。而内地北距山以东尽诸侯地，大者或五六郡，连城数十，置百官宫观，僭于天子。汉独有三河①、东郡、颍川、南阳，自江陵以西至蜀，北自云中至陇西，与内吏②凡十五郡，而公主列侯颇食邑其中。何者？天下初定，骨肉同姓少，故广强庶孽，以镇抚四海，用承卫天子也。

汉定百年之间，亲属益疏，诸侯或骄奢，怢邪臣计谋为淫乱，大者叛逆，小者不轨于法，以危其命，殒身亡国。天子观于上古，然后加惠，使诸侯得推恩分子弟国邑，故齐分为七③，赵分为六④，梁分为五⑤，淮南分三⑥，及天子支庶子为王，王子支庶为侯，百有余焉。吴楚时，前后诸侯或以谪削地，是以燕、代无北边郡，吴、淮南、长沙无南边郡，齐、赵、梁、楚支郡，名山陂海，咸纳于汉。诸侯稍微，大国不过十余城，小侯不过数十里，上足以奉贡职，下足以供养祭祀，以蕃辅京师。而汉郡八九十，形错诸侯间，犬牙相临，秉其阨塞地利，强本干，弱枝叶之势也。尊卑明而万事各得其所矣。

臣迁谨记高祖以来至太初诸侯，谱其下益损之时，令后世得览。形势虽强，要之以仁义为本。

## 【注释】

①三河：汉以河南、河内、河东三郡为三河，辖境相当于今山西、河南

的大部分地区。

②内史：政区名。辖境相当于今陕西关中地区。

③齐分为七：齐国分为城阳、济北、济南、菑川、胶西、胶东、齐等七国。

④赵分为六：赵国分为河间、广川、中山、常山、清河及赵等六国。

⑤梁分为五：梁国分为济阴、济川、济东、山阳、梁国等五国。

⑥淮南分三：淮南国分为淮南、庐江、衡山三国。

# 高祖功臣侯者年表序

太史公曰：古者人臣功有五品，以德立宗庙定社稷曰勋，以言曰劳，用力曰功，明其等曰伐，积日曰阅。封爵之誓曰："使河如带，泰山若厉①。国以永宁，爰及苗裔。"始未尝不欲固其根本，而枝叶稍陵夷衰微也。

余读高祖侯功臣，察其首封，所以失之者，曰：异哉所闻！《书》曰："协和万国"，迁于夏商，或数千岁。盖周封八百，幽、厉之后，见于《春秋》。《尚书》有唐、虞之侯伯，历三代千有余载，自全以蕃卫天子，岂非笃于仁义，奉上法哉？汉兴，功臣受封者百有余人。天下初定，故大城名都散亡，户口，可得而数者十二三，是以大侯不过万家，小者五六百户。后数世，民咸归乡里，户益息，萧、曹、绛、灌之属或至四万，小侯自倍，富厚如之。子孙骄溢，忘其先，淫嬖。至太初百年之间，见侯五②，余皆坐法殒命亡国，耗矣。罔亦少密焉，然皆身无兢兢于当世之禁云。

居今之世，志古之道，所以自镜也，未必尽同。帝王者各殊礼而异务，要以成功为统纪，岂可绲乎？观所以得尊宠及所以废辱，亦当世得失之林也，何必旧闻？于是谨其终始，表其文，颇有所不尽本末；著其明，疑者阙之。后有君子，欲推而列之，得以览焉。

## 【注释】

①使河如带，泰山若厉：带，衣带；厉，砥石。

②侯五：指平阳侯曹宗、曲周侯郦终根、阳阿侯齐仁、戴侯秘蒙、谷陵侯冯偃。

## 建元以来侯者年表序

太史公曰：匈奴绝和亲，攻当路塞；闽越擅伐，东瓯请降。二夷交侵，当盛汉之隆，以此知功臣受封侔于祖考矣。何者？自《诗》《书》称三代"戎狄是膺，荆荼是征①"，齐桓越燕伐山戎，武灵王以区区赵服单于，秦缪用百里②霸西戎，吴楚之君以诸侯役百越。况乃以中国一统，明天子在上，兼文武，席卷四海，内辑亿万之众，岂以晏然不为边境征伐哉！自是后，遂出师北讨强胡，南诛劲越，将卒以次封矣。

### 【注释】

①戎狄是膺，荆荼是征：戎，泛指我国西方的部族；狄，泛指我国北方的部族；膺，打击。荆，楚国的别称；荼，同"舒"，古国名。征，同"惩"，惩罚。

②百里：即百里奚，秦穆公任用他，七年后称霸西戎。

## 孔子世家赞

太史公曰：《诗》有之："高山仰止，景行行止。"虽不能至，然心向往之。余读孔氏书，想见其为人。适鲁，观仲尼庙堂车服礼器，诸生以时习礼其家，余祇回①留之，不能去云。天下君王至于贤人众矣，当时则荣，没则已焉。孔子布衣，传十余世，学者宗之。自天子王侯，中国言《六艺》者，折中②于夫子，可谓至圣矣！

### 【注释】

①祇回：依依不舍。
②折中：取正适度，用以作为判断事物的准则。

## 外戚世家序

自古受命帝王及继体①守文②之君，非独内德茂也，盖亦有外戚之助焉。

夏之兴也以涂山③，而桀之放也以末喜④。殷之兴也以有娀⑤，纣之杀也嬖妲己⑥。周之兴也以姜原⑦及大任⑧，而幽王之禽也淫于褒姒⑨。故《易》基《乾》《坤》，《诗》始《关雎》，《书》美厘降，《春秋》讥不亲迎。夫妻之际，人道之大伦也。礼之用，唯婚姻为兢兢。夫乐调而四时和，阴阳之变，万物之统也。可不慎与？人能弘道，无如命何。甚哉，妃匹之爱，君不能得之于臣，父不能得之于子，况卑下乎！既欢合矣，或不能成子姓；能成子姓矣，或不能要其终。岂非命也哉？孔子罕称命，盖难言之也。非通幽明之变，恶能识乎性命哉？

## 【注释】

①继体：指嫡子继承先帝之王位而立。

②守文：遵守先帝之法度。

③涂山：禹娶涂山之女侨，生启。

④末喜：桀娶有施国之女末喜。

⑤有娀：有娀国之女简狄，吞燕卵而生契。

⑥妲己：纣娶有苏国之女妲己。

⑦姜原：帝喾之妃，有邰氏之女，传说她在荒野踏到上帝脚迹后，怀孕生了稷。

⑧大任：即太任。周文王之母，挚任氏之女。

⑨褒姒：幽王娶有褒国之女褒姒。


# 伯夷列传

夫学者载籍极博，犹考信于六艺。《诗》《书》虽缺，然虞、夏之文可知也。尧将逊位，让于虞舜，舜、禹之间，岳牧咸荐，乃试之于位，典职数十年，功用既兴，然后授政。示天下重器，王者大统，传天下若斯之难也。而说者曰：尧让天下于许由①，许由不受，耻之，逃隐。及夏之时，有卞随、务光②者。此何以称焉？太史公曰：余登箕山③，其上盖有许由冢云。孔子序列古之仁、圣、贤人，如吴太伯、伯夷之伦详矣。余以所闻由、光义至高，其文辞不少概见，何哉？

孔子曰："伯夷、叔齐④，不念旧恶，怨是用希。""求仁得仁，又何怨乎？"余悲伯夷之意，睹轶诗可异焉。其传曰："伯夷、叔齐，孤竹君之二子也。父欲立叔齐，及父卒，叔齐让伯夷。伯夷曰：'父命也。'遂逃去。叔齐亦不肯立而逃之。国人立其中子。于是伯夷、叔齐闻西伯昌善养老，盍往归焉。及至，西伯卒，武王载木主，号为文王，东伐纣。伯夷、叔齐叩马而谏曰：'父死不葬，爰及干戈，可谓孝乎？以臣弑君，可谓仁乎？'左右欲兵之。太公曰：'此义人也。'扶而去之。武王已平殷乱，天下宗周，而伯夷、叔齐耻之，义不食周粟，隐于首阳山⑤，采薇而食之。及饿且死，作歌，其辞曰：'登彼西山兮，采其薇矣。以暴易暴兮，不知其非矣。神农、虞、夏忽焉没兮，我安适归矣？于嗟徂兮，命之衰矣！'"遂饿死于首阳山。由此观之，怨耶非耶？

或曰："天道无亲，常与善人。"若伯夷、叔齐，可谓善人者非邪？积仁洁行如此而饿死！且七十子之徒，仲尼独荐颜渊为好学。然回也屡空，糟糠不厌⑥，而卒早夭。天之报施善人，其何如哉？盗跖⑦日杀不辜，肝人之肉，暴戾恣睢，聚党数千人横行天下，竟以寿终，是遵何德哉？此其尤大彰明较著者也。若至近世，操行不轨，专犯忌讳，而终身逸乐，富厚累世不绝。或择地而蹈之，时然后出言，行不由径，非公正不发愤，而遇祸灾者，不可胜数也。余甚惑焉，倘所谓天道，是耶非耶？

子曰："道不同，不相为谋。"亦各从其志也。故曰："富贵如可求，虽执鞭之士，吾亦为之。如不可求，从吾所好。""岁寒，然后知松柏之后凋。"举世混浊，清士乃见，岂以其重若彼，其轻若此哉？

"君子疾没世而名不称焉。"贾子曰："贪夫徇财，烈士徇名，夸者死权，众庶冯生。""同明相照，同类相求。""云从龙，风从虎，圣人作而万物睹。"伯夷、叔齐虽贤，得夫子而名益彰；颜渊虽笃学，附骥尾而行益显⑧。岩穴之士，趋舍有时若此，类名堙灭而不称，悲夫！闾巷之人，欲砥行立名者，非附青云之士，恶能施于后世哉？

## 【注释】

①许由：字武仲，尧时隐士。隐于沛泽中，传说尧以天下让给他，乃退而逃隐到颍水之阳，箕山之下。后尧又召他为九州长，许由不愿听到这话，

洗耳于颍水之滨。

②务光：汤克桀，以天下让给他。务光负石自沉蓼水，已而自匿。四百年过后，至时复现，武丁欲任他为相，复隐去。

③箕山：今河南登封市东南。

④伯夷、叔齐：夷、齐，谥号。伯夷名允，字公信。叔齐名智，字公达。其父名初，字子朝。

⑤首阳山：今山西永济市南，即雷首山，亦曰首山。

⑥不厌：吃不饱。厌，通"餍"。

⑦盗跖：柳下惠弟。按：跖为黄帝时大盗之名，为柳下惠之弟，为天下大盗，故世仿古，号之为盗跖。

⑧附骥尾而行益显：苍蝇附于骥尾而致千里，比喻颜回因孔子而名益彰。

史部